PAUL ALLARD

LES

ORIGINES DU SERVAGE

EN FRANCE

DEUXIÈME ÉDITION

PARIS

LIBRAIRIE VICTOR LECOFFRE

J. GABALDA, Éditeur

RUE BONAPARTE, 90

1913

cat 71.-

LES

ORIGINES DU SERVAGE

EN FRANCE .

PAUL ALLARD

———

LES

ORIGINES DU SERVAGE

EN FRANCE

DEUXIÈME ÉDITION

PARIS

LIBRAIRIE VICTOR LECOFFRE

J. GABALDA, Éditeur

RUE BONAPARTE, 90

—

1913

LES ORIGINES

DU SERVAGE EN FRANCE

AVANT-PROPOS

DÉFINITION DU SERVAGE. — PLAN ET LIMITES DE CETTE ÉTUDE.

On peut définir le servage de la glèbe : l'état d'hommes obligés de cultiver un domaine au profit d'un maître, sans pouvoir ni quitter ce domaine ni en être détachés par le maître lui-même.

Cet état constituait un progrès sur l'esclavage proprement dit. L'esclave est moins une personne qu'une chose, dont le maître peut user à son gré : il n'a pas de domicile fixe, pas de patrie, pas de droits; le pouvoir du maître sur lui est absolu. Au contraire, le pouvoir du maître sur le serf rencontre une limite : cette limite, c'est la terre. Le serf ne peut être arraché du sol qu'il cultive. Cela est déjà un commencement de liberté : qu'est-ce, en effet,

que la liberté, sinon la limite que notre droit oppose
au droit d'autrui? De cette restriction, si faible en
apparence, et qui laisse subsister dans tout le reste
le pouvoir dominical, des droits précieux ont peu à
peu découlé pour le serf. Ne pouvant être vendu
sans la terre dont il était devenu « membre, » selon
l'expression d'une loi romaine[1], il a cessé de pouvoir
être séparé de sa femme et de ses enfants, membres
comme lui du même domaine : une famille stable
lui a été donnée. Il a reçu en même temps un domicile, où ses intérêts et ses affections se sont fixés.
Il a cessé d'être un objet d'échange, une marchandise. De meuble il est devenu immeuble, en attendant que d'immeuble il pût devenir une personne.
Être attaché à la glèbe, c'est-à-dire ne pouvoir
changer ni de lieu ni d'état, nous semblerait une
situation intolérable : ce fut pour le pauvre esclave
une amélioration immense. Le domaine qu'il lui était
interdit de quitter ne lui apparut point comme une
prison, mais comme la patrie, la maison, le foyer
domestique, tout ce qui lui avait manqué jusque-là.
Devenu serf, il commença à tenir à quelque chose,
il eut des racines quelque part, il fut enfin quelqu'un.

Raconter comment l'esclavage personnel s'est peu
à peu transformé en servitude de la glèbe, c'est
donc faire l'histoire d'un progrès relatif : c'est
décrire le premier pas d'une classe opprimée vers
la possession de soi-même et la liberté; c'est indi-

---

1. *Code Justinien*, XI, XLVII, 23.

quer la première étape d'une grande transformation sociale.

Il restera ensuite à montrer comment le serf est devenu l'homme libre, comment le travailleur de la glèbe s'est changé en paysan, propriétaire soit du sol, soit au moins de sa personne, est devenu le cultivateur, le fermier, le métayer, l'ouvrier indépendant, à indiquer ce qu'il a gagné, ce qu'il a perdu dans cette seconde et inévitable évolution.

S'il est possible de renfermer entre des dates précises ces deux moments de l'histoire des classes populaires, on peut dire que la transformation de l'esclavage en servage s'est faite, à travers des vicissitudes diverses, du ${}^{\mathrm{iv^e}}$ au ${}^{\mathrm{x^e}}$ siècle, et celle du serf en paysan libre du ${}^{\mathrm{x^e}}$ à la fin du ${}^{\mathrm{xviii^e}}$. Les derniers serfs ont été affranchis en France à l'époque de la Révolution : mais cette transformation était virtuellement accomplie quand la Révolution éclata : celle-ci est une date, et non une cause.

La première partie de cette histoire a été plusieurs fois racontée, mais sans tous les détails que le sujet comporte. On peut donc beaucoup ajouter encore aux travaux dont elle a été l'objet. Elle est d'ailleurs une introduction nécessaire à la seconde partie, d'un intérêt historique si actuel et si vivant.

Je me propose de traiter seulement ici cette première partie. Je retracerai en un tableau succinct les changements sociaux qui, pendant les siècles barbares, ont transformé peu à peu l'esclavage personnel en un servage réel, ou plutôt absorbé le premier dans le second.

Ces changements me paraissent correspondre à des époques historiques bien tranchées.

Au ive et au ve siècle, c'est-à-dire pendant la dernière période de la domination romaine en Occident, le servage se distingue de l'esclavage personnel, et existe en même temps que celui-ci.

Dans la première confusion des invasions barbares, le servage et l'esclavage cessent d'être distingués, et la situation du serf redevient aussi précaire que celle de l'esclave : cet état de choses dure plus ou moins, selon les lieux, pendant une période qui, en France, correspond à celle de la domination mérovingienne.

Peu à peu la société barbare trouve son assiette, l'ordre s'établit : les serfs et les esclaves sont distingués de nouveau. Il en est ainsi à l'époque florissante de la dynastie carolingienne.

Enfin, par suite de l'instabilité politique, de l'amoindrissement du luxe, de la diminution du commerce, l'esclavage domestique disparaît presque entièrement, et le servage reste seul : cette révolution coïncide avec la chute de l'Empire carolingien et la fondation de la monarchie capétienne. Alors s'ouvre pour l'histoire des personnes non libres ou de liberté restreinte une phase nouvelle, d'une infinie complexité de mouvements et de nuances, qui ne rentre plus dans le cadre de cette étude.

C'est des origines seules qu'il sera question ici.

LIVRE PREMIER

ÉPOQUE DES INVASIONS

CHAPITRE PREMIER

IVᵉ ET Vᵉ SIÈCLES. — DISTINCTION ET COEXISTENCE DE L'ESCLAVAGE PERSONNEL ET DU SERVAGE.

Le IVᵉ siècle de notre ère est un de ceux où l'autorité publique, en essayant d'établir partout une servitude uniforme, a le plus fait, à son insu, pour la liberté.

Si l'on jette sur cette époque un regard superficiel, on n'y aperçoit qu'une intolérable oppression. L'État semble être à la recherche de tous les citoyens pour les river à quelque chaîne et les enfermer dans quelque geôle. Du haut en bas de l'échelle sociale, il semble que les hommes aient perdu la faculté de se mouvoir. « Tu résideras dans tel lieu, dit à chacun d'eux la loi, tu vivras et tu mourras dans l'exercice de telle profession : tu n'auras le droit ni de quitter ta ville, ni de changer d'état. » On n'aperçoit pas un

homme vraiment libre. A Rome, à Constantinople,
dans les provinces[1], le sénateur n'a pas la faculté
de s'affranchir des charges de son état, mal déguisées
par l'éclat des honneurs : il ne peut diminuer fraudu-
leusement sa fortune, garantie de ses obligations[2] ;
il ne peut même sans de grandes difficultés la diminuer dans un but légitime et la consacrer à des œuvres de charité, car ce qu'il donnerait aux pauvres
appauvrirait le sénat[3] ; il est attaché à une sorte de
glèbe, *senatoria gleba*[4]. Membre du petit sénat
d'un municipe[5], le curiale se trouve dans une situation analogue, et même beaucoup plus dure : comme
il est responsable de la levée de l'impôt, il ne peut,
sans l'autorisation du magistrat, vendre ses biens,

1. Les sénateurs étaient très nombreux dans l'Empire romain : ils
comprenaient non seulement ceux qui habitaient Rome, prenaient
part aux délibérations du Sénat, mais encore beaucoup de provin-
ciaux qui avaient le titre, les privilèges et les charges, quoique
vivant loin de Rome. Le Sénat n'était pas une assemblée délibérante,
c'était une classe, un degré supérieur de noblesse. Un grand nombre de sénateurs n'avaient jamais vu Rome (Dion Cassius, LXXII, 16;
saint Augustin, *De civitate Dei*, XV, 17. Cf. *Digeste*, L, I, 21, 23; *Code
Théodosien*, VI, I, II; *Code Justinien*, XII, II, 1 ; Fustel de Coulanges, *Hist. des institutions politiques de l'ancienne France*, t. I,
1875, p. 245 ; Lécrivain, *Le Sénat romain depuis Dioclétien à Rome
et à Constantinople*, 1888, p. 63-64). — Si l'on peut comparer à l'immense aristocratie romaine une aristocratie répartie sur un espace
relativement restreint, on rappellera qu'aujourd'hui, en Angleterre,
sur 600 pairs 400 ne viennent jamais siéger et qu'on en compte rarement plus de 200 qui soient présents (J. Bardoux, Acad. des sciences
morales et politiques, 12 mars 1910; *Journal des Débats*, 14 mars
1910).

2. *Code Théodosien*, VI, II, 8 (383) ; cf. 13 (397).

3. Voir la Vie latine de sainte Mélanie la Jeune, 34, et sa Vie grecque, 19. Cf. la note XIX dans Rampolla, *S. Melania Giuniore sena-
trice romana*, 1905, p. 184-187; mon article *Une grande fortune romaine au Ve siècle*, dans *Revue des questions historiques*, janvier
1907, p. 20-25; Goyau, *Sainte Mélanie*, 1908, p. 65-79, 96-97.

4. *Code Théodosien*, XII, I, 74, § 1 (371) ; 138 (393).

5. « Minor senatus. » Majorien, *Novelle* VII, 1.

qui sont le gage de cet impôt[1]; il ne peut sans congé entreprendre un voyage[2]; il ne peut entrer dans l'ordre ecclésiastique sans faire abandon de son patrimoine[3]; il ne peut s'enfuir, car le gouverneur de la province est chargé de surveiller ses mouvements et de le ramener[4]; à sa mort, la curie hérite d'une partie de sa fortune[5]; il est, selon l'expression d'une loi, l'esclave du public[6]. Si le curiale est ainsi prisonnier de la curie, l'artisan, le commerçant, l'industriel, est prisonnier de sa profession, au moins quand elle a quelque rapport avec l'intérêt public[7]. Il appartient alors à une corporation, et il ne peut en sortir. Lui non plus n'a pas le droit de voyager sans autorisation : s'il change de province, il est considéré comme en rupture de ban, et doit être arrêté par le gouverneur[8]. A sa mort, ses obligations passent à ses

---

1. *Code Théodosien*, XII, iii, De praediis et mancipiis curialium sine decreto non alienandis, 1 (386), 2 (423).

2. *Code Justinien*, X, xxi, 16 (324); *Code Théodosien*, XII, i, 143, 144 (395).

3. *Code Théodosien*, XVI, ii, 3 (320); 6 (326); XII, i, 49 (361); 50 (362); 59 (364); XVI, ii, 19 (370); XII, i, 99 (383); 104 (383).

4. *Code Théodosien*, IX, xlv, 3 (398); XII, i, 16 (329); 29 (340); 37 (341); 62 (364); 76 (371); 146 (395); Majorien, *Nov.* vii, 1. — Cette tendance à renfermer le curiale dans la curie est, du reste, bien antérieure au ivᵉ siècle : voir Ulpien, au *Digeste*, L, ii, 1.

5. *Code Théodosien*, V, ii, 1 (319); *Code Justinien*, VI, lxiii, 4 (429); X, xxiv, 1 (428); 2 (442); Justinien, *Nov.*, CI, ii, 44; XXXII, xvii.

6. « Curiales *servos esse Reipublicae* ac viscera civitatis nemo ignorat. » Majorien, *Nov.* vii.

7. Voir Wallon, *Hist. de l'esclavage dans l'antiquité*, t. III, 1847, p. 147-150, 175-187, 209-218, 253, 263-265; Paul Allard, *Les esclaves chrétiens depuis les premiers temps de l'Eglise jusqu'à la fin de la domination romaine en Occident*, 4ᵉ éd., p. 435, 448-452, 458-459; *Julien l'Apostat*, 3ᵉ éd., t. I, p. 203-211; tout le tome II, 1896, de Waltzing, *Etude historique sur les corporations professionnelles chez les Romains*.

8. *Code Théodosien*, XIV, i, 4 (404).

enfants[1]. Dans cette société étrange, il n'est même pas permis d'être oisif, ou du moins personne n' assuré de le pouvoir rester toujours. Quand une corporation vouée à un service public dépérit, que le nombre de ses membres ne se renouvelle pas suffisamment par l'hérédité ou de libres vocations, l'État saisit les hommes sur lesquels ne pèse encore aucune charge : les voilà, bon gré, mal gré, enchaînés à un métier; les voilà devenus, au moment où ils s'y attendaient le moins, boulangers, employés de l'annone, employés des salines, entrepreneurs de transports, etc. A cette époque, le monde du travail, à tous les degrés, est organisé comme une armée : il faut que tous les cadres soient remplis; à défaut d'enrôlements volontaires, on recourt aux levées forcées[2].

Cette intolérable et absurde organisation économique eut un côté utile : en obligeant l'homme libre à travailler, elle réhabilita le travail. Si fausse qu'elle fût, elle l'était moins que le préjugé antique, d'après lequel l'homme libre ne mérite ce nom que s'il demeure oisif. Dès la fin du iiie siècle, le nombre des esclaves avait considérablement diminué, grâce à plusieurs causes, politiques, économiques et morales, au premier rang desquelles il faut mettre l'influence chrétienne. Les esclaves exerçaient encore les tâches les plus pénibles et les plus obscures; mais, au-dessus d'eux, comme contremaître, chef d'atelier, chef d'in-

1. *Ibid.*, XIII, v, 35 (412).
2. *Code Théodosien*, VI, xxxvi, 1; IX, xl, 5, 6, 7, 9; XI, x, 1; XII, xvi, 1; XIII, ix, 3; XIV, iii, 20; x, 1; XVI, ii, 39 (364, 365, 369, 378, 380, 389, 398, 408). Cf. Symmaque, *Ep.*, X, 44.

dustrie, dans tous les emplois autrefois abandonnés à l'élite de la population servile, l'homme libre avait peu à peu repris sa place[1]. L'État l'y maintenait souvent par la contrainte, mais en même temps la politique ne négligeait aucun moyen pour l'y faire demeurer de bonne grâce. Elle se servait, dans ce but, d'une des forces les plus puissantes sur le cœur humain, la vanité. Elle ouvrait au travailleur, à l'homme des arts mécaniques, les rangs de cette noblesse administrative qui, dans la société de cette époque, avait pris une grande place à côté de la noblesse d'origine et de race. Une vie de labeur industriel fut récompensée par le titre de comte, *vir clarissimus comes et mechanicus*[2]. On vit d'anciens artisans se parer du titre de consulaire et prendre rang au sénat[3]. Des boulangers devinrent gouverneurs de province[4]. Tel était le chemin parcouru par la pensée antique depuis le jour où Xénophon, Platon, puis Aristote, refusaient aux artisans le droit de suffrage, où Cicéron les confondait avec les Bar-

---

1. Voir Wallon, *Hist. de l'esclavage dans l'antiquité*, t. III, ch. IV, V, VI; Paul Allard, *Les esclaves chrétiens*, l. III, ch. IV.

2. Symmaque, *Ep.*, V, 76 ; X, 25, 26.

3. « Hi, quos... vulgaris artis cujuslibet obsequium... adeo commendarit, ut comitivae primi ordinis dignitate donentur, sciant se inter eos, qui consulares fuerunt, amoto officio, quod susceperant, nominandos, nisi forte emolumentis contenti, quae tempore militiae perceperunt, spreto nomine ac dignitatem consularis viri duxerint respuendam, ne collationis onus sustineant, vel frequentare senatum aliosque hujusmodi conventus, qui honoratorum frequentiam flagitant, compellantur... » *Code Théodosien*, De comitibus ordinis primi artium diversarum, 1 (413).

4. « Terentius... humili genere in Urbe natus et pistor... hanc eamdem provinciam (Tusciam) correctoris administraverat potestate. » Ammien Marcellin, XXVII, 3.

bares, où Claude les chassait de la place publique en même temps que les esclaves, et où Dion Chrysostome les déclarait exclus de la cité[1]. C'est ainsi que, par une de ces puissantes ironies de la Providence qui font quelquefois la surprise et l'admiration de l'historien, la réhabilitation du travail, sa noblesse présente et son affranchissement futur, sortaient d'un régime oppressif, qui avait courbé sous le niveau d'une servitude commune le plus grand nombre des citoyens libres.

La situation des campagnes n'était pas moins singulière que celle des villes. Là aussi, un progrès favorable à la liberté sortit d'un état de choses qui, à première vue, pouvait paraître une terrible aggravation de la servitude.

Depuis la fin de la République, beaucoup de campagnes virent à la fois, et par l'effet d'une même cause, diminuer le nombre de leurs habitants et celui des propriétés entre lesquelles était partagé le sol. Celles-ci, originairement divisées en parcelles de médiocre étendue, s'étaient peu à peu agglomérées : par des ventes forcées, par la désertion des premiers occupants, par les usurpations des riches, elles finirent par former, en Italie et dans les provinces, ces grands *latifundia* dont se plaignent, avec quelque exagération déclamatoire dans les termes, mais avec un grand fond de vérité, les écrivains des premiers siècles de l'Empire[2]. Cette absorption

1. Voir *Les esclaves chrétiens*, p. 380.
2. Tite-Live, VI, 12 ; Salluste, *Catilina*, 12, 13 ; *Jugurtha*, 41 ; Vir-

partielle de la petite et même de la moyenne propriété avait éliminé naturellement les cultivateurs libres, rejetés pour la plupart dans la plèbe des villes, et remplacés sur les grands domaines par des travailleurs esclaves [1]. Vers la fin du iiiᵉ siècle, cependant, cette situation commence à changer, non par le morcellement des *latifundia,* qui continuent à dominer, mais par une modification dans le personnel de ceux qui les cultivent. La population servile cessa de croître. Il y eut peu à peu moins d'esclaves dans les campagnes, comme il y avait au même moment moins d'esclaves dans les villes [2]. Il devint nécessaire que les vides formés ainsi dans la population servile fussent comblés de nouveau par des hommes libres. Par un étrange retour des choses, et une évolution inverse de celle qui s'était produite plusieurs siècles auparavant, diverses causes, particulières à cette époque, repoussaient maintenant vers les campagnes une partie de la population libre. Ce fut une des origines de cette institution singulière dont il est souvent question dans les lois du ivᵉ et du vᵉ siècle, et qui a reçu le nom de *colonat* [3].

gile, *Georg.*, II, 458 ; Horace, II *Carm.*, xviii, 20-27 ; Varron, *De re rust.*, I, 13 ; Columelle, *De re agr.*, I, 3 ; Lucain, *Pharsale*, I, 66 ; Sénèque, *De Benef.*, VII, 10 ; *Ep.* 87, 89 ; Tacite, *Ann.*, vi, 53 ; Quintilien, *Declam.*, XII, 2, 11 ; Juvénal, *Sat.*, IX, 55 ; Perse, *Sat.*, IV, 26 ; Frontin, dans *Gromat. vet.*, 53 ; saint Cyprien, *Ad Donat.*, 12 ; saint Ambroise, *Hexameron*, V, 9 ; *De Nabuthe Jezrael.*, 1, 12 ; saint Grégoire de Nazianze, *Orat.* XVI, 18, 19.

1. Voir *Les esclaves chrétiens*, l. I, ch. iii.

2. Sur les causes de cette diminution de la population servile, *ibid.*, p. 412-415.

3. Sur le colonat, voir Godefroy, sur le *Code Théodosien*, V, ix ; Sa-

Le colonat porte bien le cachet de ce temps, et offre une complète harmonie avec l'ensemble d'institutions économiques décrit plus haut. Mais il faut s'entendre sur le « colonat » dont nous parlons ici. Sous la plume des agronomes du Ier siècle, des jurisconsultes ou des littérateurs du IIe, le mot *colonus* n'a pas le même sens que dans la législation des empereurs du IVe et du Ve. A l'origine, il désigne un fermier libre, c'est-à-dire un locataire ou un métayer, cultivant en vertu d'un bail, moyennant une redevance en argent ou en fruits. Tels sont les *coloni* dont parle Pline, ruinés par les exigences d'un précédent propriétaire, qui avait fait vendre leurs meubles pour recouvrer des fermages arriérés [1]; Pline se montre fort embarrassé de la location de ses terres, *locandorum praediorum,* et songe à remplacer par des colons partiaires les fermiers demeurés insolvables malgré de fréquentes remises de loyers [2]. Le dépérissement de l'agriculture pendant

vigny, *Das römische Colonat,* dans Mémoires de l'Académie de Berlin, 1822-1823; Guérard, *Polyptyque de l'abbé Irminon.* Prolégomènes, t. I, 1844, p. 225-233; Wallon, *Hist. de l'esclavage dans l'antiquité,* t. III, p. 268 et suiv.; E. Biot, *De l'abolition de l'esclavage ancien en Occident,* 1840, p. 163-181; Giraud, *Hist. du droit français au moyen âge,* t. I, 1846, p. 147 et suiv.; Troplong, *Traité du louage,* t. I, préface, p. XLVI et suiv.; Laferrière, *Essai sur l'histoire du droit français,* t. II, 1836, p. 435 et suiv.; Revillout, *Du colonat chez les Romains,* dans *Revue historique du droit francais et étranger,* t. II, 1856, p. 417 et suiv.; t. III, 1857, p. 209 et suiv., 343 et suiv.; Terrat, *Du colonat en droit romain,* 1872; Fustel de Coulanges, *Histoire des institutions politiques de l'ancienne France,* t. I, 1875, p. 215-223; Garsonnet, *Hist. de locations perpétuelles et des baux à longue durée,* 1879, p. 156-163; Humbert, art. *Colonus,* dans le *Dict. des antiquités,* t. I, 2e partie, 1887, p. 1321-1325.

1. Pline, *Ep.,* III, 19.
2. *Ibid.,* IX, 37.

la durée de l'Empire romain amena ainsi en beaucoup de lieux la substitution du métayer, *partiarius colonus*, au fermier *qui ad pecuniam numeratam conduxit*[1] ; mais l'un et l'autre est désigné par le mot *colonus*, synonyme à cette époque de locataire. Telle paraît être la condition des colons appartenant aux grands domaines impériaux ou privés de l'Afrique[2]. Pour le Saltus Burunitanus, plusieurs des colons qui exposent, au II° siècle, leurs doléances possédaient en vertu de location perpétuelle ou au moins de longue durée, car ils se disent nés et élevés sur les terres de l'empereur, *rustici tui vernulae et alumni*, et leurs tenures s'étaient peut-être transmises de père en fils[3]. La tendance aux très longs baux, à la longue jouissance, combattue par Caton[4], encouragée par Columelle[5], alla croissant, même pour les biens des particuliers, à mesure que le personnel des cultivateurs libres devint plus rare. Les inscriptions montrent des *coloni* qui ont cultivé le même fonds pendant vingt-deux, vingt-trois, trente-

---

1. Gaius, au *Digeste*, XXIX, II, 25, § 6. Il définit le *partiarius colonus* celui qui *quasi societatis jure et damnum et lucrum cum domino fundi partitur.*

2. *Corpus inscr. lat.*, VIII, 10570, 14428. Cf. Mommsen, dans *Hermes*, 1880, p. 386 et seq. ; 478 et seq.; Esmein, dans *Journal des savants*, 1880, p. 686-705 ; Cagnat et Fernique, dans *Revue archéologique*, février 1881, p. 94-103; mars 1881, p. 139-151 ; Beaudoin, *Les grands domaines dans l'Empire romain*, 1899, p. 57-150.

3. Une loi de Gordien, 239, signale l'usage de la *conductio perpetua quae ad haeredes transmittitur*. Cf. Gaius, *Comment.*, III, 145.

4. Caton, *De re rust.*, V, 4.

5. « Felicissimum fundum esse, qui colonos indigenas haberet, et tanquam in paterna possessione natos, jam inde a cunabulis longa familiaritate retineret. Ita certe mea fuit opinio malam esse frequentem locationem fundi. » Columelle, *De re agr.*, I, VII, 3.

cinq, cinquante années [1]. Si long, cependant, que fût leur bail, ces locataires demeuraient libres de se retirer quand sa durée avait pris fin, *finita conductione* [2] : même en cas de bail perpétuel et héréditaire, le preneur perdait son droit à la jouissance s'il cessait de remplir ses obligations [3]; ils n'étaient donc pas attachés au sol, et le seul lien qui existât entre eux et le propriétaire était l'obligation mutuelle résultant du contrat de louage.

Tout différents sont les *coloni* dont la situation est fixée par la législation du iv° siècle. La classe des fermiers ou métayers, cultivant en vertu d'un bail librement débattu, était déjà en décadence au temps de Pline : à l'époque dont nous nous occupons, elle se trouvait probablement réduite à un petit nombre de représentants. Ce n'était pas l'espoir d'employer fructueusement ses bras ou ses capitaux qui, dans cette évolution nouvelle dont nous avons parlé, poussait vers les champs, au iv° siècle, une seconde population d'origine libre, à la place de la population servile décroissante. Le mouvement qui, à la fin de la République et au commencement de l'Empire, avait attiré vers l'oisiveté et l'abondance des villes un grand nombre de paysans, et commencé la dépo-

---

1. Orelli, 4644 ; Mommsen, *I. R. N.*, 2527, 2901, 5504 ; *C. I. L.*, IX, 3674 ; X, 1918 ; XIII, 1877.

2. « ... Colonorum qui, finita conductione, de colonia discesserint... » Scaevola, au *Dig.*, XXXIII, vii, 20, § 3.

3. « Veluti si qua res in perpetuum locata sit, quod evenit in prædiis municipum, quæ ea lege locantur, ut, quamdiu id vectigal præstetur, neque ipsi conductori, neque heredi ejus praedium auferatur. » Gaius, *Comm.*, III, 155. Cf. *Dig.*, VI, iii, 1.

pulation des campagnes[1], se reproduisait maintenant en sens inverse : la tyrannie de l'État enchaî-
nant l'artisan à son métier, le curiale à la curie, et
rivant à quelque service public tous les hommes capables de travailler, rendait à beaucoup le séjour des
villes insupportable, et les mettait en fuite. Trois
cents ans plus tôt, les paysans avaient quitté la campagne pour l'*urbanum otium* : désormais les citadins
émigrent à la campagne, où ils trouveront sinon
l'*otium*, au moins la *vacatio publici muneris*. Vainement l'État met-il tous ses agents en chemin pour
arrêter ces fugitifs : un grand nombre lui échappent.
Des déserteurs de la curie sont cachés dans tous les
lieux où ils ont pu trouver un asile, où la connivence
d'un protecteur puissant ou d'un misérable complice
leur a permis de se réfugier, aujourd'hui dans un
palais[2], demain dans une église[3], dans un atelier[4],
quelquefois dans une mine ou un four à chaux[5]. Impuissante, malgré ses menaces, contre la dispersion
des curiales[6], la loi n'a guère plus de pouvoir contre
celle des membres des corporations. Ceux-ci ne sont

---

1. « Juventus, quae in agris manuum mercede inopiam toleraverat,
privatis atque publicis largitionibus excita, urbanum otium ingrato
labori praetulerat. » Salluste, *Catilina*, 37. Cf. Varron, *De re rust.*, II,
Prooemium ; Columelle, *De re agr.*, Praefatio ; Suétone, *Octavius Au-
gustus*, 42.

2. *Code Théodosien*, XII, 1, 146 (395).

3. *Ibid.*, IX, XLV, 3 (398).

4. *Ibid.*, XII, 1, 62 (364), 162 (399).

5. *Ibid.*, XII, 1, 37 (344).

6. Ammien Marcellin, XXVII, 7, rapporte que Valentinien Ier, dans un
moment de colère, voulait frapper trois membres par curie : « Comment ferez-vous, lui demanda-t-on, pour les villes qui ont moins de
trois curiales ? » Cf. XXI, 12 ; XXV, 4 ; et Zosime, III, 11.

pas moins étroitement enchaînés : mais souvent aussi ils brisent leur chaîne, et s'échappent[1]. Quel est le dernier refuge de ces déclassés volontaires ? la campagne. On les retrouve cachés dans quelque domaine dont un puissant patron leur a secrètement ouvert l'accès : ils s'y sont mêlés aux ouvriers et aux esclaves qui le cultivent : pressés d'effacer leur origine, de faire oublier leur rang, ils ont épousé des filles de la plus basse condition[2]. La loi n'ignore pas ce suprême refuge : elle ordonne de ramener l'homme à la curie, de conduire avec lui la femme à la ville, d'enrôler l'enfant, selon la qualité de la mère, soit dans la curie, soit dans une corporation[3]. Quant aux membres des collèges industriels qui se sont de même confondus avec les paysans et mésalliés, les lois existantes sont invoquées contre eux[4]. Que de fois ces lois durent demeurer inexécutées, et céder à la force des choses ! La plupart de ces fugitifs de la civilisation continuèrent probablement à jouir de l'hospitalité obtenue des grands propriétaires fonciers, intéressés à repeupler leurs domaines et à sous-

---

1. *Code Théodosien*, VII, xiv, 1 (398); VIII, v, 58 (398); X, xx, 7 (372), 8 (374), 11 (384), 14 (424); xxii, 4 (398), 5 (404); Valentinien III, *Nov.* xv, (445).

2. « Factum est ut patriam deserentes, natalium splendore neglecto, occultas latebras et habitationem elegerint juris alieni, illud quoque sibi dedecoris addentes ut, dum uti nolunt patrociniis potentum, colonarum se ancillarumque conjunctione polluerint. Itaque factum est, ut ex urbibus ordines deperirent, et prope libertatis suae statum nonnulli per contagionem consortii deterioris amitterent. » Majorien. *Nov.* vii, 1 (458).

3. *Ibid*, § 1, 2.

4. « De collegiatis vero illa servanda sunt, quae praecedentium legum praecepit auctoritas. » *Ibid.*, § 3.

traire les réfractaires aux poursuites. Une petite maison, un lot de terre à exploiter moyennant une redevance, leur avaient été assignés : ils y vécurent côte à côte avec quelques fermiers d'origine libre auxquels la pratique du bail perpétuel avait fait perdre toute intention et même toute possibilité de quitter le fonds qu'ils cultivaient [1], avec d'anciens esclaves affranchis à condition de continuer de père en fils leurs services agricoles [2], avec de petits propriétaires qui avaient cédé leurs champs à un riche voisin, et qui étaient venus chercher sur les terres d'autrui les moyens d'échapper à la misère et de fonder une famille [3], avec d'autres que l'État, les trouvant sans patrimoine, avait assignés d'office aux domaines manquant de cultivateurs [4], et aussi avec des captifs barbares qu'il distribuait au IVe siècle entre les domaines ruraux, aimant mieux en faire des paysans que des esclaves [5]. Riches malaisés qui s'étaient enfuis pour se soustraire aux charges de la curie ou de la corporation, petits propriétaires devenus tenanciers, captifs provenant des dernières victoires de l'Empire sur la barbarie, vagabonds ou mendiants, telle était la population d'origine très diverse, mais promptement assimilée, qui repeupla

---

1. Fustel de Coulanges, *Hist. des inst. polit. de l'ancienne France*, t. I, p. 247.

2. Ulpien, au *Dig.*, XXXVIII, 1, 5.

3. Valentinien III, *Nov.* XXX, 1, § 5 (451).

4. *Code Théodosien*, XI, 1, 26 (399).

5. Eumène, *Paneg. Constantio Caesari*, 1, 9, 21 ; *Paneg. Constantino Augusto*, 5 ; Pacatus, *Paneg. Theod. Aug.*, 22 ; Mamertin, *Genethl. Maximiani Aug.*, 5 ; *Code Théod.*, V, IV, 3 (409).

les *latifundia* presque déserts, les immenses *saltus* : ils semblent avoir offert, au IVe et au Ve siècle, une image anticipée des seigneuries du moyen âge.

Ainsi se créa une nouvelle classe de paysans. Elle est placée dans une situation juridique fort singulière. Pour assurer les divers services de l'Etat et des villes, les lois de cette époque avaient attaché par des liens indissolubles un grand nombre de citoyens à leur emploi : pour maintenir dans les campagnes la population et le travail, « pour assurer des fonctionnaires à la fonction de cultivateur[1], » elles fixèrent de même au sol les hommes libres qui avaient reçu des concessions de terres du propriétaire d'un domaine en déclarant leur volonté d'être colons[2], ou qui, même sans contrat, avaient passé trente ans dans cette condition[3]. La jouissance perpétuelle et héréditaire de la concession leur fut assurée : la loi leur garantit qu'eux et leurs enfants en jouiraient toujours sans aggravation dans les charges[4]. Mais en

---

1. Garsonnet, p. 153.

2. *Code Justinien*, XI, XLVII, 22.

3. « Tempore annorum triginta coloni fiunt. » *Ibid.*, 18.

4. « Caveant possessionum domini, in quibus tales coloni constituti sunt, aliquam innovationem, vel violentiam eis inferre... et veterem consuetudinem in reditibus praestandis eis observare... et hoc tam in ipsis colonis, quam in sobole eorum, qualiscumque sexus, vel aetatis sit, sancimus, ut et ipsa semel in fundo nata remaneat in possessione sub eisdem modis, eisdemque conditionibus, sub quibus etiam genitores ejus manere in alienis fundis definivimus. » *Ibid.*, 23, § 1. — « Quisquis colonus plus a domino exigitur, quam antea consueverat, et quam in anterioribus temporibus exactum est, adeat judices... » *Ibid.*, XLIX, 1. — Ces redevances, qui ne devaient point varier, étaient ordinairement en nature : « Domini praediorum id, quod terra praestat, accipiant, pecuniam non requirant, quam rustici optare non audent : nisi conditio praedii hoc exigat. » *Ibid.*, XLVII, 5. Cette constitution est du milieu du IVe siècle ; témoignage curieux de l'absence de numéraire dans les campagnes à cette époque.

même temps il leur fut interdit de cesser de l'exploiter et de quitter le domaine [1] : leurs fils [2], leurs gendres [3], durent y demeurer dans la même condition après eux. D'ailleurs, ils conservaient tous les droits civils : ils pouvaient se marier, posséder, transmettre et recevoir, ester en justice : c'étaient de véritables ingénus [4]. Est-ce à dire qu'ils ne dépendissent en aucune façon du propriétaire du domaine? non : celui-ci, dans ses relations avec eux, était toujours le maître ou seigneur, *dominus* [5] : ils étaient ses hommes, ses paysans, *homines sui, rustici sui* [6]. En trois circonstances il leur faisait sentir son autorité. Il choisissait librement parmi eux le contingent de conscrits que le domaine devait fournir à l'État [7]. Son autorisation était nécessaire pour qu'ils pussent aliéner valablement les biens meubles ou immeubles qu'ils possédaient en propre [8], ou ceux qu'ils avaient acquis par leur travail, et qui constituaient un pécule, gage de leurs obligations [9]. Il exerçait sur eux

---

1. « Ita glebis inhaerere praecipimus, ut ne puncto quidem temporis debeant amoveri. » *Ibid.*, 15; cf. 23. — « Cum lex a majoribus constituta colonos quodam aeternitatis jure detineat, ita ut illis non liceat ex his locis, quorum fructu relevantur, discedere. » *Ibid.*, I, 1.

2. *Ibid.*, XLVII, 6, 13, 16, 21, 23, 24; *Code Théodosien*, V, X, 1, § 2.

3. Valentinien III, *Nov.* XXX, § 5.

4. « Salva ingenuitate. » *Ibid.;* cf. *Code Justinien*, XI, LI, 1.

5. *Code Justinien*, XI, XLVII, 11, 12, 13; LI, 1 : « possessores eorum jure utantur et patroni sollicitudine et domini potestate. »

6. *Code Théodosien*, XIII, I, 3; XVI, V, 52; *Code Justinien*, XII, I, 4.

7. *Code Théodosien*, VII, XIII, 7; cf. 5.

8. Voir cependant la distinction faite par l'empereur Anastase entre les colons nés et recensés sur le domaine, dont les biens sont assimilés à un pécule dépendant du maître, et les colons qui le sont devenus seulement par la prescription trentenaire et qui gardent la libre disposition de leurs biens, *liberi manentes cum rebus suis. Code Justinien*, XI, XLVII, 18.

9. *Code Justinien*, XI, XLIX, 2.

une sorte de basse justice, c'est-à-dire que, dans
certains cas spécifiés par les lois, il avait le droit de
leur infliger une peine légère, sans recourir au représentant du pouvoir central : ainsi, il pouvait punir
avec modération (*moderata corrigere castigatione*)
le colon qui avait épousé une femme libre, frustrant
ainsi le domaine des services des enfants à naître du
mariage [1] : il était même obligé de faire donner la
bastonnade à des colons qui auraient assisté à des
réunions d'hérétiques [2]. C'était la justice foncière ou
patrimoniale, dont l'origine se perd dans l'antiquité,
et qui dérive de la coutume plutôt que du droit po-
sitif : ce n'était pas encore un démembrement du
droit de souveraineté, comme celui dont jouiront les
seigneurs du moyen âge [3]. Le maître du domaine
agissait comme chef naturel de la petite société qui

---

1. *Code Justinien*, XI, xlvii, 24.

2. *Code Théodosien*, XVI, v, 52 (412) ; cf. 54, § 6 (414). Ces deux lois
sont rendues à propos de la propagande exercée par les donatistes
sur les cultivateurs des grands domaines de l'Afrique. C'étaient des
mesures extrêmes, et qui ne furent autorisées qu'à une époque de
crise violente; la correspondance de saint Augustin, *Ep.* 58 (404) à
Pammachius et 89 (406) à Festus, montre les sénateurs romains propriétaires en Afrique, employant vis-à-vis de leurs colons les moyens
de persuasion : cependant la seconde lettre fait voir qu'en cas d'in-
succès, des mesures plus sévères pourront être prises. Du reste,
l'influence donatiste était devenue telle à la fin du v° siècle,
que, dans les très grands domaines, aussi étendus que des villes,
comme celui que possédait sainte Mélanie la Jeune près de
Tagaste, on voyait s'établir non seulement un évêque catholique,
mais aussi un évêque donatiste; *Vita S. Melaniae*, 21 ; Rampolla,
p. 14.

3. Il ne faudrait pas s'exagérer le pouvoir coercitif des grands
propriétaires des iv° et v° siècles, comme me paraît le faire M. Lécrivain, art. *Latifundia*, dans le *Dict. des antiquités*, 28° fasc.,
p. 963. Les lettres de Symmaque citées par lui (I, 70, 74; III, 63. 69)
n'ont pas trait à la question, et celles de Sidoine Apollinaire (III,
12; IV, 9 ; V, 19) sont prises à contresens.

s'était formée sur sa terre et vivait groupée autour de lui.

Le domaine ainsi peuplé se divisait naturellement en deux parties : l'une, composée de terres concédées, était exploitée par les colons ; l'autre, formant la réserve du propriétaire, était cultivée par lui-même. Nous retrouvons ici, d'avance, un des traits caractéristiques des seigneuries du moyen âge, dont une partie se composait de concessions faites à des titres divers, le seigneur en conservant le domaine éminent, tandis que l'autre, exploitée directement par lui, constituait son domaine privé. Le domaine privé des seigneurs du iv° siècle, plus ou moins étendu selon qu'ils en avaient détaché plus ou moins de terres pour les concéder à des colons, était cultivé par leurs esclaves. Jusqu'au milieu de ce siècle, le maître avait conservé la disposition absolue des esclaves qu'il employait à la culture. Sans doute, s'il vendait un champ « garni de tout son mobilier, » cela signifiait, de l'avis unanime des jurisconsultes, que la propriété des esclaves employés au service du fonds était transmise avec lui [1] : mais, en dehors de ce cas, et des cas analogues d'hérédité et de legs [2], le maître était demeuré libre de donner à chacun de ses esclaves telle destination qu'il voulait. Il avait pu reléguer aux champs, à titre de punition, les esclaves urbains dont il était mécontent : il avait pu en

1. « Si fundus cum instrumento venierit, et in instrumento mancipia sint. » Paul, au *Digeste*, XXI, 1, 33.

2. *Digeste*, XXXIII, vii, 8, 18, § 11, 20, 22, 27 ; Paul, *Sentent.*, VI, 43, 44, 47, 50, 52, 53.

tirer, au contraire, ceux qui, primitivement employés aux travaux rustiques, lui paraissaient plus propres au service de la ville. Il avait pu mettre en vente, sur n'importe quel marché, les esclaves de ses métairies ou de ses maisons de campagne. Dans la seconde moitié du IVe siècle, cette situation changea. Le législateur se préoccupa d'assurer aux campagnes, non seulement par le colonat une population libre, mais encore, par une disposition nouvelle, une population servile vraiment stable. Il avait été défendu par Constance d'aliéner la terre sans les colons qui la cultivaient[1] : une loi de Valentinien et Gratien interdit aux propriétaires de vendre les esclaves ruraux sans la terre cultivée par eux[2]. Dès lors la population servile se trouva divisée en deux catégories : il y eut les esclaves domestiques, *urbana mancipia,* qui restèrent aliénables au gré du maître, et continuèrent à être rangés parmi les meubles : il y eut des esclaves inscrits sur les registres du cens comme attachés à la culture d'une terre, lesquels ne purent plus en être détachés, et devinrent véritablement immeubles par destination : il y eut, en un mot, d'un côté l'esclavage personnel, de l'autre le servage de la glèbe. Ces deux états coexistèrent longtemps : aussi n'est-il pas vrai de dire, avec Guérard, que

---

1. « Si quis praedium vendere voluerit, vel donare, retinere sib transferendos ad alia loca colonos privata pactione non possit. Qui enim colonos utiles credunt, aut cum praediis eos tenere debent, aut profuturos aliis derelinquere, si ipsi praedium sibi prodesse desperant. » *Code Justinien,* XI, XLVII, 2 (357).

2. « Quemadmodum originarios absque terra, ita rusticos censitosque servos vendi omnifariam non licebit. » *Ibid.,* 7.

« c'est de l'esclavage adouci qu'est né le servage[1]. »
Le servage est certes un esclavage considérablement
adouci : mais il a subsisté à côté de l'esclavage le
plus dur et ne l'a absorbé qu'au bout de plusieurs
siècles.

On ne doit pas faire honneur de cette institution
nouvelle à l'humanité des empereurs ou même à
l'influence chrétienne. Elle fut dictée par un intérêt
fiscal. Au milieu du IVe siècle, un grand nombre de
terres étaient à l'abandon. Beaucoup de propriétaires, dans la misère croissante de l'Empire, se trouvaient ruinés, cessaient de cultiver, désertaient quand
cela était possible, et bientôt les ronces et les épines
couvraient les sillons délaissés. Les esclaves dispa-
raissaient avec la culture : les lois du IVe siècle parlent d'esclaves errants, qui proviennent de terres
abandonnées [2]. Le désert se faisait; d'immenses es-
paces, qui ne rendaient rien au fisc, remplaçaient
les champs productifs, autrefois la ressource de
l'impôt. Les curies, responsables du tribut auquel
avaient été jadis taxés les domaines maintenant sté-
riles, n'en pouvaient longtemps soutenir le fardeau :
le gouvernement était obligé d'accorder, dans toutes
les provinces, des remises d'impôt proportionnées à
la quotité des terres abandonnées [3]. Le revenu de
l'État allait ainsi s'affaiblissant. A cette situation on
crut trouver un remède, ou plutôt on essaya de

1. *Polyptyque de l'abbé Irminon*, t. I, p. 302.
2. *Code Théodosien*, XI, I, 12 (365).
3. C'est ainsi qu'à Autun, Constantin dut réduire d'un quart l'impôt
foncier. Eumène, *Oratio Flaviensium nomine*, 6, 7.

généraliser le remède déjà tenté : on avait fixé au sol les colons libres : on voulut y attacher étroitement la population servile. Une fois immatriculés sur les registres du fisc, *censiti*, les esclaves ne durent plus, à partir de la loi de Valentinien, être distraits du domaine avec lequel ils avaient été inscrits. Dès lors il paraissait impossible que les terres devinssent improductives et que le propriétaire fraudât l'impôt. Cela arriva, cependant, car, pendant toute la seconde moitié du ive siècle, de même qu'au siècle suivant, on voit les empereurs gémir sur le nombre croissant des terres abandonnées, les offrir en vain au premier occupant [1], et se résoudre enfin à concéder aux curies épuisées des remises d'impôt [2]. « En Campanie, écrit en 395 Honorius, il y a, suivant les rapports de nos inspecteurs et les anciens cadastres, 528.042 *jugera* de terres désertes et incultes : nous faisons remise de l'impôt, et ordonnons de brûler les rôles désormais inutiles [3]. » Telle était l'impuissance des moyens empiriques, même les meilleurs en apparence, pour enrayer un mouvement qui remontait, en réalité, aux dernières années de la République et aux premiers temps de l'Empire.

1. Voir tout le titre LVIII du livre XI du *Code Justinien*, De omni agro deserto.

2. Voir au *Code Théodosien*, XI, tout le titre XXVIII, De indulgentiis debitorum ; lois de 363, 395, 401, 408, 410, 413, 414, 415, 416, 418, 422, 423, 424, 433, 436.

3. « Quingenta viginti octo millia quadraginta duo jugera, quae Campania provincia juxta inspectorum relationem et veterum monumenta chartarum in desertis et squalidis locis habere dignoscitur, iisdem provincialibus concessimus, et chartas superfluae descriptionis cremari censemus. » *Ibid.*, 2.

Mais si l'institution du servage — que l'on pourrait définir le colonat des esclaves, comme le colonat pourrait être appelé le servage des libres — n'eut pas, au point de vue politique et fiscal, les avantages que ses auteurs eussent été, ce semble, en droit d'attendre, elle exerça, en revanche, une influence très grande sur toute une partie de la population servile. Cette partie était considérable, car le nombre des esclaves attachés à la culture des champs paraît encore immense à la fin du IVe siècle. Rappelons-nous ces deux propriétaires espagnols, parents de Théodose, qui, en 408, essaient de lutter par leurs seules forces contre un usurpateur, et, pour lui opposer une armée, n'ont qu'à lever les serfs de leurs domaines[1]. Souvenons-nous d'un des innombrables domaines de sainte Mélanie la Jeune, qui, outre la maison seigneuriale et les réserves dont celle-ci était entourée, comprenait soixante métairies ou tenures, *sexaginta villas circa se*, exploitées par quatre cents *servi agricultores*, moyennant un cens ou une redevance[2] : comme le biographe énumère seulement les hommes en état de travailler, il faut ajouter à ce chiffre leurs femmes et leurs enfants, ce qui devait tripler ou quadrupler la population ; tel domaine cultivé ainsi par des serfs ressemblait à un très gros village de nos jours. Mais c'était, désormais, un très gros village à population stable, et qui pouvait devenir prospère[3]. Ce résultat

---

1. Orose, VII, 40.

2. *Vita S. Melaniae*, 18; Rampolla, p. 13.

3. « Servi utiles, rustici morigeri, urbani, amici, obedientes, patronoque contenti. » Sidoine Apollinaire, *Ep.*, IV, 9.

ne figurait sans doute qu'au dernier rang dans les préoccupations du législateur, si même il y tenait une place quelconque ; il apparaît seul, aujourd'hui, aux yeux de l'historien. A partir de la loi de Valentinien, une très nombreuse catégorie de personnes de condition servile se trouva placée en dehors du commerce, c'est-à-dire soustraite pour une grande part à l'arbitraire des maîtres et aux misères de l'esclavage. Nous désignerons désormais par le terme consacré de *serfs* les individus appartenant à cette dernière catégorie, et nous réserverons le nom d'esclave pour ceux qui demeuraient voués au service domestique et aliénables comme des meubles.

Je n'ai pas besoin d'insister longuement ici sur le progrès que le servage représentait, comparé à l'esclavage : je l'ai indiqué plus haut, et il suffit d'avoir une notion claire de l'un et de l'autre état pour l'apercevoir. Le serf se trouva rapproché du colon. Au milieu des misères de toute nature qui assombrirent les dernières années de la domination romaine en Occident, la condition de ce dernier n'avait pu demeurer, en beaucoup de lieux, ce qu'elle était légalement et théoriquement ; les textes du ive et du ve siècles nous laissent deviner l'oppression à laquelle le colon fut quelquefois soumis. Il ne garda souvent de la liberté que le nom. Le serf, au contraire, grandit. Est-ce lui qui monta jusqu'au niveau du colon ? n'est-ce pas plutôt le colon qui s'abaissa jusqu'à lui[1] ?

---

1. « Quae enim differentia inter servos et adscriptitios intelligatur, cum uterque in domini sui positus sit potestate, et possit servum

Sans examiner cette question, on peut dire qu'une sorte de nivellement s'établit entre les deux situations, et que les différences qui les séparaient parurent près de s'effacer, sinon en droit, au moins en fait ; les textes les nomment souvent ensemble, comme s'ils étaient de condition semblable. Certes, l'égalité dans la servitude et dans l'abaissement est chose triste ; il y eut cependant un avantage pour une catégorie d'esclaves à se sentir l'égale, la voisine au moins, d'une certaine catégorie d'hommes libres, si misérable que fût parfois devenue cette dernière : depuis tant de siècles l'esclave, étant au-dessous de tous, n'avait été l'égal de personne !

Tel est le premier progrès survenu dans la condition de l'esclave : par le servage, toute une partie de cette classe opprimée et méprisée s'élève d'un échelon, et forme comme une population intermédiaire entre les esclaves et les derniers des hommes libres. Ce progrès, qui contient tant de germes féconds, a dans l'histoire une date précise : il remonte au règne de Valentinien et Gratien, c'est-à-dire à la dernière moitié du IVe siècle, à une année qui se place entre 367 et 375.

cum peculio manumittere, et adscriptitium cum terra dominio expellere ? » Rescrit de Justinien, au *Code Just.*, XI, XLVII, 21.

CHAPITRE II

De ce qui a été dit au chapitre précédent, il résulte que le servage est d'origine romaine, de même qu'une grande partie du droit féodal, dérivée du régime des terres et de la condition des personnes habitant les fonds ruraux à la fin de l'Empire. « J'affirme, écrit le grand jurisconsulte Cujas, que le servage, le cens et les charges innombrables qui pèsent sur les terres et les hommes, ont dans le droit romain leur origine [1]. » Il y a ici plus que l'opinion d'un éminent esprit, il y a, en quelque sorte, la parole d'un témoin : Cujas n'eût pu acquérir la profonde connaissance qu'il possédait du droit romain sans étudier profondément aussi la société civile et politique que ce droit régissait et sans se rendre un

---

1. « Servi, et census, et alia innumera praediorum hominumque onera e jure romano originem sumpsisse testor. » *Œuvres* de Cujas, édition de Naples, 1758, col. 834.

compte exact des rapports de celle-ci avec des institutions seigneuriales en vigueur de son temps [1]. Pour nous, ces questions n'ont plus qu'un intérêt théorique : pour les hommes du moyen âge finissant [2], elles avaient un intérêt actuel, car c'était la racine d'institutions encore vivantes qu'ils allaient chercher, quand ils creusaient avec tant d'ardeur le sol de l'histoire.

Le servage n'est donc point sorti des changements sociaux produits par l'établissement des Barbares dans les diverses parties de l'Empire romain : il existait avant les invasions. Celles-ci n'eurent-elles, cependant, aucune influence sur la situation des serfs, c'est-à-dire des esclaves attachés à la glèbe ?

On a souvent discuté, et, selon toute apparence, on discutera souvent encore la question de savoir si les invasions furent un bien ou un mal pour la cause de la civilisation.

Selon les uns, au moment où elles se produisirent, le monde romain succombait sous le poids de ses vices, et s'affaissait dans la corruption. Deux choses seulement pouvaient le guérir : l'influence chrétienne et l'apparition d'une nouvelle race d'hommes, capable de régénérer, par le contact et le mélange, des populations depuis longtemps abâtardies, que le christianisme lui-même n'était point parvenu à rajeunir. La décadence eût été irrémédiable, si la

---

1. Cf. Vuitry, *Études sur le régime financier de la France avant 1789,* 1878, p. 21.
2. Cujas, 1520-1590.

Providence n'avait substitué, dans la direction des affaires humaines, les Barbares aux Romains, et n'avait fourni au dévouement chrétien une matière vierge et neuve qu'il pût façonner à son gré. « Pour que l'Eglise pût sauver la société, s'écrie éloquemment Montalembert, il fallait dans la société un nouvel élément, et dans l'Église une force nouvelle. Il fallait deux invasions : celle des Barbares, au nord, celle des moines, au midi [1]. » « Les Germains sont venus, dit de même M. Sepet, ils se sont faits chrétiens et ils ont tout rajeuni [2]. » Le Huérou avait, longtemps auparavant, énoncé la même pensée : « Les Barbares renouvelèrent une population mourante, que le vice et la misère avaient dégradée. Sans les Barbares, il est douteux (humainement parlant) que le christianisme eût produit tous ses effets sur un peuple si prodigieusement usé et corrompu [3]. »

Cette opinion est loin d'être partagée par tous les érudits. Sans remonter jusqu'à Gibbon, trop partial pour être allégué ici, ceux qu'une telle théorie laisse hésitants peuvent invoquer à l'appui de leurs doutes l'autorité de Guérard. « Lorsqu'on recherche avec soin ce que la civilisation doit aux conquérants de l'Empire d'Occident, — écrit ce puissant adversaire de l'école germaniste, — on est fort en peine de trou-

---

1. Montalembert, *Les moines d'Occident*, t. I, p. 29.
2. Marius Sepet, *L'invasion des Barbares*, dans *Revue des questions historiques*, janvier 1869, p. 264.
3. Le Huérou, *Histoire des institutions mérovingiennes*, 1842, p. 244-245.

ver quelque bien dont on leur puisse faire honneur...
Loin d'avoir contribué à restaurer la société, les
Germains n'ont fait que la corrompre davantage et
qu'en rendre la restauration plus difficile [1]. » « Le
ive siècle renaissait, dit de même Littré, quand les
Barbares détruisirent ces heureux commencements,
et rejetèrent les choses vers une inculte enfance [2]; »
et plus loin : « Je conteste opiniâtrement que l'invasion des Barbares ait rendu aucun service qui ne
reste bien au-dessous du mal qu'ils ont fait [3]. » A
plus forte raison un chrétien pourra-t-il être tenté
de contester une opinion qui tendrait, contre l'intention de ses auteurs, à poser des bornes à la puissance de Celui « qui a fait les nations guérissables »
et à la vertu curative de la religion « qui a les pro-
messes de la vie présente et de la vie future. » Les
Barbares vinrent, parce que la Providence le permit :
mais il est sans doute excessif de dire qu'ils furent
des instruments nécessaires et que le monde romain
n'eût pu être régénéré sans eux.

Cette digression nous éloigne du sujet de cette
étude moins qu'il ne paraîtrait d'abord : en effet,
dans la question particulière de l'esclavage, on peut
soutenir hardiment l'opinion émise d'une manière
générale par Guérard et Littré, et dire que, là au
moins, les Barbares « n'ont rendu aucun service qui
ne reste bien au-dessous du mal qu'ils ont fait. »

1. Guérard, *Polyptyque d'Irminon*, t. I, p. 200; cf. p. 275, 276.
2. Littré, *Etudes sur les Barbares et le moyen âge*, 1867, p. xxiii.
3. *Ibid.*, p. 125.

I

Avant le succès définitif des invasions barbares, l'esclavage semblait, certes, fort loin encore de disparaître : mais quelques-uns des maux qu'il entraînait avaient déjà été conjurés, et il était véritablement battu en brèche de toutes parts. L'Empire romain étant, depuis longtemps, réduit à ne plus faire que des guerres défensives, une des sources de l'esclavage, celle qui est alimentée par la mise en vente de nombreux prisonniers de guerre, de populations entières arrachées à leur patrie par la conquête, était à demi fermée. Les lois romaines, pénétrées chaque jour davantage par l'esprit chrétien, s'étaient graduellement adoucies à l'égard de l'esclave, et elles tendaient à mettre sa condition en rapport avec les mœurs plus humaines et plus pures que la religion nouvelle avait substituées aux mœurs antiques. Enfin, comme on l'a vu, beaucoup d'esclaves avaient eu leur situation non seulement améliorée, mais transformée par le servage.

Les invasions compromirent ces résultats. Elles jetèrent de nouveau sur le marché d'innombrables populations enlevées à leurs foyers : — elles remplacèrent les lois romaines par des lois qui, en général, se montrèrent beaucoup plus dures pour les esclaves : — elles effacèrent la distinction juridique établie au IVe siècle entre l'esclavage proprement dit et le servage, et ramenèrent ainsi les serfs à la situation précaire des esclaves.

Ce dernier fait a seul trait directement à l'étude que nous avons entreprise. Cependant il est nécessaire d'expliquer au moins sommairement les deux autres, si nous voulons donner une idée claire du rôle qui appartient aux Barbares dans l'histoire de l'esclavage.

Et d'abord, il paraît incontestable que les invasions arrêtèrent la diminution commencée du nombre des esclaves, et au contraire accrurent considérablement celui-ci.

Il ne faut point nous figurer les nouveaux maîtres des Gaules, Francs, Wisigoths, Burgondes, sous les traits plus ou moins idéalisés des Germains de Tacite. Chez ces derniers, il y avait peu d'esclaves, au dire du grand historien, et ces esclaves n'étaient guère employés qu'à la culture de la terre : les besoins personnels des maîtres étaient peu nombreux : les chefs aimaient à être entourés d'hommes libres, et dédaignaient la société de leurs serviteurs : l'esclavage domestique existait à peine dans ces peuplades à la fois agricoles et guerrières[1]. Mais, devenus possesseurs des plus belles provinces de l'Empire, les Barbares s'amollirent vite au contact de mœurs élégantes et faciles[2] : ils s'amollirent plus vite qu'ils ne se civilisèrent. Ils gardèrent leurs vices, mais ils y joignirent les vices des vaincus. La

1. Tacite, *De moribus Germanorum*, 25.
2. Rappelons-nous Alaric demandant pour la rançon de Rome 5.000 livres d'or, 30.000 livres d'argent, 4.000 robes de soie, 3.000 livres de poivre. Zosime, *Hist.*, V.

férocité germanique et la dépravation romaine se mêlent dans le caractère des premiers rois mérovingiens, et forment ces natures à la fois indomptables et molles dont le christianisme eut tant de peine à se rendre maître. De tels hommes n'étaient à l'abri d'aucune séduction. Ils s'accoutumèrent promptement à vivre comme les Romains : en même temps qu'ils avaient des serfs cultivant leurs terres moitié au profit du maître et moitié à leur profit personnel[1], ils s'entourèrent d'innombrables esclaves. Il suffit de consulter la loi Salique, la loi des Burgondes, la loi des Alemans, ou seulement de parcourir Grégoire de Tours, pour voir que le service domestique était organisé dans la maison des nobles Barbares absolument comme il l'était, à la même époque, dans les riches maisons italiennes ou gallo-romaines. Ils ont dans leurs écuries des esclaves palefreniers[2]. Des esclaves boulangers pétrissent leur pain[3]. Des esclaves cuisiniers préparent leurs repas[4] : les mets sont apportés par des domestiques spéciaux[5], tandis que l'échanson[6], ou une femme chargée de ce service[7],

---

1. « Servi dimidium sibi, et dimidium in dominico, araticum reddant. » *Lex Alamannorum*, XXII.

2. « Puledrus. » *Lex Salica*, XI, 5; Grégoire de Tours, *Historia Francorum*, III, 15.

3. *Ibid.*, VIII, 15, 25.

4. *Ibid.*, III, 15; VII, 15, 22.

5. « Infestor, dapifer. » *Lex Salica*, XI, 7.

6. « Scantio. » *Ibid.*

7. La future reine des Francs, sainte Bathilde, alors qu'elle était esclave d'Erchinoald, servait ainsi à table : « cui instituit ut sibi pocula porrigeret, et ut pincerna honestissima saepius praesens ejus ministerio adstaret. » *Vita S. Balthildis*, dans Du Chesne, *Hist. Franc. Script.*, t. I, p. 166; dans *Mon. Germ. hist., Script. rer. merov.*, t. II, p. 493.

verse l'hydromel ou le vin parfumé[1] dans les coupes où s'allume l'ivresse souvent sanguinaire du Barbare[2], et que d'autres serviteurs se tiennent debout, un flambeau à la main[3]. Des femmes veillent à la porte[4]. Des servantes du gynécée confectionnent les vêtements[5]. Des esclaves cordonniers fabriquent les chaussures[6]. Des esclaves forgerons ou charpentiers exécutent les gros travaux de la maison[7]. Des esclaves orfèvres fondent, émaillent ou cisèlent les riches bijoux que nous révèlent les tombeaux de l'époque mérovingienne[8]. Quand ils sortent, les nobles francs ou leurs femmes s'avancent à cheval, étincelants de pierreries, précédés et suivis de troupes d'esclaves[9], comme les Romains peints par Ammien Marcellin[10]. Partent-ils en voyage ou en guerre? ils se font accompagner de leurs *servi expeditionales*[11].

La seule différence entre le Romain et le Barbare, c'est que le premier possède et que le second n'a pu encore acquérir cette politesse, ce bon ton, ce bon goût, ce je ne sais quoi de discret et de mesuré même dans la mollesse et le luxe, que donne seul

---

1. Grégoire de Tours, *H. F.*, VII, 29; VIII, 31.
2. *Lex Salica : De Homicidiis in convivio factis.*
3. Grégoire de Tours, *H. F.*, V, 3.
4. « Si quis cum alicujus ancilla ostiaria... » *Lex Alamannorum,* LXXX, 1.
5. *Ibid.;* Grégoire de Tours, *H. F.*, IX, 38.
6. « Sartor. » *Lex Burgundionum*, XXI, 2.
7. « Faber, ferrarius, carpentarius. » *Lex Salica*, XI, 7; *Lex Burgundionum*, X, 56.
8. « Aurifex. » *Lex Salica*, XI, 7; « Servus aurifex, argentarius. » *Lex Burgundionum*, X, 3, 4; XXI, 1, 2.
9. Grégoire de Tours, *H. F.*, IX, 9.
10. Ammien Marcellin, XIV, 6.
11. *Lex Burgundionum*, X, 1.

un long usage de la civilisation. Paré des dépouilles de l'Empire, entouré de serviteurs vêtus et disciplinés à la romaine, le rude compagnon des princes mérovingiens ressemble à l'élégant sénateur des cités gauloises à peu près comme les vers boiteux du roi Clotaire rappellent le mètre encore classique de Sidoine ou de Fortunat. Mais il a déjà les mêmes raffinements, les mêmes exigences. « Les Germains connurent des besoins qu'ils avaient ignorés jusque-là, et firent servir une foule d'esclaves à leur mollesse ou à leur vanité. Ce changement dans leurs mœurs, joint aux grands domaines qu'ils acquirent dans les Gaules, dut multiplier considérablement chez eux le nombre des esclaves [1]. » Au viie siècle, les esclaves, domestiques ou ruraux, constituaient encore une portion considérable des fortunes mobilières; parlant d'Itta, veuve de Pépin de Landen, l'auteur de la Vie de ce dernier s'exprime ainsi : « Beaucoup désiraient l'épouser, les uns à cause de sa vertu, d'autres à cause de sa noblesse, plusieurs à cause de la multitude de ses domaines et du grand nombre de ses esclaves [2]. »

En même temps, les guerres continuelles en versèrent de grandes multitudes sur les marchés. Pendant le vi[e] siècle, les maîtres de la Gaule sont sans cesse en lutte, non seulement contre les derniers restes de la domination romaine, mais encore

---

1. Gourcy, *Quel fut l'état des personnes en France sous la première et la seconde race de nos rois*, 1769, p. 76.

2. « Ob multiplices praediorum possessiones et numerosam familiam. » *Vita B. Pippini;* Du Chesne, *H. F. S.*, t. I, p. 597.

entre eux. Dans les chroniques de ces âges reculés, il est bien rare de trouver, en face du chiffre d'une année, cette mention : *Sine hoste fuit*, ou celle-ci : *Franci quieverunt* : l'annaliste a toujours soin de noter cela comme un événement extraordinaire. A cette époque, nul lieu n'était sûr : trop voisin des limites de la Gaule, il était exposé aux invasions des Barbares du dehors; à l'intérieur du pays, les endroits trop rapprochés des limites irrégulières, bizarrement découpées et souvent changeantes, des divers royaumes que les rois francs se partageaient entre eux, n'étaient pas moins menacés. A l'exception des habitants de quelques villes fortes, personne, clerc ou laïque [1], n'était sûr de ne pas voir, à un moment quelconque, sa maison et ses terres ravagées, et de n'être pas avec les siens emmené en esclavage. Les monastères eux-mêmes demeuraient exposés à ce péril : les Vies des saints nous montrent les inquiétudes d'abbesses craignant d'avoir construit un couvent de femmes trop près des limites de deux royaumes [2].

---

1. Le deuxième concile d'Orléans (533), canon 8, fait allusion à des diacres tombés en esclavage.

2. C'est ce que dit, en termes très curieux, la *Vie* de sainte Salaberge († 654) : « Coenobium puellarum in suburbio Lingonicae urbis... conatur exstruere... Qui locus licet Austrasiorum finibus immineret, vicinus tamen Burgundiae erat... Coepit famula Dei... trutinare animo non esse in eodem loco puellarum coenobium tutum... Nam licet Barbaries procul abesset, regnum tamen limitibus hinc inde admixtis periculi indicium futuris temporibus erat. Quod periculum nos deinceps vidimus. Denique nuper civile bellum inter reges Francorum Theodoricum et Dagobertum circa illos fines est actum, loca vicina quoque depopulata, agri, villae, aedes, et ipsa, quod gravius est, sanctorum corpora igni sunt cremata. » *Vita S. Salabergae; Mabillon, *Acta sanctorum ordinis sancti Benedicti*, t. III, p. 1.

Chacune des guerres de cette époque se termi-
nait par le pillage d'une province et l'enlèvement
d'une partie de ses habitants réduits en servitude.
C'est là le but, soit caché, soit avoué, de la plupart
des expéditions militaires des princes mérovingiens,
alors même qu'ils le déguisent sous une couleur
politique et religieuse. « Véritables chefs de nomades
en pays civilisé, ils campaient ou se promenaient à
travers les villes de la Gaule, pillant partout, sans
autre idée que celle d'amasser beaucoup de richesses,
en monnaie, en joyaux et en meubles; d'avoir de
beaux habits, de beaux chevaux, de belles femmes;
et enfin, ce qui procurait tout cela, des compagnons
d'armes bien déterminés, gens de cœur et de ressource, comme s'expriment les anciennes chroniques [1]. » En 500, les Burgondes, commandés par
leur roi Sigismond, réduisent en captivité trois
mille habitants d'une ville fortifiée du Limousin. En
512, les Ostrogoths font subir le même sort à tous
les habitants d'Orange. En 531, Childebert, revenant
d'une expédition contre l'Espagne, traîne à sa suite
une multitude de prisonniers « attachés deux à deux
comme des chiens [2] : » on songe, en lisant ces mots,
aux lugubres convois de nègres que poussèrent si
longtemps devant eux, malgré les protestations de
l'Europe impuissante, les traitants africains. L'idée
d'une guerre se présentait à l'esprit des Francs

1. Augustin Thierry, *Lettres sur l'histoire de France*, 1829, p. 171.
2. « Cernit ligatos quos regalis exercitus ducebat captivos, more
canum binos et binos copulatos. » *Vita S. Eusicii;* Du Chesne, *H.
F. S.*, t. I, p. 534.

comme une occasion de conquérir beaucoup de butin
et d'esclaves. Quand, en 532, Clotaire et Childebert voulurent envahir le pays des Burgondes, leur
frère Thierry, roi des Francs orientaux, refusa de
marcher avec eux. Ses guerriers murmurèrent : « Si
tu ne veux pas aller en Burgondie avec tes frères,
lui dirent-ils, nous te quittons et les suivons au lieu
de toi. » Le roi ne s'émut pas de cette menace :
« Suivez-moi, leur dit-il, vers la cité des Arvernes,
et je vous ferai entrer dans un pays où vous prendrez
de l'or et de l'argent autant que vous en pourrez
désirer, où vous enlèverez des troupeaux, des esclaves, des vêtements en abondance [1]. » Cette propo-
sition plut aux guerriers : l'Auvergne fut entièrement saccagée : rien ne fut laissé aux habitants, si
ce n'est la terre, que les Barbares ne pouvaient
emporter. L'armée se retira ensuite, emmenant de
longues files de chariots et de prisonniers, « de beaux
enfants, de beaux jeunes gens, de belles jeunes
filles, les mains liées derrière le dos : les soldats les
mettaient à l'encan dans tous les lieux où ils passaient [2]. »

---

1. « Me sequimini, et ego vos inducam in patriam ubi aurum et
argentum accipiatis, quantum vestra potest desiderare cupiditas; de
qua pecora, de qua mancipia in abundantiam adsumatis : tantum
hos non sequamini. » His promissionibus hi inlecti, suam voluntatem facere promittunt. Ille vero illuc transire disponit, promittens
iterum atque iterum exercitui cunctam regionis praedam cum hominibus in suas regiones transferri. » Grégoire de Tours, *H. F.*, III, 1.

2. « Pueros enim quoque atque adolescentes venustioris formae,
scitisque vultibus puellas, exercitus adventitius junctis post terga
manibus secum ducens, per diversa loca precio accepto distrahebat :
nulli compatiens, nec remeare sinens. » *Vita S. Fidoli;* Du Chesne,
t. I, p. 552.

Toujours les razzias africaines ! Quand une ville se révoltait contre eux, ces sauvages ne savaient faire qu'une chose, en vendre tous les habitants : c'est ainsi que Dagobert, pour punir Metz, mit ses citoyens à l'encan : parmi eux était saint Serenus, qui fut payé trois sous [1]. Les esclaves ainsi vendus à un prix que l'abondance de la marchandise humaine rendait dérisoire, au septième de leur valeur réelle [2], allaient grossir les troupes d'hommes employés au service domestique ou à la culture des terres dans les Gaules, ou même, achetés par des spéculateurs, étaient dirigés sur l'Italie et embarqués par les Lombards, malgré les supplications des papes [3], pour être vendus sur les marchés de l'Orient [4].

La grande source de l'esclavage était rouverte, la servitude allait couler librement sur le monde et le couvrir d'une nouvelle inondation, si les saints ne s'étaient jetés en avant pour la combattre, pour réédifier à force de prières, de larmes et de sueurs, la digue rompue : les écrits contemporains nous montrent les prêtres, les évêques, les moines, de pieux laïques, des femmes chrétiennes s'efforçant de rendre à la liberté, soit à prix d'argent, soit par

1. « Quibus victis, captus est vir Deo plenus atque in captivitatem ductus. Quem, disponente Deo, emit dux et comes nobilissimus nomine Boso, duos solidos. » *Vita S. Sereni*; Du Chesne, t. I, p. 655.

2. La valeur moyenne des esclaves de l'un et de l'autre sexe employés au service de la maison, aux travaux industriels et à certains travaux des champs variait entre quinze et trente-cinq sous. *Lex Salica*, XI, 3, 6.

3. Bouquet, *Recueil des historiens de France*, t. V, p. 557.

4. Sur le commerce d'esclaves fait par les Lombards, et la manière dont ils s'approvisionnaient, voir Vétaut, *Charlemagne*, 1877, p. 249-251.

la persuasion, les captifs que traînaient à leur suite les armées barbares. Sainte Bathilde, ancienne esclave qu'un caprice de la fortune a fait monter sur le trône, défend de mettre à l'encan les chrétiens, de vendre les esclaves hors des limites du royaume; joignant l'exemple au précepte, elle rachète de ses deniers de nombreux captifs[1]. Elle n'est pas la seule femme qui se livre à cette œuvre de miséricorde : Euphrasie, Bertechilde, sont louées par le poète Fortunat pour leur charité envers ces malheureux. « Toi qui fais tomber leurs liens, dit-il à l'une d'elles, tu demeureras toujours libre[2]. » Parole curieuse, qui fait comprendre le danger auquel tous et toutes étaient alors exposés !

Le même poète adresse à des évêques un éloge semblable. « Tu revêts les nus, écrit-il à Sidoine, évêque de Mâcon, tu détaches les chaînes des captifs, tu rends libres les cous dont tu as enlevé le joug[3]. » Nicetius, évêque de Trèves, a conquis le

---

1. « Captivos homines christianos vendere prohibuit. Deditque praeceptiones per singularium urbium regiones, ut nullus in regno Francorum captivum hominem penitus in aliud regnum transmitteret. Dato etiam justae remunerationis pretio, plurimos captivos redimi praecepit, et quosdam liberos relaxavit, quosdam vero cum religionis habitu sub regula in monasterio transmisit. » *Vita S. Balthildis*; Du Chesne, t. I, p. 168; *Mon. Germ. hist.*, *S. R. M.*, t. II, p. 495.

2. Euphrasie : « Captivis omnia fundens. »
Bertechilde : « Te redimente pia captivi vincula laxant;
    Quae solvis vinctos, libera semper eris. »
Fortunat, *Carmina*, IV, 27; VI, 6.

3.   « Nudos veste tegis, captivis vincula solvens,
    Deposito reddens libera colla jugo. »
Ibid., IX, 9. — Voir encore l'épitaphe de la noble Eugenia, qui
    « Captivos opibus vinclis laxavit iniquis, »
et le commentaire de cette épitaphe dans E. Le Blant, *Inscriptions rétiennes de la Gaule*, n° 543, t. II, 1865, p. 284-299.

ciel, dit-il, en rendant des captifs à leur patrie [1].
Grâce à Chronopius, évêque de Périgueux, la cité
veuve a revu ses citoyens [2]. Saint Césaire, évêque
d'Arles, a racheté des Ostrogoths les habitants
d'Orange, et les a renvoyés chez eux en leur fournissant les moyens de transport [3]. Des villes entières
sont épargnées à la prière des évêques, au moment
où leurs habitants allaient être vendus. Saint Sal-
vius obtient à prix d'argent du patrice Mummole le
retour d'une partie des habitants d'Albi emmenés
en captivité ; touchés de ses vertus, les vainqueurs
lui font présent des autres [4]. L'intercession de saint
Eptadius décide le roi burgonde Sigismond à
mettre en liberté trois mille personnes capturées
dans un *castrum* du Limousin [5] ; comme, quelques
années auparavant, son père Gondebaud avait, à la
prière de saint Épiphane, renvoyé plusieurs milliers
de captifs ramenés de Ligurie [6].

La charité des évêques s'étend aux captifs étrangers. Clovis accorde aux évêques la libération des
prisonniers ecclésiastiques et laïques faits dans la
guerre contre les Goths [7] ; saint Eusicius décide

1.   « Captivus quincunque redit sua limina cernens,
       Ille lares patrios, tu capis inde polos. »
Fortunat, *Carmina*, III, 11.
2.   « Implesti propriis viduatam civibus urbem,
       Videruntque suos, te redimente, lares. »
Ibid., IV, 8.
3. *Vita S. Caesarii, episcopi Arelatensis ; Recueil des historiens de
France*, t. III, p. 685 ; *Mon. Germ. hist., S. R. M.*, t. III, p. 471.
4. Grégoire de Tours, *H. F.*, II, 1.
5. *Vita S. Eptadii ; Recueil des historiens de France*, t. III, p. 381 ;
Mon. Germ. hist., S. R. M., t. III, p. 189.
6. Ennodius, *Vita S. Epiphanii*, 173.
7. *Recueil des historiens de France*, t. IV, p. 54.

Childebert à renvoyer libres les prisonniers qu'il avait ramenés d'Espagne[1]. Saint Germain tire de l'esclavage des captifs de tous les pays que la guerre ou le commerce mettait en communication avec les provinces franques : des Espagnols, des Écossais, des Bretons, des Saxons, des Gascons, des Burgondes[2]. Comme lui, saint Éloi rachète par centaines les esclaves romains, gaulois, bretons, maures, surtout saxons, que des navires montés par des traitants ou des pirates amenaient dans les ports du royaume[3]. Quelquefois ces malheureux veulent, par reconnaissance, suivre le chrétien généreux qui les a rendus à la liberté : et ils aliènent de nouveau entre ses mains cette liberté pour se faire moines avec lui. Saint Éloi, fondant un monastère auprès de Limoges, dans un domaine reçu du roi Dagobert, affranchit

1. « Horum miseriei compassionem intra se suscipiens misericordissimus pater, supplici prece petit a rege quos Dei voluntas illi permiserat, triumphali palma superare, captivos scilicet, quos vinctos minabant satellites. Cujus petitioni benigno favore rex assentiens jubet captivos perquiri et sine contradictione reddi. » *Vita S. Eusicii;* Du Chesne, t. I, p. 654.

2. « Unde sunt contiguae gentes in testimonium Hispanus, Scottus, Britto, Wasco, Saxo, Burgundio, cum ad nomen beati concurrunt undique liberandi jugo servitii. » Fortunat, *Vita S. Germani, episcopi Parisiensis;* Mabillon, *Acta SS. O. S. B.,* t. I, p. 224.

3. « Ubicunque venundandum intellexisset mancipium, magna cum misericordia et festinatione occurrens, mox dato pretio liberabat captivum. Interdum etiam usque ad viginti et triginta, seu et quinquaginta numero simul a captivitate redimebat. Nonnunquam vero agmen integrum, et usque ad centum animas, cum navi egrederentur, utriusque sexus ex diversis gentibus venientes pariter liberabat : Romanorum scilicet, Gallorum, atque Britannorum, nec non et Maurorum, sed praecipue e genere Saxonum, qui abunde eo tempore veluti greges e sedibus propriis evulsi, in diversa distrahebantur. » *Vita S. Eligii, a S. Audoeno scripta;* Mabillon, *Acta SS. O. S. B.,* t. I, p. 628; *Mon. Germ. hist., S. R. M.,* t. IV, p. 677.

beaucoup d'esclaves, qui entrent au couvent[1]. Dans un monastère de femmes, qu'il établit ensuite à Paris, entrent à la fois trois cents dames nobles et beaucoup de servantes affranchies par l'homme de Dieu[2]. De même un monastère fondé par saint Aredius, en Limousin, se remplit d'anciens esclaves de ses domaines[3].

En général, quand un chrétien de ce temps prenait la résolution d'embrasser la vie religieuse, il commençait par affranchir ses esclaves. L'ancien préfet de Marseille sous le roi Thierri, saint Bonitus, avait mérité d'être appelé à une vie plus parfaite par la charité avec laquelle il s'était servi de son pouvoir pour distribuer autour de lui la liberté[4]. Le vicomte Florus, se faisant bénédictin à Glanfeuil, affranchit et dota vingt esclaves[5]. De même, quand Romaricus entra dans le monastère de Luxeuil, il rendit libres beaucoup d'esclaves[6]. Sainte Consortia, devenue maîtresse de ses biens par la mort de ses parents, construisit sur ses terres une église, un hospice, distribua ce qui lui restait aux pauvres, et, comme dernière aumône, fit à tous ses esclaves don de la

1. *Ibid.*

2. « Ex diversis gentibus, tam ex ancillis suis quam ex nobilibus Franciae matronis congregavit. » *Ibid.*

3. « Ex familia propria tonsuratos instituit monachos. » Grégoire de Tours, *H. F.*, X, 29.

4. « Neque enim, ut more illic comparatum erat, homines venundari, aut exilio mulctari, vel captivos detineri unquam jussit; sed potius si quos reperire posset venditos, uti semper consueverat, redimere atque ad sua remitteret studuit. » *Vita S. Boniti*; Du Chesne, t. I, p. 685.

5. Faustus, *Vita S. Flori*, 52.

6. « Multis videlicet prius libertatem adeptis. » *Vita S. Romarici*; Du Chesne, t. I, p. 558; *Mon. Germ. hist.*, *S. R. M.*, t. IV, p. 127.

liberté[1]. Saint Bertrand, évêque du Mans, déclare, dans son testament, libres les hommes et les femmes qu'il avait rachetés de captivité, et qui ne lui avaient pas remboursé le prix de leur rançon[2]. Parmi les serfs affranchis par le testament de saint Remi, on trouve mentionnée « Sennoveifa, que j'ai rachetée de captivité, et qui est née de bonne famille[3]. » Le canon 23 du quatrième concile d'Orléans, tenu en 541, défend aux serfs des églises de faire des captifs, « attendu que leurs maîtres (c'est-à-dire les évêques et les prêtres) ont coutume de les racheter[4]. » Ces paroles résument bien la conduite des chefs de la société chrétienne en présence de la hideuse plaie qui menaçait de dévorer de nouveau la société civile. A l'aide du patrimoine ecclésiastique, qui pour des causes diverses se constitue à cette époque, ils reprennent vis-à-vis du monde barbare l'œuvre que l'Église poursuivit, pendant les premiers siècles, vis-à-vis du monde romain[5]. Les invasions avaient remis en question tous les résultats acquis, et le

1. « Cum defunctis genitoribus, sancta Consortia in sua potestate esse coepisset, construxit ecclesiam in agro suo, qui dicitur Mocton vicus, in honore S. Stephani protomartyris, et xenodochium ibi de rebus suis instituit. Quod vero superfuit pauperibus erogans, thesaurum sibi collocavit in coelo. Familiam vero suam liberam esse constituit. » *Vita S. Consortiae;* Du Chesne, t. I, p. 549.

2. *Testamentum Bertramni, episcopi Cenomanensis,* anno 615, dans Pardessus, *Diplomata,* t. I, 1843, n° ccxxx.

3. Flodoard, *Historia ecclesiae Remensis,* I, 18. — Krusch considère le testament de saint Remi comme apocryphe, mais composé d'après des modèles anciens, capable par conséquent de fournir des renseignements utiles ; *Mon. Germ. hist., S. R. M.,* t. III, p. 242 et 336, note 2.

4. Hardouin, *Concilia,* t. II, p. 1435.

5. Voir dans Lesne, *Histoire de la propriété ecclésiastique en France,* t. I, 1910, p. 697-699, le chapitre xxx : *Le rachat des captifs.*

patient travail du christianisme, interrompu par elles au moment même où il semblait près de réussir, était à recommencer.

II

Il était à recommencer partout, dans les lois aussi bien que dans les mœurs. Nous venons de voir comment s'était augmenté le nombre des esclaves. Nous allons montrer comment les dispositions des lois barbares relatives aux esclaves sont beaucoup plus dures que n'étaient les dispositions correspondantes des lois romaines.

Je n'ai point à refaire ici le tableau du mouvement législatif postérieur à la conversion de Constantin : j'ai dit ailleurs ce que les esclaves y ont gagné[1]. Après les invasions, le progrès qui s'était fait peu à peu dans leur condition cesse tout à coup, ou même recule : l'esclave régi par les lois barbares est beaucoup moins bien traité que l'esclave dont le sort était réglé par les lois de Constantin, de Théodose et de Justinien.

Sa vie est moins assurée ; son mariage — plus respecté à certains égards — est, par contre, entouré de plus d'entraves.

Longtemps avant Constantin, les lois romaines avaient essayé de faire prévaloir, dans les rapports

---

1. Voir mon livre sur *les Esclaves chrétiens*, p. 481 et suiv., et dans mon article *Esclavage* du *Dictionnaire d'apologétique*, V⁰ fascicule, 1910, le paragraphe intitulé : *L'esclavage sous les empereurs chrétiens*, col. 1479-1485.

des maîtres avec leurs esclaves, ce principe, fondement de toute société policée : l'individu n'a pas le
droit de se faire justice à lui-même[1]. La législation
des empereurs chrétiens lutta énergiquement pour
le faire triompher. Tous les abus, certes, n'avaient
pas disparu : il suffit de lire Salvien pour reconnaître
qu'à la veille des invasions l'esclave avait encore à
souffrir de la cruauté de son maître : mais cependant,
en droit, le maître qui avait fait périr son esclave
encourait la peine de l'homicide. L'esclave était considéré comme une personne, puisque le meurtre
commis sur lui était puni à l'égal du meurtre commis
sur un homme libre[2]. Après les invasions barbares,
il redevint une chose. Le droit de vie et de mort que
Tacite attribue aux maîtres germains s'exerça de
nouveau sans entraves[3]. On peut voir dans Grégoire
de Tours de nombreux exemples de la cruauté des
maîtres francs, qui paraît n'avoir jamais été répri-
mée ni punie[4]. La loi Salique et la loi des Ripuaires
ne contiennent aucune disposition défendant au maître de donner la mort à son esclave. Quand les lois
semblent prendre sa défense, c'est dans le seul intérêt du maître : on encourt une peine si l'on blesse
ou tue l'esclave d'autrui, non si l'on blesse ou tue son
propre esclave[5]. Seule au vi[e] siècle la loi des Bur-

1. Modestin, au *Digeste*, XLVIII, viii, 11, § 1 et 2; Spartien, *Hadrianus*, 81; Gaius, au *Digeste*, I, v, 1, § 2; Ulpien, *ibid.*, I, vi, 2.
2. *Code Théodosien*, IX, xii, 1, 2; *Code Justinien*, IX, xiv, 1.
3. « Occidere solent, non disciplina et severitate, sed impetu et ira,
ut inimicum nisi quod impune. » *De mor. Germ.*, 25.
4. Grégoire de Tours, *H. F.*, IV, 41; V, 3; VII, 46, 47.
5. La loi des Wisigoths elle-même condamne à une amende de 20
sous envers le maître celui qui fait avorter la servante d'autrui (VI,

gondes refuse au maître le droit de se faire ainsi justice[1]. Partout ailleurs il faut attendre le viie siècle pour le lui voir contester. Le premier parmi les rois francs, Clotaire Ier lui interdit de mettre son esclave à mort[2]. Dans la seconde moitié du viie siècle, la loi des Wisigoths porte la même défense, et, dénonçant la cruauté des maîtres, énumère les cruelles mutilations qui avaient été jusque-là tolérées[3].

Obéissant à l'influence chrétienne, les lois romaines avaient eu, à partir du ive siècle, une tendance marquée à rendre à l'esclave les droits de famille, que la dureté antique lui refusait. L'interdiction de séparer dans les partages les enfants nés d'un couple esclave, l'abrogation du sénatus-consulte Claudien, l'assimilation, en matière de mariage, des ingénus et des affranchis, constituaient un progrès sensible[4]. Malgré les lacunes et les contradictions qui subsistaient encore, le mouvement vers la liberté et la mo-

---

iii, 4), mais ne punit pas le maître coupable de ce crime envers sa propre servante.

1. *Lex Burgundionum*, X.

2. *Edictum Chlotarii regis*, 22, dans Baluze, *Capitularia regum Francorum*, t. I, 1780, p. 23; *Recueil des historiens de France*, t. IV, p. 119; *Mon. Germ. hist.*, Boretius, *Capitularia*, 1883, p. 22.

3. « Quia saepe praesumptione crudelium dominorum extra discussionem publicam servorum animae perimuntur. » *Lex Wisigothorum*, VI, v, 12. « ... Servo vel ancillae manum, nasum, labium, linguam, aurem etiam vel pedem abscindere, aut oculum evellere, aut quamcumque partem corporis extruncare... ne humanis excessibus turpandae imaginis Dei frena laxentur. » *Ibid.*, 13. Même les évêques se croyaient le droit de punir par des mutilations les esclaves de l'Église coupables de crime; le concile de Mérida (666, canon 15) leur ôte ce droit, et leur enjoint de n'appliquer qu'une peine plus douce.

4. *Code Théodosien*, II, xxv, 1; *Code Justinien*, VII, xxxiv, 1; Justinien, *Novelles*, LXXVIII, 3, 4; *Institutes*, III, xiii, § 1.

ralité se serait dessiné chaque jour davantage, si le triomphe de la société barbare n'était venu brusquement l'arrêter en Occident.

Ce n'est pas que les lois barbares se désintéressent des mœurs de l'esclave et laissent son mariage sans protection. L'édit de Théodoric, la loi Salique, la loi des Ripuaires, la loi des Lombards proclament même l'inviolabilité des unions serviles en des termes dont on ne retrouve pas l'analogue dans la législation romaine. On ne saurait faire honneur de ces dispositions au prétendu respect des Germains pour la femme et à leur chasteté légendaire : l'histoire des invasions, celle des princes mérovingiens et des guerriers francs, est là pour réduire à leur juste valeur les assertions trop souvent citées de Tacite[1] et de Salvien[2]. « Les hommes de race germanique, dit l'un des historiens les plus portés à les juger favorablement, respectaient mieux que les Orientaux ou les Romains celles d'entre les femmes qu'ils tenaient pour leurs égales ou leurs supérieures; mais qui dira le sort de celles qui végétaient dans les conditions inférieures et surtout dans les déplorables profondeurs de l'esclavage et du servage? Qui dira les efforts sublimes et à jamais ignorés qu'il fallut aux prêtres du Dieu de pureté pour arracher tant de jeunes captives, tant de filles esclaves ou serves, aux gynécées des princes, aux impitoyables ardeurs des guerriers victorieux, aux caprices tyranniques du

1. *De mor. Germ.*, 18, 19.
2. *De gubernatione Dei*, V.

maître[1] ? » Plusieurs des législations barbares, codifiées après la conversion des peuples qu'elles régissent, portent la trace de ces efforts[2] : elles se montrent protectrices des mœurs de l'esclave, punissant de châtiments pécuniaires ou même corporels quiconque attente à la pudeur d'une fille esclave, l'homme de condition ingénue ou servile qui a commis l'adultère avec une esclave mariée, déclarant libres le mari et la femme esclaves si le maître a débauché celle-ci, permettent à l'homme, esclave ou libre, qui surprend sa femme en adultère, de tuer les deux coupables[3]. Nous sommes loin de l'indifférence des lois romaines pour la moralité de l'esclave[4]. Même à l'époque chrétienne, elles laissaient impunis les attentats pour lesquels les lois barbares se montrent si sévères. « Qui a jamais entendu parler, demande saint Augustin, d'hommes poursuivis pour une liaison avec une fille esclave[5] ? »

---

1. Montalembert, *Les moines d'Occident*, t. V, 1867, p. 238.

2. Je ne parle point de la loi Salique, car, malgré l'opinion de Fustel de Coulanges (*Revue historique*, 1876, t. II, p. 480), qui croit que dans la plus ancienne de ses rédactions (celle en 65 articles) elle est postérieure à la conversion des Francs au christianisme, il est à peu près certain que cette rédaction, bien que contemporaine de Clovis, est antérieure au baptême de ce prince (Paul Viollet, *Précis de l'histoire du Droit français*, 1884, p. 83 ; G. Kurth, *Clovis*, t. II, 1901, p. 271). Du reste, comme le fait remarquer Fustel de Coulanges (*La monarchie franque*, 1888, p. 15), si les diverses rédactions de la loi représentent des époques successives, les variantes qu'elles offrent portent sur des expressions, non sur le fond.

3. *Lex Salica*, XXIX, 1, 2, 3, 6 ; *Lex Ripuariorum*, LVIII, 47 ; *Lex Wisigothorum*, III, IV, 15, 16, 17 ; *Edictum Liutprandi*, VI, 87 ; *Edictum Rotharis*, 217.

4. Papinien, au *Digeste*, XLVIII, V, 6 ; rescrits de Dioclétien, cités par le *Code Justinien*, IX, IX, 23, 25.

5. Saint Augustin, *Sermo* IX, 4, 9 ; CCXIV, 3. Cf. Lactance, *Div. Inst.*, VI, 3 ; *Epitome Div. Inst.*, 66 ; saint Ambroise, I, 4 ; II, 11 ; saint Jean

Cependant, par une contradiction singulière, certaines des garanties stipulées, au moins implicitement, par le droit romain en faveur des esclaves unis par le lien conjugal furent effacées par le droit barbare, ou n'y reparurent que tardivement.

Sans enlever formellement aux maîtres la faculté de séparer les esclaves mariés, les lois romaines manifestèrentà plusieurs reprises le désir de voir leurs unions maintenues, le père, la mère et les enfants conservés sous le même toit. Elles firent prévaloir, en matière d'action rédhibitoire, de legs, de partage de succession, le principe de l'indissolubilité des unions serviles[1]. Le seul cas où elles permissent la rupture de l'union contractée par un esclave était celui qui autrefois donnait lieu à l'application du sénatus-consulte Claudien : quand une femme libre avait épousé un esclave étranger, le maître de celui-ci avait la faculté de les séparer[2].

Le droit barbare rejeta ces tendances favorables à la liberté et à la perpétuité des mariages d'esclaves. Dans le dernier état de la législation romaine, le mariage entre affranchis et personnes libres de tout rang était permis, comme, à la même époque, l'union entre les ingénus et les esclaves n'exposait plus à aucune peine. Les conquérants d'origine ger-

Chrysostome, *In illud : Propter fornicationem*, etc., Homilia I, 4; *In I Cor.* Hom. XII, 4, 5.

1. Ulpien, au *Digeste*, XXI, I, 35; Paul, *ibid.*, 39; Ulpien, *ibid.*, XXXIII, vii, 12, § 7; rescrit de Constantin (334?), au *Code Théodosien*, II, xxv, 1; *Code Justinien*, III, xxviii, 11.

2. *Code Justinien*, VII, xxiv, 1.

manique refusèrent d'abandonner en cette matière les vieilles traditions de leur race. Enfermer, quant au mariage, chacun dans sa classe, sans lui permettre d'en sortir en s'alliant avec une personne qui fût au-dessus ou au-dessous de sa condition, est une tendance qui se rencontre chez tous les peuples germains. Jusqu'à la conquête de leur pays par Charlemagne, les Saxons y demeurèrent fidèles. « La loi établit chez eux, dit le vieil historien Adam de Brême, que nul ne doit, pour se marier, sortir des limites de son état propre, mais que le noble doit épouser une femme noble, le libre une femme libre, l'affranchi une affranchie, l'esclave une esclave[1]. » Le principe posé si énergiquement par la législation païenne des Saxons se retrouve dans les lois des Francs, des Burgondes, des Lombards, des Wisigoths, malgré leur conversion au christianisme. Elles sanctionnent sur l'union des personnes libres et des esclaves des dispositions beaucoup plus dures que le sénatus-consulte Claudien, et parfois empreintes d'une étrange sauvagerie.

Sans doute, aucune condamnation ne frappe l'homme libre qui s'est uni à sa propre esclave. Le nombre des serves du fisc, que Clotaire et ses fils, qui pratiquaient la polygamie et le divorce, au mépris des lois divines, honorèrent simultanément ou successivement du titre d'épouses et de reines, est

---

1. « Legibus firmatur ut nulla pars in copulandis conjugiis propriae sortis terminos transferat, sed nobilis nobilem ducat uxorem, et liber liberam, libertus conjugatur libertae, et servus ancillae. » Adam de Brême, *Hist. Ecclesiarum Hamburgensis et Bremensis*, I.

trop grand pour qu'on puisse citer chacune d'elles :
il suffit de renvoyer aux curieux récits de Grégoire
de Tours[1]. Un peu plus tard, Erchinoald veut
épouser l'esclave Bathilde, qui le refuse, et devient
la femme de Clovis II[2]. Théodebert II, roi d'Austra-
sie, épouse l'esclave Brunechilde[3]. Mais l'union des
femmes libres avec leurs serviteurs est sévèrement
punie. Il semble que les lois aient peur des fou-
gueuses passions de ces matrones barbares, qui
s'éprenaient de leurs esclaves avec l'impudeur des
Romaines de la décadence[4]. Mais au lieu de leur
ouvrir, comme le fit un pape du IIIe siècle[5], le port
tranquille du mariage, et de purifier la passion en
la soumettant à la règle, les lois des Barbares
aiment mieux frapper impitoyablement. Chez les
Ripuaires, quand une femme ingénue s'est unie à
un esclave de même nation, ses parents peuvent la
dénoncer : le roi ou le comte lui présente alors un
couteau et une quenouille : si elle prend le couteau,
elle doit tuer son amant; si elle choisit la quenouille,
elle tombe en servitude[6]. Chez les Wisigoths, lorsqu'une femme ingénue épouse son esclave, ils sont

1. Si dramatiquement mis en œuvre par Augustin Thierry : voir
surtout le premier de ses *Récits des temps mérovingiens*, qui donne
si bien l'idée de la vie privée des monarques francs.

2. *Vita S. Balthildis.*

3. Frédégaire, *Chronique*, V, 35.

4. Grégoire de Tours, *H. F.*, III, 31 ; IV, 35.

5. Voir *Les esclaves chrétiens*, p. 293.

6. « Quod si ingenua Ripuaria servum Ripuarium secuta fuerit, et
parentes ejus hoc contradicere voluerint, offeratur ei a rege seu a
comite spata et conucula. Quod si spatam acceperit, servum inter-
ficiat; si autem conuculam, in servitio perseveret. » *Lex Ripuariorum*, LVIII, 18.

tous deux fustigés et brûlés[1]. L'union de l'homme libre avec l'esclave d'autrui, tolérée par le droit romain[2], est ordinairement punie par les lois barbares.

Le Franc Salien devient esclave du maître de sa femme[3]. Le Franc Ripuaire tombe également en servitude si celle qu'il a épousée appartient à un particulier[4] : si elle est au roi ou à l'Église, il reste libre, mais ses enfants suivent la condition de leur mère[5]. L'union de la femme libre avec l'esclave d'autrui mérite soit la mort, comme dans la loi des Lombards[6], soit la servitude, comme dans celle des Ripuaires[7], soit la flagellation et, en cas de récidive, la servitude, comme dans celle des Wisigoths[8].

Les législations barbares sont plus dures encore pour l'affranchi. Malgré le langage pompeux des formules d'affranchissement, quoique l'affranchi fût capable de devenir convive du roi, antustrion[9], et de s'élever à la dignité de comte[10], cependant il ne perdait jamais la marque de son origine ; on s'en aper-

---

1. « Ante judicem publice fustigentur, et ignibus concrementur. » *Lex Wisigothorum*, III, II, 2. Si la femme parvient à se réfugier près d'un autel, sa vie est épargnée, mais elle est donnée par le roi à qui il veut, pour être esclave à perpétuité. *Ibid.*

2. Rescrit d'Alexandre Sévère (226), au *Code Justinien*, VII, XVI, 3.

3. *Lex Salica*, XXIX, 5.

4. *Lex Ripuariorum*, LVIII, 15, 16.

5. *Ibid.*, 14.

6. *Lex Langobardorum*, II, 9.

7. *Lex Ripuariorum*, LVIII, 16.

8. *Lex Wisigothorum*, III, II, 3.

9. *Recapitulatio legis Salicae*, 30, dans Pardessus, *Loi Salique*, 1843, p. 358, 360.

10. *Lex Ripuariorum*, LIII, 1, 2.

cevait à l'inégalité subsistante entre son *wergeld* et celui de l'ingénu[1]; on s'en apercevait plus encore, peut-être, dans les dispositions légales relatives à son mariage. Il est, quant au mariage, parqué dans sa classe et n'en peut sortir ni pour monter ni pour descendre[2]. Défense d'épouser une personne d'une condition supérieure ou inférieure à la sienne, une ingénue ou une esclave. Chez les Ripuaires, si un affranchi épouse une esclave du roi, ou de l'Église, ou d'un autre affranchi, il devient esclave[3]; s'il épouse l'esclave d'un ingénu Ripuaire, ses enfants seuls tombent en servitude[4]. De même si une affranchie épouse un Ripuaire[5]. Chez les Alemans, l'affranchie qui s'est unie à un esclave retombe en servitude[6]. De même chez les Lombards[7]. Chez les Wisigoths, l'affranchi ou l'affranchie épousant l'esclave d'autrui sans le consentement du maître tombait au pouvoir de celui-ci; si l'affranchi ignorait la condition servile de son conjoint, les enfants seuls devenaient esclaves[8]. Le mariage de l'affranchi avec la femme ingénue de qui il a reçu la liberté est puni

1. Cf. Fustel de Coulanges, dans *Revue historique*, 1876, t. II, p. 475, 484.

2. La situation qui lui est faite est d'autant plus dure qu'en droit barbare, contrairement au droit romain, la situation d'affranchi est héréditaire, et que les incapacités qui en dérivent passent de l'ancien esclave à ses descendants : « Ipse tabularius et procreatio ejus tabularii persistant. » *Lex Ripuariorum*, LVIII, 1.

3. *Lex Ripuariorum*, LVIII, 9.

4. *Ibid.*, 10.

5. *Ibid.*, 11.

6. *Lex Alamannorum*, XVIII.

7. *Leges Langobardicae; lex regis Lotharii*, 218.

8. *Lex Wisigothorum*, III, II, 4.

du supplice du feu, précédé de la flagellation[1].

Telle était la rigueur avec laquelle le droit barbare punissait les unions contractées par des esclaves ou des affranchis en dehors du cercle étroit dans lequel chacune de ces catégories de personnes était autorisée à chercher des alliances.

Le sort des enfants n'était pas moins rigoureusement fixé. En droit romain, la condition de la mère décidait de celle de l'enfant. Fils d'un homme libre ou esclave et d'une mère retenue elle-même dans les liens de la servitude, il vient au monde esclave; mais si la mère, soit à un moment quelconque entre la conception et la naissance, soit lors de la naissance, a joui de la liberté, eût-elle été affranchie pendant la grossesse et fût-elle ensuite retombée en servitude, l'enfant naît libre[2]. En droit barbare, au

---

1. *Ibid.*, 2. C'est la même peine que pour l'union de l'ingénue avec son esclave.

2. « Ingenui sunt qui ex matre libera nati sunt. Sufficit enim liberam fuisse eo tempore quo nascitur, licet ancilla conceperit : et e contrario si libera conceperit, deinde ancilla pariat, placuit eum qui nascitur liberum nasci. Nec interest justis nuptiis concepit, an vulgo : quia non debet calamitas matris nocere ei qui in ventre est. — Unde hoc quaesitum est : si ancilla praegnans manumissa sit, deinde ancilla postea facta, aut expulsa civitate, pepererit : liberum nasci : et sufficere ei qui in ventre est liberam matrem vel medio tempore habuisse. » Marcien, au *Digeste*, I, v, 5, § 2, 3. Cf. Paul, *ibid.*, XLVIII, xxiii, 4; Gaius, *Inst.*, I, 89; rescrit d'Antonin, au *Code Justinien*, IX, xlvii, 4; Justinien, *Instit.*, I, iv. Une décision d'Hadrien, rapportée par Gaius, est intéressante. Le sénatus-consulte Claudien punissait de la perte de la liberté l'ingénue qui s'était unie à un esclave sans le consentement du maître de celui-ci : s'il avait consenti, la femme restait libre, mais les enfants naissaient esclaves. Cette dernière disposition fut abrogée par Hadrien, qui maintint les enfants en liberté : « sed postea divus Hadrianus, iniquitate rei et inelegantia juris motus, restituit juris gentium regulam, ut cum ipsa mulier libera permaneat, liberum pariat. » Gaius, *Inst.*, I, 84.

contraire, l'enfant suivit le plus souvent la condition pire. Il suffisait que soit le père, soit la mère, fût esclave, pour que l'enfant naquît esclave. *Semper ad inferiora declinetur*, dit la loi des Ripuaires[1]. C'est ainsi que, chez les Wisigoths, l'enfant de l'homme libre et de la femme esclave est esclave[2], de même que l'enfant de la femme libre et de l'homme esclave[3]; chez les Ripuaires, les enfants de l'homme ou de la femme libre qui a épousé un serf ou une serve du roi ou de l'Église naissent dans la servitude[4]; ce qui est plus dur encore, la même condition est faite aux enfants de l'homme libre et de l'affranchie[5]. Chez les Anglo-Saxons, l'enfant d'une mère libre à l'époque de la conception naissait libre; mais si, à ce moment, elle était esclave, la liberté acquise ensuite ne l'empêchait pas de mettre au monde un esclave[6]. Seule la charité de maîtres chrétiens venait quelquefois corriger la barbarie du droit, en consentant à ce que les enfants issus de tels mariages demeurassent libres[7].

III

Il serait inexact de dire que ces dures lois n'atteignissent qu'un petit nombre d'esclaves. Sans doute,

---

1. *Lex Ripuariorum*, LVIII, 11. Cf. *Formules* de Marculfe, II, 19, et appendice, 20.
2. *Lex Wisigothorum*, III, II, 2.
3. *Ibid.*, 3.
4. *Lex Ripuariorum*, LVIII, 11.
5. *Ibid.*
6. *Constitutio Theodori*, archiep. *Cantuar.*, 1 (VIIe siècle).
7. *Formules* de Marculfe, II, 9; *Formules* d'Angers, 58. Cf. Giraud, *Essai sur l'histoire du droit français au moyen âge*, t. II, p. 458-459.

le principe de la personnalité des lois, dominant à cette époque [1], permettait aux anciens habitants, aux « Romains, » comme on les appelait, de vivre, eux et leurs serviteurs, régis par les statuts de l'Empire [2], pendant que les conquérants obéissaient à leur propre législation. Mais si, dans les alliances contractées entre eux, les esclaves ou les affranchis des Romains suivaient, comme leurs maîtres, une législation plus libérale, ils n'avaient pas le droit de se mêler, par des mariages, à la population servile ou affranchie dépendant des Barbares et gouvernée par eux. Celle-ci était fort considérable, puisqu'elle comprenait, outre les esclaves que le pillage des villes avait procurés aux conquérants, ceux qu'ils avaient achetés à vil prix sur les marchés de nouveau alimentés par la guerre, et les hommes qui, pressés

1. « Hoc autem constituimus, ut infra pagum Ripuarium tam Franci, Burgundiones, Alamanni, seu de quacumque natione commoratus fuerit, judicio interpellatus, sicut lex loci continet, ubi natus fuerit, sic respondeat. » *Lex Ripuariorum*, XXXI, 3. — « Omnis populus ibidem commanentes, tam Franci, Romani, Burgundiones, vel reliquas nationes, sub tuo regimine et gubernatione degant et moderatione, et eos recta tramite secundum lege et consuetudine eorum regas... » *Formules* de Marculfe, I, 8. — Ce principe était atténué, dans la réalité, par l'obligation pour tous, sans distinction de nationalité, de se soumettre aux *constitutiones, decreta, edicta, praecepta*, etc., rédigés par les rois francs pour l'universalité de leurs sujets. Voir J. Tardif, *Études sur les institutions politiques et administratives de la France, période mérovingienne*, 1881, p. 77. — En Italie aussi, Théodoric établit la personnalité des lois ; Cassiodore, *Variar.*, VII, 3. — Dès le vii° siècle, elle est au contraire abolie chez les Wisigoths d'Espagne ; voir Paul Viollet, *Précis de l'histoire du droit français*, p. 100.

2. « Inter Romanos negotia causarum Romanis legibus praecipimus terminari. » *Chlotarii I constitutio* (560), 4, dans *Recueil des historiens de France*, t. IV, p. 116 ; dans Baluze, *Capitularia regum Francorum*, t. I, p. 7.

par la misère, s'étaient volontairement donnés à eux [1].

Leurs maisons et leurs champs devaient, de plus, renfermer une assez grande quantité de serviteurs d'origine barbare. Les lois en parlent souvent, et distinguent entre les esclaves barbares et les esclaves romains [2]. La même distinction se trouve dans les testaments [3] et dans les formules [4]. Outre les causes générales de servitude qui pouvaient atteindre les Barbares aussi bien que les habitants des pays conquis par eux, il y en avait une qui leur était particulière : comme le principe de la composition pécuniaire en matière de crimes et délits formait l'essence de leur législation pénale, les coupables qui ne pouvaient payer devenaient esclaves de l'offensé ou de sa famille. C'était la résurrection, par le droit barbare, de l'esclavage pour dettes, le *nexus*, qui avait existé aussi dans le droit romain, à l'époque où lui-même était encore dans la barbarie, mais qui en avait disparu depuis plusieurs siècles [5]. Une formule

---

1. « Subdebant se pauperes servitio, ut quantulumcumque de alimentis porrigerent. » Grégoire de Tours, *H. F.*, VII, 45. — *Formules* de Sirmond, 10 ; d'Angers, 58. Ingénu qui s'est volontairement laissé vendre comme esclave ; ingénu qui, *timore compulsus*, s'est déclaré l'esclave d'autrui ; *Lex Wisigothorum*, V, iv, 10 ; vii, 7.

2 « Ancillam Ripuariam. » *Lex Ripuariorum*, LVIII, 10. — « Servum Ripuarium. » *Ibid.*, 18. — « Si quis servum Barbarum occiderit. » *Lex Burgundionum*, X, 1. — « Si alium servum Romanum, sive Barbarum... » *Ibid.*, 2.

3. « Similiter et famulos meos, qui mihi deservire videntur, tam de natione Romana quam et Barbara... Quos postea de gente Barbara comparavi, aut adhuc comparare potero, tam pueri quam puellae... » *Testamentum Bertramni* ; Pardessus, *Diplomata*, ccxxx.

4. « Servo meo, nomen illo, natione gentile. » *Formules* d'Angers, 50.

5. Le *nexus* n'existait plus à la fin du iiie siècle : « ob aes alienum

parle de « l'esclave Martin, qui me fut livré pour crime ou pour dette[1]. » On peut voir dans Grégoire de Tours l'histoire d'un clerc adultère vendu par les parents de la femme qu'il avait séduite[2]. Quelquefois les Églises venaient au secours du condamné pauvre et payaient pour lui la composition pécuniaire[3] : mais alors il devenait ordinairement leur esclave jusqu'à libération de sa dette. On lit dans le testament de saint Remi : « Friarède, que j'ai racheté de la mort en payant pour lui quatorze sous d'or, en gardera deux dont je lui fais remise et donnera les douze autres pour rétablir la voûte de l'église des saints martyrs Timothée et Apollinaire[4]. » Si Friarède n'avait trouvé personne pour lui faire l'avance de quatorze *solidi*, il n'eût pu échapper à la mort qu'en devenant l'esclave de celui qu'il avait offensé. D'après l'édit de Liutprand, le prodigue qui, en dissipant ses biens, se met hors d'état de payer la composition à laquelle il peut être condamné, devient serf, pour toujours ou pour un temps, suivant que la composition dépasse ou non vingt *solidi*[5].

---

servire liberos creditoribus, jura compelli non patiuntur. » Rescrit de Dioclétien (294), au *Code Justinien*, IV, x, 12. Mais on voit encore Alexandre Sévère livrer un soldat comme esclave à une vieille femme qu'il avait insultée ; Lampride, *Alex. Sev.*, 52.

1. « Pro Martino meo servo, qui mihi fuit traditus per crimen vel per debitum... » Muratori, *Dissertazioni sopra le Antichita italiane*, t. I, 1765, p. 117.

2. Grégoire de Tours, *H. F.*, VI, 36.

3. « Ecce enim et si illi, qui noxae subditur, minor est facultas, argento redimetur : interim anima viri non pereat. Et haec dicens obtulit argentum Ecclesiae. » *Ibid.*, VII, 47.

4. Flodoard, I, 18.

5. *Edictum Liutprandi*, 152.

« Si l'on pense à la grandeur des compositions, si l'on considère, d'un autre côté, combien les voies de fait étaient fréquentes chez une nation [1] où les hommes de la plus haute condition se battaient et s'entre-tuaient à la moindre dispute, et dans les lois de laquelle on voit des titres entiers sur les meurtres qui avaient lieu dans les repas, sur les hommes assemblés pour assaillir quelqu'un dans sa maison, et des dispositions sans nombre contre les larcins ou les vols accompagnés de violence ; si l'on fait attention au peu de ressources que les coupables trouvaient dans le produit de leur travail pour acquitter les compositions, on calculera sans peine le nombre prodigieux d'expropriations qui durent être occasionnées par les délits ; et, chaque expropriation entraînant la dégradation d'un homme et de sa famille, il n'avait plus d'autre moyen que de se faire brigand ou de se réduire en servitude [2]. » Parmi ces causes d'expropriation, il faut compter le service militaire. Tout homme libre était, chez les Francs, astreint à la milice. Si quelqu'un y manquait, faute de pouvoir supporter les dépenses qu'elle entraînait, car chacun devait s'équiper à ses frais, il payait l'*heribannum*, qui était de soixante sous [3].

1. Ces réflexions de Naudet peuvent être, à part quelques détails, étendues à tous les peuples barbares.

2. Naudet, *De l'état des personnes en France sous les rois de la première race*, 1827, 4e partie, p. 165.

3. « Si quis legibus in utilitatem regis, sive in hoste seu in reliquam utilitatem bannitus fuerit, et minime adimpleverit, si aegritudo eum non detenuerit, LX solidis multetur. » *Lex Ripuariorum*, LXV. — « Ante os annus, quando genetur noster Theudericus quondam rex, partibus Auster hostileter visus fuit ambolasse, homo

Mais combien, incapables d'acquitter une aussi grosse dette, devinrent les esclaves du créancier, c'est-à-dire de l'État ou du roi!

A cette source de l'esclavage pour dettes, depuis longtemps fermée par les lois romaines, mais toujours ouverte chez les Barbares, s'en ajoute une autre, plus directe encore : leur législation condamnait à la servitude, considérée comme peine principale, le coupable de certains crimes. Cette disposition, absolument étrangère au droit romain (le sénatus-consulte Claudien seul en offre un exemple), forme au contraire, concurremment au *wergeld*, comme le fond même de la législation pénale des divers peuples qui s'établirent successivement dans l'Empire. La loi saxonne indique les cérémonies qui accompagnaient cette dégradation de l'homme libre : il déposait à terre son épée et sa lance, symboles de la liberté, y ramassait la serpe et l'aiguillon, attributs du servage, et, se mettant à genoux, subissait, en signe de soumission, l'imposition des mains de celui qui devenait son maître[1]. Au risque de quelques répétitions, j'emprunterai à Guérard l'énumération des principaux crimes punis par les lois barbares de la perte de la liberté :

« Chez les Wisigoths, on réduisait à l'esclavage : — celui qui n'était pas mis à mort après avoir porté les armes, soit contre le roi, soit contre la nation,

---

nomene Ibbo quondam, nullatenus ibidem ambolasset et ob hoc solidos sexcentus fidem ficisset. » Pardessus, *Diplomata*, t. II, p. 233.

1. Lingard, *Histoire d'Angleterre*, trad. Roujoux, t. I, 1846, p. 166.

ou après avoir excité des troubles dans le royaume [1] ; — celui qui n'avait pas marché à la défense du prince ou du pays [2] ; — celui qui ravissait une femme ou une fille [3], ou se rendait coupable de viol [4] ; — celui qui accusait faussement quelqu'un d'un crime capital [5] ; — celui qui consultait les devins [6] ; — celui qui commettait un empoisonnement [7] ; — celui qui fabriquait de fausses écritures, ou qui supprimait des écritures authentiques [8] ; — celui qui altérait la monnaie ou qui en fabriquait de la fausse [9] ; — la femme qui contractait mariage ou commettait un adultère avec son esclave ou son affranchi [10] ; — celle qui se faisait avorter [11] ; etc.

« La loi des Bourguignons condamnait à la servitude la femme adultère [12] ; — la femme dont les parents protégeaient la vie après son union avec son esclave [13] ; — les femmes et les fils âgés de plus de quatorze ans qui ne dénonçaient pas sur-le-champ leurs maris ou leurs pères coupables d'un vol de bœufs ou de chevaux [14].

« Chez les Alemans et chez les Bavarois, la même

---

1. *Lex Wisigothorum*, II, ı, 7.
2. *Ibid.*, IX, ıı, 8, 9.
3. *Ibid.*, III, ııı, 1.
4. *Ibid.*, ıv, 14.
5. *Ibid.*, VI, ı, 2.
6. *Ibid.*, ıı, 1, 5.
7. *Ibid.*, 2.
8. *Ibid.*, VII, v, 2.
9. *Ibid.*, vı, 2.
10. *Ibid.*, III, ıı, 2.
11. *Ibid.*, VI, ııı, 1.
12. *Lex Burgundionum*, XXXVII.
13. *Ibid.*, XXXV, 3.
14. *Ibid.*, XLVII, 1, 2.

peine était prononcée contre l'homme libre qui, ayant été repris trois fois d'avoir travaillé le dimanche, persévérait dans la même conduite [1]. — Les Bavarois punissaient aussi de la servitude la femme qui donnait à une autre un breuvage pour la faire avorter [2].

« En général, celui que la loi condamnait à la servitude tombait au pouvoir de la personne qu'il avait offensée, c'est-à-dire qu'il appartenait au roi ou à l'État, si l'offense avait un caractère public; tandis qu'il subissait le joug d'une servitude privée, si l'offense n'atteignait qu'un homme privé [3]. »

Telle fut l'influence de la conquête barbare sur l'esclavage. Toutes les anciennes sources de celui-ci, commerce, guerre, se sont rouvertes; la législation pénale, soit par une conséquence du principe de la composition pécuniaire, soit en condamnant directement à la servitude, en crée encore de nouvelles. En même temps, la situation de l'esclave s'aggrave.

---

1. *Lex Alamannorum*, XXXVIII, 4.
2. *Lex Bajuvariorum*, VII, 18.
3. Guérard, *Polyptyque d'Irminon*, t. I, p. 288, 289. — En de rares circonstances, les conciles contemporains de l'époque barbare s'inspirèrent des mêmes idées : le premier concile d'Orléans, en 511, déclare, dans son 2ᵉ canon, qu'en cas de rapt, le coupable deviendra l'esclave de la femme outragée, ou se rachètera de l'esclavage ; et, par son 5ᵉ canon, le troisième concile de Tolède, en 589, condamne à être vendues les femmes qui habiteraient sous le toit d'un clerc. Sur le canon d'Orléans, voir la note de dom Leclercq, dans sa traduction de l'*Histoire des conciles* d'Hefele, t. II, 2ᵉ partie, 1908, p. 1009. — A part ces cas exceptionnels, les conciles tenus aux viᵉ et viiᵉ siècles, particulièrement en Gaule et en Espagne, sont en réaction contre les principes du droit barbare relatifs à l'esclavage ; voir dans mon livre : *Esclaves, serfs et mainmortables*, le chapitre xi : *Influence des conciles de l'époque barbare sur la condition des esclaves et des serfs*, et dans mon article *Esclavage* du *Dictionnaire d'apologétique*, Vᵉ fascicule, le paragraphe intitulé : *L'esclavage et les conciles à l'époque barbare* (col. 1485-1490).

Sa pudeur, il faut le reconnaître, est en certains cas mieux protégée; mais sa vie, que le droit romain avait rendue non moins inviolable que celle de l'homme libre, redevient presque partout la chose du maître; des supplices atroces, tels que celui du feu [1], celui de la castration [2], si formellement interdite par Domitien, Hadrien, Constantin et Justinien, sont prononcés contre lui; la tache de sa condition servile, que la manumission effaçait complètement dans le dernier état du droit romain, devient de nouveau indélébile, et ne disparaît point même quand l'affranchi s'est élevé par son mérite à de hautes dignités; le mariage de l'esclave est entouré de mille entraves, et sans cesse exposé à devenir un délit; celui de l'affranchi, que Justinien autorisait même avec les personnes du plus haut rang, n'est plus permis qu'avec les personnes de sa classe.

Les invasions suppriment ainsi, brusquement, les résultats favorables à l'esclave que plusieurs siècles de philosophie et de christianisme avaient créés : elles anéantissent le progrès législatif dont il avait profité. Au moment où ses fers, usés par le frottement des idées, semblaient près de se détacher, la rude main des Barbares vient les river plus étroitement que jamais à son cou et à son poignet.

1. *Lex Wisigothorum*, III, XI, 4.
2. *Lex Salica*, XLIII, 7; *Lex Wisigothorum*, III, IV, 15.

IV

Ce mouvement de recul se fit surtout sentir dans la condition des habitants des campagnes. Les distinctions que le droit romain avait établies entre eux ne tardèrent pas à s'effacer. Entre les colons et les serfs, entre ces deux classes d'hommes et les esclaves proprement dits, il n'y eut bientôt plus de différence : la situation de tous ceux qui faisaient partie d'une même exploitation, *participes ejusdem villae*, devint également dépendante des maîtres, également précaire et instable.

L'édit de Théodoric [1], formulant en loi ce qui semble, partout ailleurs, avoir, à l'époque barbare, existé en fait, s'exprime ainsi, dans son paragraphe 142 :

« Que tout maître ait le droit de tirer des champs les esclaves rustiques des deux sexes qu'il possède de corps et par droit légitime, fussent-ils *originaires*, pour les transférer aux lieux de son domaine ou les appliquer au service de la ville, et qu'ils soient à bon droit comptés dans la *famille urbaine*. Qu'on n'admette aucun litige sur les faits et les arrangements de ce genre et sur l'opposition d'origine. Qu'il soit permis aux maîtres d'aliéner par contrat les

---

1. L'œuvre législative du célèbre roi goth est connue surtout par les *Variae* de Cassiodore. Le texte d'un seul de ses édits a été conservé. Il a été publié dans Linderbrog, *Codex legum antiquarum*, et dans *Mon. Germ. hist.*, *Leges*, t. V. Dahn, *Könige der Germanen*, t. I, 1861, p. 1-122, l'analyse et le commente, et donne, p. 6, note 2, la liste des diverses éditions qui en ont été faites.

hommes de ladite condition, sans aucune portion de la terre, ou de les céder, ou de les vendre, ou de les donner. »

Ce passage de l'édit de Théodoric a été souvent mal compris. L'auteur d'un *Essai sur l'état civil et politique des peuples d'Italie sous le gouvernement des Goths,* couronné en 1808 par l'Institut, prétend que « Théodoric conserva l'esclavage comme il le trouva établi. Le serf, soit homme, soit femme, est, suivant l'édit, un meuble qui peut être vendu par son maître, donné à d'autres, envoyé aux champs pour la culture des terres, ou retiré de la campagne et occupé à la ville, malgré le lieu de sa naissance et son état d'*originarius*[1]. » Si l'édit a cette signification (et elle n'est pas douteuse), on ne peut dire que « Théodoric conserva l'esclavage comme il le trouva établi ; » au contraire, il opéra, dans la condition de toute une catégorie d'esclaves, une révolution radicale, enlevant aux serfs les garanties que leur donnait l'attache à la glèbe, les déracinant, pour faire d'eux des meubles et les assimiler aux esclaves urbains. Aucune disposition législative ne pouvait être plus désastreuse pour les cultivateurs des campagnes. Un écrivain juridique d'une haute valeur, l'auteur de l'*Histoire des locations perpétuelles et des baux à longue durée,* n'a point aperçu cette conséquence. Il ne dit pas, comme tout à l'heure, que Théodoric ne changea rien à l'état des esclaves ;

---

1. Sartorius, *Essai sur l'état civil et politique des peuples d'Italie sous le gouvernement des Goths,* Paris et Strasbourg, 1811, p. 76.

mais il croit que le changement opéré par le roi
goth fut en leur faveur. Il y voit « les colons originaires affranchis de la servitude de la glèbe et rendus aux services domestiques [1]. » Je ne puis comprendre ce jugement. Il n'est point question ici de colons,
mais de serfs. Ces serfs ne pouvaient gagner à être
« affranchis de la servitude de la glèbe, » puisque
cette forme particulière de la servitude était leur seule
garantie contre les ventes arbitraires, les séparations
douloureuses, la dispersion des familles ; ils n'avaient
aucun intérêt à être « rendus aux services domestiques, » puisque le sort des *urbana mancipia* était
aussi précaire que le leur était devenu fixe et assuré.
Loin donc que cette disposition de l'édit doive être
comprise parmi « les bienfaits de l'administration
réparatrice de Théodoric, » elle est un des actes
par lesquels le Barbare se révèle dans ce grand ou
plutôt dans cet habile homme [2]. Il efface d'une main
brutale l'une des meilleures dispositions du droit
romain. Sur les 154 paragraphes de l'édit, 138 paraissent empruntés à ce droit, particulièrement au
Code Théodosien et aux *Sentences* de Paul. Le paragraphe 142 est au contraire un retour en arrière,
vers le plus mauvais droit barbare. C'est l'abro-

---

1. Garsonnet, *Histoire des locations perpétuelles et des baux à
longue durée*, p. 128.

2. Sur les louanges excessives données par beaucoup d'historiens
modernes au caractère et à la politique de Théodoric, voir Grisar,
Histoire de Rome et des papes au moyen âge, trad. Ledos, t. II,
1906, p. 21, note 2. M. F. Martroye, *L'Occident à l'époque byzantine,
Goths et Vandales*, 1904, p. 72-154, est beaucoup plus sévère pour le
prince ostrogoth.

gation pure et simple de la loi de Valentinien[1].

Les colons n'eurent guère moins que les serfs à souffrir de la législation du roi goth. J'ai montré qu'à la fin du IVe siècle la situation des colons avait tendu à s'abaisser, tandis que celle des serfs montait : le niveau semblait près de s'établir entre ces deux classes de personnes liées à la culture de la terre. L'assimilation devint plus marquée encore sous le règne de Théodoric. L'édit de ce prince met, en matière pénale, les colons sur la même ligne que l'esclave proprement dit et l'originaire ou serf, les plaçant, par conséquent, à la même distance de l'homme libre. « Quand une maison, dit le législateur goth, aura été incendiée pour cause d'inimitié, si le coupable est ou esclave, ou colon, ou originaire (*si servus, colonus, originarius*), il sera brûlé ; si c'est un homme libre qui a commis le crime, il sera condamné à payer les dommages[2]. » Que nous sommes loin du droit romain, déclarent les colons *conditione ingenui*[3], et, quand il leur impose des devoirs serviles, ayant soin de le faire *salva ingenuitate*[4] ! C'est par la nature et la gradation des peines que se marque, en droit barbare, la hiérarchie des personnes : Théodoric punit le colon du supplice de

1. Ce qui contribua à effacer, à l'époque barbare, la garantie d'inamovibilité accordée par la loi de Valentinien au serf rural, c'est que, chez les Germains, le servage existait, avec la plupart des mêmes conditions, mais sans cette garantie (Tacite, *De mor. Germ.*, 25). Les Germains traitèrent les serfs romains selon leur propre coutume, et non selon la loi de ceux-ci.

2. *Edictum Theodorici*, 97.

3. *Code Justinien*, XI, LI, 1.

4. Valentinien III, *Nov.* XXX, 5.

l'esclave, alors qu'il impose à l'homme libre une simple réparation civile.

Ainsi, la condition des habitants des campagnes se trouve brusquement nivelée : entre l'esclave, le serf et le colon, si soigneusement distingués par le droit romain, il n'y a plus que des différences nominales : leur situation réelle est la même, et toutes les garanties qui protégeaient ces deux dernières classes d'hommes, assurant aux uns la stabilité, aux autres la liberté, disparaissent.

CHAPITRE III

ÉPOQUE DES INVASIONS. — SITUATION PRIVILÉGIÉE DES
SERFS DU FISC ET DE L'ÉGLISE SOUS LES MÉROVINGIENS.

I

Deux catégories d'esclaves forment, à l'époque
mérovingienne, une classe distincte et privilégiée au
sein de la population servile. Ce sont les esclaves du
fisc, *servi fiscalini,* et les esclaves de l'Église.

Sous les empereurs, les esclaves urbains ou ruraux
attachés au service personnel du souverain ou à l'exploitation de ses domaines ne jouissaient point d'une
situation privilégiée. Leur condition légale était identique à celle des esclaves des particuliers. Alors
même que la faveur du maître ou un habile usage de
leur crédit les avait rendus riches et puissants, ils
demeuraient, à défaut d'affranchissement, les égaux
en droit des derniers des *vicarii.* Ce n'est point à
eux que pense Claudien quand il assigne aux *regales
famuli* un rang à part, et nous les montre formant
« l'ordre le plus illustre de la servitude[1] ; » il écrit

1.   « Regales famuli, quibus est illustrior ordo
Servitii. » (Claudien, *In Eutrop.*, I, 149-150.)

dans un siècle où les fonctions du palais, jadis serviles, étaient maintenant remplies par des hommes
libres qui composaient la *militia palatina*[1]. Il faut
descendre à l'époque barbare pour trouver une distinction juridique entre les esclaves du prince et
ceux des particuliers. Contrairement à ce qu'on
aurait pu penser, la séparation des classes est, dans
la société confuse de ce temps, plus nettement tranchée qu'elle ne le fut à aucune autre époque : j'ai
déjà eu l'occasion de le montrer à propos des lois
relatives au mariage[2]. Même dans la servitude
il y a désormais des degrés, une hiérarchie : les
esclaves du prince ou du fisc y tiennent le premier
rang.

Au même degré sont les esclaves de l'Église. Ce
mot, tout d'abord, sonne péniblement. A l'époque
romaine, l'Église avait fait de grands efforts, non
seulement pour adoucir le sort des esclaves, mais
encore pour procurer leur affranchissement[3]. On
a vu, dans un précédent chapitre, qu'à l'époque barbare elle continua, ou plutôt recommença, son œuvre
compromise par les invasions[4]. Cependant il eût été
difficile, sans doute même impossible, que les évê-
chés et les monastères du vi^e ou du viie siècle ne
possédassent pas, sinon des esclaves, au moins des

1. Cf. Wallon, *Hist. de l'esclavage dans l'antiquité*, t. III, p. 127
et suiv.
2. Voir plus haut, p. 52.
3. Voir mon livre sur *Les esclaves chrétiens depuis les premiers
temps de l'Église jusqu'à la fin de la domination romaine en Occident.*
4. Voir plus haut, p. 40.

serfs[1]. L'Église était propriétaire de vastes territoires : en un temps où, pour la rémunération des
services publics, les dons en nature remplaçaient le
plus souvent les paiements en argent, la dotation
nécessaire pour mettre l'Église en état de remplir
sa mission religieuse et civilisatrice[2] ne pouvait être
qu'immobilière. Mais aux immeubles étaient alors
attachés les esclaves employés à la culture ; considérés d'abord comme faisant partie du mobilier agricole, ils étaient devenus, par un progrès que nous
avons raconté, immeubles par destination, et se
trouvaient par conséquent inséparables des fonds
qu'ils cultivaient[3]. De là l'existence de nombreux serfs
sur les domaines de l'Église : et ainsi s'explique ce

1. Voir Lesne, *Hist. de la propriété ecclésiastique en France*, t. I
p. 247 et suiv.

2. Sur cette mission et la manière dont l'Église, à l'époque barbare, remplissait les devoirs d'assistance publique remplis en d'autres temps par l'État, voir Lesne, p. 354-412.

3. Pour prendre des exemples dans un seul cartulaire : en 648,
Adroald donne à l'abbaye de Sithiu (Saint-Bertin) « mansiones cum
silvis, pratis, pascuis, aquis aquarumve decursibus, seu farinariis,
mancipiis, accolabus, greges *cum pastoribus* » (*Cartulaire de Saint-
Bertin*, p. 18). — En 685, Amalfrid donne à la même abbaye un monastère construit par lui sur son domaine, « cum terris, mansis, etc...,
accolabus, mancipiis... » *Ibid.*, p. 30. — En 704, Eodbert vend à l'abbé
Rigobert un domaine, « cum terris, domibus, aedificiis, *mancipiis,*
silvis... farinariis, greges *cum pastoribus...* » *Ibid.*, p. 38. — En 708,
Darmund vend à l'abbé Erlefrid deux domaines, « tam in terris, domibus, aedificiis, *mancipiis,* » etc... *Ibid.*, p. 40. — En 723, Rigobert
vend à l'abbé Erkembod un domaine, « cum terris, *accolabus, mancipiis...,* greges *cum pastoribus...* » *Ibid.*, p. 49. — En 745, le prêtre
Félix donne à l'abbaye un domaine, « una cum terris, mansis, casis,
aedificiis, *mancipiis, accolabus tam ingenuis quam et servientibus...* »
Ibid., p. 54, etc. Ces *ingenui* sont vraisemblablement des colons
qui, attachés aussi à la glèbe, sont, malgré leur état d'hommes libres,
cédés avec elle. D'autres documents s'expriment plus fortement encore : un testateur lègue à une église les terres « ubi domos aedifi-
cavi *et mancipia stabilivi,* » des terres avec les « mancipia inibi com-
manentia. » *Testam. Bertramni* (dans Pardessus, *Diplomata*, ccxxx).

fait, que nous aurons l'occasion de montrer plus loin, d'évêques affranchissant leurs propres esclaves et veillant à ce que les immeubles confiés à leur administration fussent convenablement garnis de serfs. Avoir à son service des esclaves personnels répugnait à plus d'un prélat chrétien : les moines, en général, suivaient la règle établie par le fondateur de Fulda, et s'abstenaient d'esclaves au même titre que de vin et de viande[1]. Mais s'ils se passaient aisément de serviteurs, ils ne pouvaient chasser de leurs domaines les serfs qui en étaient la richesse et en formaient la population naturelle : les affranchir totalement et brusquement eût compromis, en beaucoup de lieux, cette rénovation de la culture que les moines avaient entreprise, et qui demandait avant tout des ouvriers fixés au sol. L'Église, adversaire constant de l'esclavage, devint donc, par la force des choses, propriétaire de serfs; mais, usant de son influence, elle obtint, pour les cultivateurs de ses domaines, une position privilégiée analogue à celle des *fiscalini.*

Dans la société barbare, la vie humaine est plus ou moins protégée, selon qu'elle est estimée valoir plus ou moins. Chaque condition sociale a son *wergeld,* son *pretium hominis :* sur cette évaluation, fixée par la loi, est calculée la composition ou peine pécuniaire, qu'entraînent les attentats commis contre

---

1. « Monachos constituimus, sub regula sancti patris Benedicti viventes, viros strictae abstinentiae, absque carne et vino et servis. » Saint Boniface, *Ep.* 12 (Migne, *P. L.*, t. LXXXIX).

la vie ou l'honneur des personnes. Plusieurs législations barbares s'occupent de la composition due en cas de meurtre des esclaves de l'Église, et l'assimilent à la composition due pour le meurtre des esclaves royaux. Chez les Alemans, elle est, pour les uns et les autres, du triple de la composition fixée pour les esclaves ordinaires[1]. Chez les Bavarois, on doit rendre deux esclaves à l'Église quand on lui en a tué un[2]. D'après la loi Salique, l'homme qui a séduit ou violé une femme esclave paie 15 sous si elle appartenait à un particulier, 30 si elle appartenait au roi[3] : il me paraît probable, bien que le texte ne le dise pas, que telle était aussi l'amende due pour le viol d'une serve ecclésiastique.

« Quoique l'honneur et le profit en revinssent au maître, le doublement ou le triplement de la composition des esclaves, à qui que ce fût qu'on la payât, était pour eux une grande garantie de sûreté[4]. » Cette inégalité dans la protection des lois n'est pas la seule différence qui sépare les serfs privilégiés des autres. Ils jouissaient encore de nombreux avantages. Le premier était d'être à l'abri des exactions

---

1. « Si quis servum Ecclesiae occiderit, in triplum componat; sicut solet servus Regis, ita solvatur, id est quadraginta quinque solidis. » *Lex Alamannorum*, VIII.

2. « Si quis servum Ecclesiae sine mortali culpa occiderit per praesumptionem, duos similes restituat pro illo quem occidit. » *Lex Bajuvariorum*, I, 5.

3. « Si quis vero cum Regis ancilla moechatus fuerit, septingentis denariis, qui faciunt solidos tringinta, culpabilis judicetur. » *Lex Salica emendata*, XVII, 2. La même faute commise avec une esclave ordinaire était taxée à 15 *solidi* (*Ibid.*, 1).

4. Naudet, *De l'état des personnes en France sous les rois de la première race*, 4ᵉ partie, p. 113.

arbitraires, et de ne devoir, comme les colons des Codes romains [1], qu'un cens invariable [2]. Ce cens, non plus que la tenure dont ils jouissent, ne peut être arbitrairement modifié; il semble même qu'ils possèdent quelquefois en vertu d'une concession écrite, dont ils conservent les titres avec soin, comme nous conservons nos titres de propriété [3]. Le jour approche où ils seront de vrais propriétaires, capables de transmettre par succession [4] et de plaider contre leurs maîtres [5]. Ils sont déjà capables de se défendre eux-mêmes en justice et de prêter serment [6]. Ils peuvent disposer librement de leur pécule mobilier : avec l'autorisation du roi, ils peuvent aliéner leurs immeubles et affranchir leurs propres *mancipia* [7]. Dès l'époque mérovingienne, ils ont acquis, en France, une situation tellement distincte de celles des autres esclaves, que pour qu'ils soient, en cas de délit, châtiés de même que ceux-ci, le roi

---

1. Cf. *Code Justinien*, XI, xlvii, 23, § 1 ; xlix, 1.

2. *Lex Alamannorum*, XXII; *Lex Bajuvariorum*, I, 14.

3. *Formulæ Marculfi*, I, 34. Modèle de requête adressée au roi par ses *pagenses* dont les maisons ont été pillées et incendiées par les ennemis, et dont les titres de concession ont péri. L'expression *servi pagenses*, employée dans ce texte, me paraît bien montrer qu'il s'agit de serfs, par opposition aux *Franci pagenses*, paysans libres, dont il est question ailleurs (édit. de Pistes, 26). Probablement, ces concessions par écrit furent exceptionnelles; mais Fustel de Coulanges se trompe en niant (*L'Alleu et le domaine rural*, 1889, p. 379) qu'il y en ait jamais eu. Une formule de Marculfe (II, 36) donne même le texte d'une de ces concessions.

4. Diplôme de l'an 917; *Recueil des historiens de France*, t. IX, p. 535.

5. Capitulaire *De villis*, 29.

6. « Servi autem Regis vel Ecclesiarum non per actores, sed ipsi pro semetipsis in judicio respondeant, et sacramenta absque temgano conjurent. » *Lex Ripuariorum*, LVIII, 20; cf. 21.

7. *Lex Wisigothorum*, VII, vii, 16.

Childebert est obligé de le dire expressément[1].

Chez un peuple voisin, la situation des *fiscalini* semble avoir plus d'importance encore. Bien que les lois des Wisigoths leur donnent toujours le nom d'esclaves ou de serfs, elles les assimilent quelquefois aux hommes libres. Une loi du viie siècle, relative au service militaire, ordonne à tous ceux qui le doivent de se faire suivre à l'armée par le dixième de leurs esclaves : et, parmi les maîtres ainsi tenus d'obéir à l'appel, sont nommés les *servi fiscalini*. Ce texte est trop intéressant pour n'être pas cité tout entier.

« Quelques-uns, préoccupés de la culture de leurs terres, dissimulent le grand nombre de leurs esclaves, et, dans un intérêt égoïste, n'en amènent pas la vingtième partie. C'est pourquoi nous ordonnons, par un décret spécial, que quiconque, soit duc, soit comte, soit garding, soit Goth, soit Romain, et aussi soit ingénu ou affranchi, et même chacun des esclaves du fisc, devant se rendre à l'armée, conduise avec soi dans l'expédition guerrière le dixième de ses esclaves ; ce dixième des esclaves ne doit pas venir désarmé, mais muni, au contraire, de toute sorte d'armes[2]. »

---

1. « Si servi Ecclesiarum aut fiscalini furtum admiserint, similem poenam sustineant sicut et reliquorum servi Francorum. » *Decretio Childeberti regis* (595), 13 ; Baluze, *Cap.*, t. I, p. 20.

2. « Quidam illorum, laborandis agris studentes, servorum multitudinem tegunt, et, procurandae salutis suae gratia, nec vicesimam quidem partem suae familiae secum ducunt... Et ideo, id decreto speciali decernimus, ut quisquis ille est, sive sit dux, sive comes, sive gardingus, seu sit Gothus vel Romanus, nec non ingenuus quisque vel manumissus, *sive etiam quisque ex servis fiscalibus*, quis-

Voilà donc les *servi fiscalini* appelés à marcher dans les rangs de l'armée à côté des hommes libres et des affranchis : l'on suppose qu'ils peuvent posséder eux-mêmes de nombreux esclaves et être assez riches pour les munir *vario armorum genere.* Un autre document de l'Espagne gothique fait encore mieux comprendre la grande place qu'ils occupaient. Le treizième concile de Tolède, célébré l'an 683, se plaint d'un abus, que l'on verra se reproduire en France à l'époque carolingienne : un grand nombre d'esclaves ou d'affranchis étaient promus par la faveur royale à des charges de cour, et affectaient de marcher les égaux des plus nobles. Le conseil décide qu'à l'avenir « aucun esclave ou affranchi, à l'exception des esclaves ou des affranchis du fisc, ne pourra être élevé à quelque office du palais [1]. » L'exception faite en faveur des *fiscalini* montre la puissance acquise par eux : le concile, en chassant des charges de cour les esclaves dont l'insolence avait révolté

quis horum est in exercitum progressurus, decimam partem servorum suorum secum in expeditionem bellicam ducturus accedat, ita ut haec pars decima servorum non inermis existat, sed vario armorum genere instructa adpareat. » *Lex Wisigothorum,* IX, II, 9.

1. « Saepe obscurat nobilium genus suberectum servitutis dedecus, quod et generosos adaequatum infamat et dominis plerumque notam proditionis importat. Multos enim ex servis vel libertis, plurimum ex regio jussu, novimus ad palatinum fuisse pertractos officium... Ac proinde, hortante pariter ac jubente praedicto gloriosissimo principe, hoc nostri coetus aggregatio observandum instituit, ut, *exceptis servis vel libertis fiscalibus,* nullus servorum atque libertorum quorumlibet deinceps ad palatinum quandoque transire permittatur officium... Sed conditionis suae usum deinde unusquisque servorum vel libertorum veraciter reminiscens, ita sibi, ab ordine palatino extorris proficiat, ut dominis suis vel dominorum suorum posteritati nec noceat, nec aequalis existat. » Concile de Tolède XIII, canon 6.

toute l'aristocratie espagnole, n'ose s'attaquer à ceux qui étaient sans doute les plus insolents et les plus redoutables de tous : il s'incline devant les *servi vel liberti fiscales*. Ceux-ci étaient quelquefois fort riches, car, un siècle avant la décision que nous venons de citer, on en voyait déjà bâtir et doter des églises [1].

II

Sans être parvenus peut-être à une aussi grande situation, les *fiscalini* des royaumes francs constituaient, de même que les serviteurs de l'Église, une classe dont le nom paraît avoir été intermédiaire entre les esclaves ordinaires et les hommes libres. Mais on doit rechercher jusqu'à quel point cette condition était stable ; si, en particulier, ceux d'entre eux qui étaient attachés à la glèbe jouissaient des garanties que la loi de Valentinien avait données aux derniers des esclaves ruraux [2] ; s'ils étaient assurés de n'être jamais arrachés malgré eux du sol qu'ils cultivaient.

Pour les *fiscalini*, la réponse doit être négative : malgré des garanties apparentes, ce n'est pas dans la loi de Valentinien, mais plutôt dans l'édit de Théodoric [3], que l'on peut trouver l'indication du sort auquel ils étaient exposés.

Augustin Thierry a peint avec son exactitude or-

1. Concile de Tolède III (589), canon 15.
2. Voir plus haut, p. 22.
3. Voir plus haut, p. 66.

dinaire et le charme de sa couleur locale l'intérieur de ces villas du fisc sur lesquelles résidaient les serfs royaux. « Autour du principal corps de logis se trouvaient disposés par ordre les logements des officiers du palais, soit Barbares, soit Romains d'origine, et ceux des chefs de bande qui, selon la coutume germanique, s'étaient mis avec leurs guerriers dans la *truste* du roi, c'est-à-dire sous un engagement spécial de vasselage et de fidélité. D'autres maisons de moindre apparence étaient occupées par un grand nombre de familles qui exerçaient, hommes et femmes, toute sorte de métiers, depuis l'orfèvrerie et la fabrique des armes jusqu'à l'état de tisserand et de corroyeur, depuis la broderie en soie et en or jusqu'à la plus grossière préparation de la laine et du lin. La plupart de ces familles étaient gauloises, nées sur la portion du sol que le roi s'était adjugée comme part de conquête, ou transportées violemment de quelques villes voisines pour coloniser le domaine royal ; mais, si l'on en juge par la physionomie des noms propres, il y avait aussi parmi elles des Germains et d'autres Barbares dont les pères étaient venus en Gaule, comme ouvriers et gens de services, à la suite des bandes conquérantes[1]. D'ail-

---

1. « Ce n'est pas qu'un nom germain prouve absolument que l'esclave qui le porte soit de naissance germanique, ni qu'un nom romain prouve une naissance romaine. Mais la fréquence des noms germaniques dans la classe servile indique la fréquence des Germains dans cette classe. » Fustel de Coulanges, *L'Alleu et le domaine rural*, 1889, p, 275. — « Famulos meos, tam ex natione Romana quam et barbara. » Testament de Bertramn, évêque du Mans, dans Pardessus, *Diplomata*, ccxxx.

leurs, quel que fût leur origine ou leur genre d'industrie, ces familles étaient placées au même rang et désignées par le même nom, par celui de *lites* en langue tudesque, et en langue latine par celui de *fiscalini*, c'est-à-dire attachés au fisc. Des bâtiments d'exploitation agricole, des haras, des étables, des bergeries et des granges, les masures des cultivateurs et les cabanes des serfs du domaine, complétaient le village royal, qui ressemblait parfaitement, quoique sur une plus grande échelle, aux villages de l'ancienne Germanie. Dans le site même de ces résidences il y avait quelque chose qui rappelait le souvenir des paysages d'outre-Rhin ; la plupart d'entre elles se trouvaient sur la lisière et quelques-unes au centre des grandes forêts mutilées par la civilisation et dont nous admirons encore les restes [1]. »

Dans ce milieu relativement paisible et prospère éclataient tour à tour, selon le caprice du roi, des transports de joie ou des lamentations désespérées. Quelquefois les *domestici*, auxquels était confié, avec l'administration des biens du roi et la perception de ses revenus privés, le gouvernement du nombreux personnel employé dans ses domaines, apparaissaient aux serfs comme des messagers de bonnes nouvelles : c'est quand ils venaient leur annoncer la naissance d'un enfant royal, et leur lire le rescrit qui les chargeait, « afin d'obtenir du Seigneur sa conservation, » d'affranchir dans chaque villa du

____

1. Augustin Thierry, *Récits des temps mérovingiens*, premier récit.

fisc trois serfs et trois serves [1]. Quelquefois aussi ils se présentaient à eux comme les agents d'un maître tyrannique, prêts à les arracher sans pitié à leurs familles, à leurs foyers, à leurs cultures. Aucun privilège ne garantissait les serfs du fisc contre ces douloureuses séparations. Un célèbre passage de Grégoire de Tours nous fait assister à l'une d'elles. « Aux approches du mois de septembre (584), dit-il, il arriva au roi Chilpéric une grande ambassade de Goths (chargée d'emmener sa fille Rigonthe, promise au roi Reccarède). De retour à Paris, le roi ordonna qu'on prît un grand nombre de familles dans les maisons qui appartenaient au fisc et qu'on les mît dans des chariots. Beaucoup pleuraient et ne voulaient point s'en aller; il les fit jeter en prison, afin de les contraindre plus facilement à partir avec sa fille. On rapporte que, dans l'amertume de cette douleur, et de crainte d'être arrachés à leurs parents, plusieurs s'ôtèrent la vie au moyen d'un lacet. Le fils était séparé de son père, la mère de sa fille; ils partaient en sanglotant et en prononçant de grandes malédictions [2]. » Ces « familles enlevées de maisons qui

----

1. « Tres homines servientes in utroque sexu. » *Formulae Marculfi*, I, 39; cf. II, 52.

2. « Interim advenientibus Kalendis Septembris, Gothorum magna legatio ad regem Chilpericum accedit. Ipse vero jam regressus Parisius, familias multas de domibus fiscalibus auferre praecepit et in plaustris componi. Multos quoque flentes et nolentes abire in custodiam retrudi jussit, ut eos facilius cum filia transmittere posset. Nam ferunt multos sibi ob hanc amaritudinem vitam laqueo extorsisse, dum de parentibus propriis auferri metuebant. Separabatur autem filius a patre, mater a filia, et cum gravi gemitu ac maledictionibus discedebant. » Grégoire de Tours, *H. F.*, VI, 45.

appartenaient au fisc » étaient certainement des familles de serfs ou de colons : on peut juger par là ce qu'était devenue la condition légale de ceux qui tenaient le premier rang parmi les hommes attachés à la glèbe. Il est vrai qu'à ce triste convoi Chilpéric mêla des personnes d'une condition plus élevée, car l'historien ajoute : « Beaucoup de gens des meilleures familles, contraints de partir de force, firent leur testament et donnèrent leurs biens aux églises[1]. » Ainsi, sous la tyrannie des rois barbares, toutes les conditions se rapprochaient, non dans une liberté commune, mais dans une commune servitude : la *legitima servitutis libertatisque discretio*, fondement de l'ordre social antique[2], avait disparu, sinon en droit, au moins en fait.

III

On comprend que les habitants, libres ou non, des domaines du fisc demandassent comme une faveur de passer sous un autre joug. Insolents, tyranniques, toujours prêts à abuser de leur situation pour molester leurs voisins, particulièrement redoutables aux paysans des terres ecclésiastiques[3],

1. « Multi vero meliores natu, qui vi compellebantur abire, testamenta condiderunt, resque suas ecclesiis deputantes, atque petentes ut cum in Hispania puella introisset, statim testamenta illa, tanquam si jam essent sepulti, reserantur. » *Ibid.* — Sur le sens juridique du mot *meliores natu*, voir Naudet, ouvr. cité, p. 73.

2. *Code Théodosien*, X, x, 33.

3. Concile d'Orléans (541), canon 23 ; Flodoard, *Hist. eccl. Remensis*, I, 20 ; Capitulaire de Worms (839), 9. — Dans l'histoire de la translation des reliques de saint Germain, évêque de Paris, vers 790, on

ils saisissaient en général avec empressement les occasions de devenir, eux aussi, les hommes de l'Église. L'auteur de la Vie de saint Remi raconte[1] que les habitants des domaines que le fisc possédait dans la banlieue de Soissons, écrasés par les exactions, supplièrent Clovis de leur permettre de payer désormais à l'Église ce qu'ils devaient au trésor royal; le roi y consentit, et fit don à saint Remi de tout le territoire dont il aurait pu accomplir le tour pendant que lui-même ferait sa sieste de midi[2]. Quand Dagobert eut donné à saint Éloi une villa du fisc, près de Limoges, pour y bâtir un monastère, tous les habitants du domaine, heureux de passer sous le joug ecclésiastique, firent éclater leur joie[3].

lit : « In hoc pago Parisiaco ipsi fiscalini vestri ob fortitudinem Celsitudinis vestrae valde sunt insolentes, et temerarii, et multa mala contra hunc locum perpetrant. » Cf. Muratori, *Dissertazioni sopra le Antichita italiane*, XIV, t. I, p. 123. — Il fallut un article spécial d'un édit de Clotaire II (614) pour mettre un terme aux déprédations des porchers du fisc, *porcarii fiscales*, qui envahissaient abusivement les forêts de l'Église ou des particuliers. *Edictum Chlotarii regis*, 21, dans Baluze, *Capitularia*, t. I, col. 23; *Recueil des historiens de France*, t. IV, p. 119; Boretius, *Capitularia*, p. 22.

1. « Petentibus locorum incolis, qui multiplicibus exeniis erant gravati, ut quod regi debebant Ecclesiae persolverent, rex sancto Remigio concessit, ut quantum circuisset dum ipse meridie quiesceret, illi donaret. » *Vita S. Remigii*, dans *Acta SS.*, octobre, t. II, p. 152; Flodoard, *Hist. eccl. Rem.*, I, 14. Voir, sur ce passage, Kurth, *Clovis*, 1901, t. II, p. 173, 262.

2. Ce récit peut être plus ou moins légendaire; mais il semble que cette manière de délimiter une concession de terre soit un reste des usages primitifs qui accordaient au premier occupant la possession des terrains vacants. En 955, le comte Pago, burgrave de Ratisbonne, donne à l'évêque de Saint-Emmeran un fonds de terre qu'il a acquis par occupation (*bifang*) en en faisant le tour à cheval avec ses hommes, et en l'entourant de clôtures. *Codex traditionum Sankt-Emmeranensium*, XLII (dans Pez, *Thesaurus anecdotorum novissimus*, Augsbourg, t. I, 1721, p. 109).

3. « Mox ergo ut hoc nuntiatum est, cunctis loci illius exultanti-

On voit, par ces deux exemples choisis entre une multitude d'autres, quelle fut la libéralité des rois mérovingiens envers l'Église. Il n'est presque aucun d'eux dont on ne possède quelque charte de donation à des évêques ou à des moines. A leur exemple, les grands du royaume se plurent à enrichir le patrimoine de l'Église, c'est-à-dire, dans ces temps de misère et de perpétuelle instabilité, la réserve des pauvres[1]. « Cette année, dit Grégoire de Tours, mourut Chrodinus, homme plein de magnificence, de bonté, de piété, très aumônier, protecteur des pauvres, généreux envers les églises, nourricier des clercs. Souvent il créait des domaines ruraux, plantant des vignes, bâtissant des maisons, mettant les terres en culture, et, faisant venir des évêques pauvres, il leur donnait ces maisons, avec les cultivateurs, les champs, les meubles, les ustensiles, les employés et les serviteurs, disant : « Que ces choses deviennent la propriété des églises, afin que les

---

bus... » *Vita S. Eligii*, I, 15; *Mon. Germ. hist., Script. rer. merov.*, t. IV, p. 680. — Cependant, la joie n'était pas toujours unanime, et il y avait aussi des opposants à ce changement de maîtres et d'état. Flodoard raconte que, pendant que saint Remi traçait les limites du domaine octroyé par Clovis, un meunier — ancêtre peut-être du célèbre meunier de Sans-Souci — s'opposa à ce que son moulin fût englobé dans les possessions de l'Église; dans le même sens protestèrent le propriétaire d'un petit bois, et même les habitants de tout le village de Chavignon (*Hist. eccl. Rem.*, I, 14). L'historien entoure ces faits de circonstances légendaires, sur lesquelles nous n'avons pas à nous prononcer; mais ils sont un symptôme intéressant d'une disposition contradictoire des populations à cette époque : la majorité préférant le joug de l'Église à tout autre joug, et même à l'indépendance, un petit nombre redoutant de changer de maître en acquérant un protecteur.

1. Voir les textes cités par Lesne, *Hist. de la propriété ecclésiastique* t. I, p. 158-164, auxquels on pourrait ajouter beaucoup d'autres.

pauvres en soient nourris et m'obtiennent grâce auprès de Dieu[1]. » Les immeubles donnés l'étaient avec tous les hommes qui, à des titres divers, s'y trouvaient attachés, *cultores, ministri, famuli,* dit Grégoire de Tours dans le texte qui vient d'être cité, *accolabus, mancipiis, colonis, libertis,* disent souvent les diplômes, les testaments et les formules[2].

Mais l'Église ne recevait point seulement des *villae* habitées. « On aurait tort de croire que ces terres immenses qu'on lui donnait se trouvaient toujours en état de culture et d'exploitation[3]. » Au lendemain des invasions, une grande partie du pays était dévastée. « Les Germains, en s'établissant dans les Gaules, n'ont pas fait moins de mal à l'agriculture qu'à tout le reste de la civilisation. Ce qu'on y trouvait d'agriculture était non pas ce qu'ils avaient apporté, mais ce qu'ils n'avaient pas détruit[4]. » Ils avaient malheureusement détruit beaucoup. Aussi, des bienfaiteurs moins généreux que le chrétien célébré par Grégoire de Tours pouvaient-ils, sans

---

1. « Saepe a novo fundans villas, aedificans domos, culturas erigens, vocatis episcopis, quorum erat parva facultas, dato epulo, ipsas domos cum cultoribus et culturis, cum argento, peristromatibus, ustensilibus, ministris et famulis, benigne distribuebat, dicens : Sint haec Ecclesiae data, ut dum de his pauperes reficiuntur, mihi veniam obtineant apud Deum. » Grégoire de Tours, *H. F.,* VI, 20.

2. Pardessus, *Diplomata,* CLXVII, CCLIV, CCLVI, CCLXXXV, CCCXXIX-CCLI, CCCLVIII, CCCLIX, CCCLXIII, CCCIX, etc.; *Formulae Marculfi,* II, 1, 3, 4, 23; *Formulae Sirmondicae,* 1, 35, 37; *Formulae Bignonianae,* 19; *Formulae Lindenbrogii,* 72; Muratori, *Diss. sopra le Antichita italiane,* t. I, p. 121. Voir, plus haut, p. 73, quelques extraits du *Cartulaire de Saint-Bertin.*

3. Naudet, *De l'état des personnes en France sous les rois de la première race,* 3e partie, p. 156.

4. Guérard, *Polyptyque de l'abbé Irminon,* Prolégomènes, t. I, p. 636.

s'appauvrir, donner à l'Église de vastes territoires, composés de lieux incultes, de terrains vagues et sans valeur sur lesquels une végétation sauvage avait depuis longtemps remplacé la belle culture de l'époque gallo-romaine [1]. « Sur la rive droite de la Loire, à cinq lieues en aval d'Orléans, dans cette contrée qui est aujourd'hui le jardin de la France, le *castrum* gallo-romain de Magdunum, qui occupait le site de la ville actuelle de Meung, avait complètement disparu sous les bois, quand le moine Liéphard vint, au vi[e] siècle, accompagné d'un seul disciple, y porter ses pas; à la place de nombreuses populations qu'on y avait vues jadis, il n'y avait plus que des arbres dont les tiges et les branches entrelacées formaient une sorte d'impénétrable retranchement [2]. C'est ainsi encore que Colomban ne trouva plus que des idoles abandonnées au milieu des bois, sur le site de Luxeuil qu'avaient jadis occupé les temples et les thermes des Romains [3]. » La célèbre abbaye de Saint-Maur des Fossés, près de Paris, fut fondée sur les ruines d'un vieux *castrum* romain, appelé camp des Bagaudes, qui dépendait du fisc, comme beaucoup de ces terrains abandonnés [4], et que l'archidiacre

---

1. Je dis : la belle culture, et je renvoie, pour justifier ce mot, aux nombreuses lettres dans lesquelles Sidoine Apollinaire montre les grands propriétaires avec lesquels il était en relation d'amitié dirigeant eux-mêmes, avec le plus grand soin et un véritable amour, l'exploitation de leurs terres. Ce côté de la civilisation romaine en Gaule, antérieurement à la domination barbare, n'a pas été assez remarqué.

2. Mabillon, *Acta SS. ordinis S. Benedicti*, t. I, p. 145.

3. Montalembert, *Les moines d'Occident*, t. II, 1860, p. 333-335.

4. Le fisc était propriétaire de tous les terrains sans maître, si

Blidegisilus obtint du roi Clovis II[1]. En 675, Dagobert, sur la demande de l'abbé de Wissembourg, fit don à ce monastère d'un terrain couvert par les ruines de thermes auxquels était resté attaché le souvenir d'Adrien et d'Antonin[2]. Les présents faits à l'Église par de riches particuliers consistaient souvent en immeubles de même nature, landes désertes, champs en friche, portions de bois impénétrables : ainsi, un seigneur franc, nommé Ragnowinthe, ayant appris, en 590, que l'abbé Laumomar ou Lomer était venu s'établir dans un endroit de ses domaines autrefois habité, mais alors envahi par la végétation, lui fit abandon perpétuel de la propriété de ces taillis et de ces fourrés, fixant avec soin leurs limites[3].

Pour rendre à la culture des plateaux couverts de ruines, des landes incultes ou des forêts, les nouveaux propriétaires étaient obligés à deux choses : rassembler des travailleurs, donner l'exemple du travail. Les moines travaillèrent de leurs mains : ils devaient, suivant la règle de saint Colomban, ne se mettre au lit le soir que brisés de fatigue, se relever le matin avant d'avoir pu reposer entièrement leurs

nombreux à cette époque. Waitz, *Deutsche Verfassungsgeschichte*, t. II, 1882, p. 617; J. Tardif, *Etude sur les institutions politiques et administratives de la France*, 1881, p. 211.

1. *Vita S. Baboleni*, dans Du Chesne, t. I, p. 659.

2. « Nos, ad suggestionem viri venerabilis Ratfridi abbatis, de monasterio Weissenburgo, balneas illas trans Rhenum, in pago Anciacensi sitas, quas Antoninus et Adrianus quondam imperatores suo opere aedificaverunt, ad monasterium quod dicitur Weissemburg... vis fuimus concessisse. » Pardessus, *Diplomata*, t. II, p. 167.

3. Mabillon, *Acta SS. ordinis S. Benedicti*, t. I, p. 335.

membres[1] : suivant celle de saint Benoît, porter toujours à la ceinture une serpe[2], en signe de cette
mission de défricheurs de l'Europe que leur avait
imposée leur grand législateur. Les habitants d'un
village voisin de Saint-Thierry, près de Reims, ont
longtemps conservé, suspendue dans leur église, la
charrue avec laquelle avait labouré pendant vingt-
deux ans le moine Théodulphe[3]. « Il me semble que
nous la contemplerions tous avec émotion, s'écrie
Montalembert, cette charrue du moine, deux fois
sacrée par la religion et par le travail, par l'histoire
et par la vertu. Pour moi, je sens que je la baiserais
aussi volontiers que l'épée de Charlemagne ou la
plume de Bossuet[4]. » En certains pays, les disciples
de saint Benoît restèrent désignés, pendant plusieurs
siècles, par le nom de *travailleurs* : on ne disait pas
« les moines qui habitent tel monastère, » mais « les
moines qui travaillent — ou même qui servent — dans
tel monastère[5]. » Un canon du concile d'Épone, sur
lequel nous aurons l'occasion de revenir, dit que les
moines travaillent tous les jours à la terre[6]. Les évê-

---

1. « Lassus ad stratum veniat, ambulansque dormitet, necdum ex-
pleto somno surgere compellatur. » *Regula S. Columbani*, 9 (Migne,
P. L., t. LXXX).

2. *Regula S. Benedicti*, 22 (Migne, P. L., t. LXVI).

3. *Acta SS.*, mai, t. I, p. 97 ; Flodoard, *Hist. eccl. Rem.*, I, 25.

4. Montalembert, *Les moines d'Occident*, t. II, p. 401.

5. Monachos in Rotono laborantes. » Dom Lobineau, *Histoire de
Bretagne*, t. II, 1707, p. 68. — « Ad illos monachos laborantes et regulam sancti Benedicti operantes in monasterio quod dicitur Roton. »
A. de Courson, *Cartulaire de l'abbaye de Redon* (dans la *Collection
des documents inédits sur l'histoire de France*), 1870, n° XII, p. 12. Cf.
n° XV, p. 15; n° CLXXVIII, p. 137. — «Monachis ibidem servientibus. »
Pardessus, *Diplomata*, CCLXXII.

6. « Monachis quotidianum rurale opus facientibus. » Concile d'É-
pone (517), canon 8.

ques, les prêtres suivaient l'exemple donné par les religieux : eux aussi, enrichis sous la condition tacite de remettre en valeur des contrées souvent incultes et dépeuplées, durent travailler de leurs mains, planter des vignes comme saint Germain de Paris[1], ou vivre comme Etherius, évêque de Lisieux, au milieu de leurs ouvriers et de leurs laboureurs[2].

Mais ces ouvriers, ces laboureurs, comment les attirer sur les vastes domaines dont plusieurs étaient depuis des siècles sans habitants, soit que la population ait fui devant les rigueurs de la fiscalité romaine, soit qu'elle ait péri ou émigré à l'époque des invasions? Rassembler sur ses terres une population nouvelle fut pour l'Église une œuvre très difficile. En beaucoup de lieux, elle se vit obligée d'acheter des esclaves et de les y installer à titre de serfs. Saint Grégoire le Grand, le doux et habile administrateur du patrimoine de l'Église romaine, avait donné l'exemple. Il fit quelquefois acheter des esclaves sardes, d'origine africaine, et les établit sur les domaines ecclésiastiques de la Sicile[3]. Cet exemple fut suivi par les prélats des pays francs, par ceux mêmes qui, comme les évêques de Reims, Romulfe et Sonnat, donnaient la liberté à leurs propres esclaves. Flo-

---

1. Dans les terres de l'abbaye fondée par Childebert en 543 en l'honneur de la sainte Croix et de saint Vincent, et qui reçut plus tard le nom de Saint-Germain, on montrait encore, au IX° siècle, cinquante-trois arpents de vieilles vignes que le saint évêque avait lui-même plantées. Guérard, *Polyptyque de l'abbé Irminon*, t. II, p. 117, n° 1.

2. « Die vero, quum sacerdos operarios in agro adgregaverat ad sulcandum... » Grégoire de Tours, *H. F.*, VI, 36.

3. Saint Grégoire le Grand, *Ep.*, IX, 18.

doard a tracé avec un grand soin le tableau de l'administration temporelle des évêques de Reims. Il note qu'Egidius (560-590), Romulfe (590-593), Sonnat (593-631), saint Nivard (650-665), saint Rieul (670-693), saint Rigobert (693-733), Tilpin (733-794), achetèrent des serfs pour les domaines de l'Église[1]. Il est permis de croire que le principal effort de ces prélats avait porté sur le recrutement d'une population de cultivateurs libres, et qu'ils ne recouraient aux serfs que pour combler les lacunes de celle-ci : le même historien nous montre, en effet, Leudegisil (631-641), saint Rieul, saint Rigobert, Tilpin, établissant des colons sur un grand nombre de terres de l'Église de Reims[2], et toujours il distingue soigneusement les colons et les serfs.

III

On a vu que le service sur les terres de l'Église était préféré au service sur les terres des particuliers, et même, en dépit des privilèges dont jouissaient les *fiscalini*, au service sur les terres du roi, et l'on a déjà entrevu les causes de cette préférence. Je les résume ainsi : la douceur plus grande de la domination ecclésiastique, — la fixité plus assurée des charges et redevances, — une protection plus efficace contre les exactions et les violences, — et surtout

1. Flodoard, *Hist. ecclesiae Remensis*, II, 2, 4, 5, 7, 10, 11, 17. Cf. *Formulae Bignonianae*, 4.
2. Flodoard, II, 6, 10, 11, 17.

la fixité de résidence, la certitude pour le serf de ne pouvoir être séparé de la tenure qu'il cultivait et où il habitait avec sa famille.

Il serait facile de prouver par les faits cette douceur plus grande de la domination ecclésiastique, que traduira plus tard le proverbe populaire : « Il fait bon vivre sous la crosse. » Un canon d'un concile du VII° siècle nous montre que cela ne résultait pas seulement de la charité que doivent avoir pour les humbles les clercs dignes de ce nom ; on y vit aussi une nécessité de convenance. L'Église considéra comme un devoir de se distinguer en ceci des laïques, et d'établir un contraste entre le joug souvent dur de ceux-ci et son joug à elle plus léger. « En ce qui concerne les serviteurs de l'Église, disent les prélats francs assemblés à Eause en 551, il convient de veiller à ce que, dans une intention de piété et de justice, ils soient obligés à un service moins lourd que les serfs des particuliers ; de telle sorte qu'ils puissent se réjouir de ce que le quart de leurs redevances ou de leurs corvées leur soit, à partir de ce jour, avec la bénédiction de Dieu, concédé par les évêques[1]. » Nous n'avons point de renseignements sur la suite qui fut, dans la pratique, donnée à ce canon, mais il témoigne au moins de l'état d'esprit des membres du concile, et comme ils s'adressent à eux-

---

1. « De familiis ecclesiae, id intuitu pietatis et justitiae convenit observari ut familiae Dei leviore quam privatorum servi opere teneantur, ita ut quarta tributi sui vel quodlibet operis sui, benedicente Deo, ex praesente tempore sibi a sacerdotibus concessa esse congaudeant. » Concile d'Eause, canon 6.

mêmes en même temps qu'à tous leurs collègues cette invitation, il y a tout lieu de croire qu'elle répondait à une opinion réfléchie et qu'elle fut suivie d'effet.

Ces redevances et ces corvées n'étaient pas seulement allégées : elles avaient de plus le mérite de rester à peu près invariables. Colons ou serfs, la situation des tenanciers de l'Église, réglée une fois, ne changeait plus. « Cela s'explique par la condition même de la communauté propriétaire. Tout ce qui dépendait d'elle devait avoir un ordre fixe, pour n'être pas changé par les divers individus qui se succédaient dans sa direction, mais cet ordre était un bien extrême pour le travailleur, livré ordinairement ailleurs à l'arbitraire du maître [1]. » « L'ordre et l'économie qui régnaient dans les domaines de l'Église allégeaient le fardeau des contribuables. Le cens une fois fixé, ainsi que les termes du paiement, les serfs savaient sur quoi compter, et les moines n'avaient pas besoin de faire d'exaction : leurs richesses étaient plus que suffisantes pour leurs besoins. Mais les seigneurs laïques, ayant des guerres privées à soutenir, des compositions à payer, une suite nombreuse de clients et de gardes à nourrir, et souvent tous les caprices du luxe et de la débauche à satisfaire, trop ignorants d'ailleurs pour tenir des registres et des états de leur domaine, devaient tourmenter leurs colons et leurs serfs par

1. E. Biot, *De l'abolition de l'esclavage ancien en Occident*, 1840, p. 275.

des impôts plus irréguliers et plus vexatoires[1]. »

Les serfs ecclésiastiques étaient tenus, comme tous les serfs, à deux choses : un cens et leur travail. Ces deux obligations étaient fixées, soit par la loi, soit par ceux qui les ont donnés à l'Église, soit par la coutume du domaine.

Par la loi d'abord. Celle des Alemans et celle des Bavarois indiquent quelles étaient, au VIIe siècle, leurs obligations. « Les serfs de l'Église, dit la première, doivent quinze mesures de bière, un porc valant un tiers de sou, quatre-vingts livres de pain, cinq poulets, vingt œufs. Ils laboureront la moitié des jours sur leurs terres, l'autre moitié sur la réserve du maître[2]. » « Le serf de l'Église, dit la seconde, doit des redevances en proportion de la terre qu'il possède. Il travaille trois jours sur la terre du maître, trois jours pour lui-même. Si le propriétaire lui a donné des bœufs ou quelque autre chose, il doit pour cela un service supplémentaire, dans la mesure du possible. Il ne faut pas le charger injustement[3]. »

1. Naudet, *De l'état des personnes*, p. 187.
2. « Servi autem Ecclesiae tributa sua legitime reddant, quindecim siclas de cervisa, porcum valentem tremisse uno, panem modia duo, pullos quinque, ova viginti. Ancillae autem opera imposita sine neglecto faciant. Servi dimidium sibi et dimidium in dominico arativum reddant. » *Lex Alamannorum*, XXII.
3. « Servus autem Ecclesiae secundum possessionem suam reddat tributa. Opera vero tres dies in hebdomada in dominico operetur, tres vero sibi faciat. Si vero dominus ejus dederit ei boves aut alias tres quas habet, tantum serviat quantum per possibilitatem impositum fuerit; tamen injuste neminem opprimat. » *Lex Bajuvariorum*, I, XIV, 6. — La loi des Bavarois impose au serf ecclésiastique une autre charge : fournir des chevaux, *paraveredi*, à l'évêque ou à l'abbé pour ses voyages (I, XIV, 4) : cette charge, que l'on pouvait racheter en faisant soi-même l'office de messager ou de courrier, suppose chez ceux qui l'acceptaient une situation prospère.

Le travail qui lui est imposé par la loi est donc, en principe, de trois jours par semaine. Je dis : en principe ; car il est probable que, dans bien des domaines, les serfs ne faisaient pas réellement les trois jours. Bien souvent la culture de la partie de terre que le propriétaire s'était réservée, et qui était cultivée par ces corvées de serfs, n'avait pas besoin d'un aussi grand nombre de journées. On n'eût su comment y employer, trois jours par semaine, le travail de tous les serfs installés sur le domaine, où ils représentaient quelquefois une population considérable. Il faut donc voir dans les trois jours de travail sur six imposés aux serfs ecclésiastiques pour la culture de la réserve du maître une obligation légale, qui ne s'accomplissait pas toujours en fait. Une des villas dépendant du monastère fondé, au milieu du viie siècle, par saint Amand possédait dix-neuf tenanciers, qui devaient chacun trois jours de travail chaque semaine sur le *dominicum*. Cela faisait un total de 2.280 journées. Le *dominicum*, ou réserve du propriétaire, ne contenait dans cette villa que 16 bonniers de terre arable, dont un tiers, selon l'usage d'alors, demeurait en friche. Restaient 11 bonniers, ou 14 hectares, à cultiver chaque année. La culture de 14 hectares ne pouvait exiger 2.280 jours. Les moines avaient le droit de les imposer ; mais ils n'en avaient pas besoin, et ils eussent été probablement très embarrassés pour les remplir [1].

1. Polyptyque de Saint-Amand, dans Guérard, *Polyptyque d'Irminon*, t. II, p. 295.

Dans les pays où la loi n'avait pas défini les obligations des serfs ecclésiastiques, chaque grand domaine des évêchés et des monastères avait probablement sa coutume, quelquefois même sa charte écrite. La loi romaine voulait déjà, au ive siècle, que l'on observât pour le mode de paiement des redevances dues par les serfs la *consuetudo praedii*[1]. Saint Grégoire le Grand composa, pour les tenanciers des terres que l'Église romaine possédait en Sicile, une véritable charte, qu'il recommanda à ses intendants de faire lire dans toutes les *massae :* il voulut même que l'on en distribuât des copies à tous les intéressés[2], « afin, dit-il, qu'ils puissent, en vertu de notre autorité, se défendre contre les exactions injustes[3]. » Comme les terres ecclésiastiques de Sicile étaient cultivées à la fois par des colons et des serfs, dont l'état, sous une paternelle administration, différait peu[4], et dont l'ensemble composait les *familia sancti Petri*, il est probable que les droits et les devoirs des uns et des autres étaient définis et confirmés par cette charte. Une curieuse lettre de saint Grégoire le Grand le montre même rédigeant le règlement de travail des serfs d'un monastère. Un riche Napolitain, imitant de nombreux exemples, avait transformé sa maison en monastère. Ses esclaves en profitèrent

---

1. *Code Justinien*, XI, XLVII, 5.
2. Cela montre, disons-le en passant, que ces *rustici* savaient lire.
3. Saint Grégoire le Grand, *Ep.*, XIII, 34.
4. Claudio Jannet, *Les grandes époques de l'histoire économique*, s. d., p. 127; H. Grisar, *Roma alla fine del mondo antico*, t. I, 3e partie (*Il pontificato di S. Gregorio magno*), 1899, p. 377.

pour l'abandonner. Le pape ordonna de les rechercher, et, les ayant fait rassembler, définit ainsi leurs obligations : ils laboureront toutes les terres de leurs ancien maître, devenues l'apanage du couvent qu'il avait fondé ; ils vivront du fruit de leur travail, et donneront le reste aux moines. Ils prélèveront ainsi leur nourriture avant de faire la part du maître, et, en réalité, travailleront pour eux avant de travailler pour lui.

Les droits des serfs étaient quelquefois définis d'une autre manière : en les donnant à une église ou à un monastère, leur maître stipulait dans l'acte de donation les services auxquels ils seraient astreints [1]. On a de ces conditions un exemple intéressant dans le testament d'Aredius. En même temps qu'il lègue des terres à un couvent, le testateur détermine les charges dont seront tenus plusieurs des serfs qui y sont établis : sept ménages de serfs, qu'il désigne par leurs noms, devront cultiver chacun quatre arpents de vignes sur la réserve des moines : les femmes paieront dix deniers d'argent chaque année : « on n'exigera d'eux rien de plus en aucun temps. » Et ils continueront à posséder, sans pouvoir les vendre ou les donner, mais aussi « sans que per-

____

1. On voit même un donateur stipuler qu'en cas d'offense envers le monastère, les serfs pourront être châtiés de leur délit, mais que ce châtiment ne pourra aller ni jusqu'à la totale confiscation de leur terre, ni jusqu'à la peine de mort : « si qua forte faciant contra monasterium, hoc emendent secundum gratuitam voluntatem illius loci procuratoris, nec tamen omnino expertes praedii neque propriae vitae consistant. » Diplôme de Dagobert II (675); Pardessus, CCCLXXX.

sonne ait le droit de les troubler dans leur jouissance, » « les petits champs et les petites vignes »
qu'Aredius leur avait attribués pour leur usage particulier[1]. Quelquefois les conditions fixées par les donateurs stipulaient, pour les serfs qui passaient de
leur patrimoine dans celui des églises ou des monastères, un sort encore plus doux que celui que
les lois avaient prévu pour les serfs ecclésiastiques :
une femme donne des terres à l'abbaye de Saint-
Gall, et stipule que les serfs donnés avec elles ne
seront pas astreints à trois jours de travail sur le
dominicum, mais à deux seulement[2]. « Et cela fut
observé pendant des siècles. »

Un des privilèges des serfs ecclésiastiques était
d'être soustraits aux exactions des officiers royaux.
« Nous avons appris, dit le troisième concile de
Tolède (589), que les esclaves des églises, des évêques et des clercs en général sont écrasés par les
corvées que leur demandent les juges et les agents
du fisc : le concile tout entier a réclamé de la piété
du glorieux prince la cessation de cet abus[3]. » Le
vœu exprimé pour l'Espagne par le concile de Tolède
fut suivi ou même avait été devancé ailleurs. Dès
l'époque mérovingienne, en France, grâce aux im-

---

1. *Testamentum Aredii* (573), dans Pardessus, *Diplomata*, CLXXX.

2. Neugart. *Codex diplom.*, n° 303, p. 247. Cité par Fustel de Coulanges, *L'Alleu et le domaine rural*, p. 386.

3. « Quoniam cognovimus ecclesiarum servos, et episcoporum, vel
omnium clericorum, a judicibus vel actoribus publicis in diversis
angariis fatigari. omne concilium pietate gloriosi principis poposcit
ut tales deinceps ausus inhibeat. » Concile de Tolède III, canon 21.
— C'est ce concile qui consacra, sous le roi Reccarède, la conversion de l'Espagne wisigothe au catholicisme.

munités (*emunitates*) accordées par divers rois, l'entrée d'un grand nombre — bientôt du plus grand nombre — des domaines ecclésiastiques[1] fut interdite aux *judices*, c'est-à-dire aux comtes et à leurs subordonnés, *juniores*[2], et ceux qui résidaient sur le territoire exempt, soit libres, soit serfs, *tam ingenui quam servientes*, se trouvèrent soustraits à toute juridiction étrangère[3]. Même dans les domaines ecclésiastiques ne possédant pas le privilège de l'immunité, le droit canonique du milieu du VIIIe siècle interdit aux juges et aux agents du pouvoir civil, sous peine d'excommunication, d'imposer des corvées non seulement aux esclaves et aux serfs des églises, mais encore à ceux qui sont la propriété personnelle des évêques et des clercs[4].

1. « Quod ecclesiae aut potentum aut cuicumque visi sunt indulsisse. » *Edictum Chlotarii*, 14; Boretius, *Capit.*, p. 21. L'immunité était accordée aussi aux domaines de propriétaires laïques, comme on le voit par ce passage de l'édit; mais tous les diplômes d'immunité dont le texte nous est parvenu concernent des biens ecclésiastiques. Voir dans Kroell, *L'immunité franque*, 1910, p. 333-359, la liste des diplômes authentiques d'immunité à partir de 635.

2. *Formulae Marculfi*, I, 3.

3. « Nullus judex publicus ibidem ad causas audiendum, freda exigendum, fediessoris tollendum, nec mansionis aut paretas faciendum, nec homines tam ingenuos quam servos distringendum, nec nulas retribucionis requirendum, nec exactandum judiciaria potestas ibidem quoque temporis ingredire non praesumat. » Diplôme de Childebert III, accordant l'immunité au monastère de Saint-Maur des Fossés vers 700; dans Perz, *Mon. Germ. hist., Diplom.*, t. I, p. 35. Cf. *Biblioth de l'Ecole des chartes*, 3e série, t. I, p. 59; Tardif, *Monuments historiques*, 1866, p. 34, n° 41. — Sur l'immunité à l'époque mérovingienne, voir Fustel de Coulanges, *Les origines du système féodal*, 1890; Lesne, *Hist. de la propriété ecclésiastique*, t. I, p. 260-267; Kroell, *L'immunité franque*, p. 34-158.

4. Canons de saint Boniface, 7 : « Ecclesiarum servos vel episcoporum vel clericorum a judicibus vel actoribus publicis in diversis angariis fatigari divina prohibemus auctoritate. Si quis vero judicum vel actorum clericum aut servum clericilem Ecclesiae in publicis

Mais le plus enviable privilège des serfs ecclésiastiques fut la stabilité. J'ai montré la différence qui existait entre le droit romain, fixé à cet égard par une loi des empereurs Valentinien et Gratien, et le droit barbare, résumé par un édit de Théodoric, le premier interdisant de séparer le serf de la terre qu'il cultive, le second déclarant au contraire que le maître a tout pouvoir sur lui, peut l'arracher à la glèbe, le donner ou le vendre séparément de la terre, faire d'un esclave rural un esclave urbain [1], traiter en un mot comme un meuble celui dont le dernier état du droit romain avait fait, à son grand avantage, un immeuble par destination [2]. Ce droit barbare était inapplicable au serf ecclésiastique, pour deux raisons, tirées l'une de ce que l'Église continua de suivre la loi romaine, l'autre de ce que le bien d'Eglise était inaliénable dans ses parties comme dans le tout.

En ce temps où la personnalité des lois était la règle, où les anciens sujets de l'Empire romain, gouvernés maintenant par des Francs, des Wisigoths ou des Burgondes, demeuraient régis par la

---

vel privatis negotiis voluerit occupare, ab Ecclesia cui impedimentum facit efficiatur extraneus. »

1. L'instabilité des esclaves à l'époque barbare, et la division encore existante des esclaves en ruraux et urbains, se trouve exprimée dans un diplôme de Dagobert (637), donnant à la basilique de Saint-Denis une villa avec « servis tam ibidem oriundis quam aliunde translatis, rusticis et urbanis. » Pardessus, *Diplomata*, CCLXXXV.

2. Les termes mêmes de l'édit de Théodoric semblent avoir été choisis comme une antithèse volontaire à ceux de la loi de Valentinien et Gratien : là où celle-ci dit : « Quemadmodum originarios

loi de leur origine, tandis que les Barbares juxta-
posés à la population indigène suivaient leurs lois
ou leurs coutumes nationales, il est remarquable
de voir l'Église considérée, elle aussi, comme une
personne romaine, qui continue à observer les lois
de l'Empire. Ce n'est pas que les Barbares l'aient
traitée en inférieure et en vassale, et l'aient reléguée
parmi les vaincus : on a vu, au contraire, qu'ils acceptaient son influence, qu'ils la comblaient de privilèges, d'honneurs et de richesses, et que, pour parler seulement du sujet qui nous occupe, ils mettaient
ses serfs sur le rang des serfs royaux. L'observation
de la loi romaine fut pour l'Église comme une marque
d'origine, une conséquence de son rôle de gardienne
des traditions : cela ne la tenait pas à l'écart de la
société barbare, mais la maintenait au-dessus, et
lui conservait les traits d'une civilisation supérieure,
dont elle demeurait la conservatrice et le témoin.
« L'Église vit selon la loi romaine, » dit la loi des
Ripuaires, précisément dans une partie [1] rédigée
sous l'influence ecclésiastique ; et un autre texte
ajoute : « Tout l'ordre ecclésiastique doit vivre conformément à la loi romaine [2]. »

absque terra, ita rusticos censitosque servos vendi omnifariam non
licebit, » celui-là répond : « Alienare etiam homines illius conditionis liceat absque terrae aliqua portione. »

1. Composée des titres LVII-LXII.

2. «... Secundum legem Romanam qua Ecclesia vivit. » *Lex
Ripuariorum*, LVIII, 1. — Cf. Louis le Débonnaire, in *Addit. ad Leg.
Langobardorum*, III, I, 37 : « Ut omnis ordo ecclesiasticus lege Ro-
mana vivat. » Le moine de Fleury Adrevald (818-878) dit de même :
« Ecclesiasticas res sub Romana constitutas lege. » *De miraculis
S. Benedicti*, I, 25. Le diacre Florus de Lyon, dans la première

Or, la loi romaine rendait le serf inséparable de la terre. Bien que continuant à être régis par elle, puisqu'ils conservaient leur statut personnel, il est probable que, après les invasions, les propriétaires gallo-romains ne se considérèrent pas toujours comme liés par la législation romaine, quand elle gênait leurs intérêts ou leurs caprices, et que celle-ci ne protégea que dans une faible mesure, sur les terres des laïques, la stabilité des serfs de la glèbe. Au contraire, les propriétaires ecclésiastiques, eussent-ils voulu s'affranchir en cela du droit romain, donner ou aliéner leurs serfs séparément des tenures occupées par ceux-ci, ne l'auraient pu. Un autre droit, tout-puissant sur eux, le droit canonique, le leur interdisait, en s'opposant à toute aliénation des biens de l'Église, à toute aliénation, par conséquent, des serfs incorporés à ces biens.

Quand, dans les divers pays conquis par les Barbares, se fut formé le patrimoine ecclésiastique, le droit canon le déclara inaliénable. Les évêques, pour les biens de leurs Églises, les abbés, pour ceux de leurs monastères, n'en étaient que les administrateurs : ils n'en avaient pas la disposition. Les conciles tenus aux vi[e] et viie siècles dans les royaumes francs, burgondes, wisigoths, rappelèrent à plusieurs reprises cette règle. Elle devint d'autant plus abso-

---

moitié du ixe siècle, met dans la bouche de l'Église ces deux vers où poétiquement est exprimée la même idée :

« Me Constantinus reverendo munit ab ore,
Me quoque Theodosius protegit ore pio. »

Lettre à Modoin, évêque d'Autun.

lue, qu'elle avait eu d'abord quelque difficulté à s'établir. Au v⁰ siècle, au commencement du vi⁰, les évêques sont encore libres de disposer des biens de leurs Églises, et ils usent parfois de cette liberté jusqu'à l'abus. Les simples prêtres les imitent pour les biens de leurs paroisses. Mais les conciles interviennent. Le premier qui se prononce est le concile tenu à Agde en 506, et composé, sous la présidence de saint Césaire d'Arles, des évêques des provinces de l'Aquitaine soumises aux Wisigoths. Césaire avait déjà eu l'occasion de légiférer sur la propriété ecclésiastique : mais il n'avait proclamé que dans une mesure restreinte le principe de l'inaliénabilité, et seulement exigé que, pour vendre quelque parcelle des biens de l'Église, l'évêque obtînt le consentement par écrit de son clergé [1]. Probablement s'aperçut-il lui-même des inconvénients ou de l'insuffisance de cette règle, car le concile d'Agde, présidé par lui, ne permit plus aux évêques l'aliénation d'un bien d'Église qu'en cas de nécessité, constatée par l'assentiment écrit de plusieurs de leurs collègues [2]. Le concile toléra seulement que, toujours en cas de nécessité, l'évêque pût aliéner, sans consulter ses collègues, des parcelles de champs ou de vignes de peu d'étendue et d'une exploitation infructueuse [3]. C'est l'inaliénabilité, avec de très faibles restrictions. Quelques années plus tard, en 511,

---

1. *Statuta eccl. antiq.*, canons 31 et 32.
2. Concile d'Agde, canon 7. Voir Chaillan, *Saint Césaire*, 1912, p. 118.
3. *Ibid.*, canon 45. — Ce canon fut sans doute inspiré directement par saint Césaire, car lui-même s'excuse, dans son testament, d'avoir

les évêques d'Aquitaine se réunissaient de nouveau, à Orléans, mais cette fois sur l'invitation de Clovis, vainqueur des Wisigoths. Ce concile national de l'Empire franc ne s'occupa de la propriété ecclésiastique que très accidentellement, pour dire que les clercs ou les moines à qui des évêques ont concédé l'usufruit de quelques biens ne pourront jamais, si long que soit cet usufruit, en acquérir la propriété[1]. En 517, les évêques du royaume des Burgondes, encore indépendant pour quelques années, se réunirent à Épone; plusieurs des canons votés alors ont trait à la propriété ecclésiastique : interdiction au prêtre d'une paroisse de vendre un bien d'Église ; interdiction à l'abbé d'un monastère de vendre quelque chose sans le consentement de l'évêque ; interdiction à l'évêque de vendre aucune partie des biens de l'Église sans l'autorisation du métropolitain : on permet cependant un échange qui serait profitable[2]. C'est toujours le principe de l'inaliénabilité, avec quelques atermoiements. Mais avant le milieu du vi[e] siècle ces atermoiements ont disparu. Le troisième concile d'Orléans, tenu en 538, défend d'une manière absolue l'aliénation des biens d'Église[3] ; cette défense est renouvelée, trois ans plus tard, par le quatrième concile tenu dans la même

aliéné, en faveur du monastère fondé par lui, des terres d'Église « de peu de valeur et trop éloignées pour être exploitées utilement. »

1. Concile d'Orléans I, canon 23. Cf. concile d'Agde, canon 59.

2. Concile d'Épone, canons 7, 8, 12. — La loi des Alemans autorise l'échange d'un bien ou d'un serf ecclésiastique, sans exiger qu'il y ait un avantage pour l'Église : *Lex Alamannorum*, XX.

3. Concile d'Orléans III, canon 13.

ville[1] : on la trouve portée par un concile de Clichy vers 624[2]. La même règle est posée en Espagne dès le retour de ce pays à l'unité catholique : le troisième concile de Tolède, en 589, interdit aux évêques l'aliénation des biens de l'Église[3]. C'était l'adoption par toute la chrétienté occidentale de la discipline du siège apostolique, consacrée par un concile romain de 502[4].

C'était en même temps la stabilité assurée au serf ecclésiastique. En dehors du cas d'échange prévu par le concile d'Épone, — et qui dut être fort rare, puisqu'il n'était autorisé que lorsqu'il y aurait un avantage évident pour l'Église[5], — le seul droit que conservèrent les propriétaires ecclésiastiques fut celui de transférer le serf d'un de leurs domaines sur un autre, si les besoins de l'exploitation rendaient cette mesure nécessaire. Saint Remi, après avoir acheté, au nom de l'Église de Reims, une vaste forêt dans les Vosges, tira d'une villa voisine, appartenant également à cette Église, des hommes qu'il

---

1. Concile d'Orléans IV, canon 9.
2. Concile de Clichy, canon 13. C'est le même concile qui a édicté, dans son canon 17, la prohibition de réduire un homme libre à l'esclavage, ne laissant plus à l'esclavage d'autre mode de recrutement que la naissance. — Sur ce concile tenu à Clichy et non, comme on l'a cru, à Reims, voir la note de dom Leclercq dans Hefele, *Hist. des conciles*, t. III, 1909, p. 260, note 2.
3. Concile de Tolède III, canon 3.
4. Concile romain de 502, canons 1, 2.
5. Une formule de Marculfe (II, 23) montre une église ou un monastère échangeant une villa contre celle d'un propriétaire laïque : les *mancipia* sont compris dans l'échange, en même temps que les terres habitées par eux, et par conséquent n'en sont point séparés : mais ceux de la villa donnée en échange par l'église perdaient probablement en sécurité à changer ainsi de joug.

établit sur la propriété nouvelle, afin qu'ils la missent en valeur : il leur assigna des tenures séparées, *mansiones*, et leur imposa, comme redevance, de fournir de poix et de résine, produit naturel de cette région forestière, les établissements religieux dépendant de l'évêché de Reims [1]. Bien que ce fait soit antérieur à l'établissement de l'inaliénabilité du domaine ecclésiastique, cependant il ne présente rien d'incompatible avec cette inaliénabilité, et des faits analogues purent se produire sous la nouvelle discipline. Mais celle-ci s'applique formellement aux serfs de l'Église aussi bien qu'aux terres, et interdit également l'aliénation des uns et des autres. Cela est spécifié par plusieurs conciles. Aucun évêque, dit celui d'Agde, ne peut vendre les immeubles, les esclaves ou les meubles de l'Église [2]. Un évêque, dit de même le synode de Clichy, ne peut vendre ou léguer ni les biens ni les esclaves de l'Église [3].

1. « Partem autem maximam silvae in Vosagio pretio comparavit, et mansionilia ibidem constituit, hominesque in eisdem mansionilibus de vicina Episcopii villa, quae Berna dicitur, a Francis sibi data, manere disposuit : ut picem annuatim religiosis locis ecclesiae Remensis administrarent. » Flodoard, I, 20. — Le texte ne dit pas pour quelle somme saint Remi acheta cette forêt ; mais le même historien rapporte, quelques chapitres plus haut (I, 14), qu'il paya la terre d'Epernay, *Sparnacum villam*, 5,000 livres d'argent (que Guérard, *Polyptyque d'Irminon*, t. I, p. 143, évalue à 3.374.000 francs de notre monnaie). L'exemple donné par saint Remi fut suivi par ses successeurs, qui, pendant toute l'époque mérovingienne, agrandirent le patrimoine de l'Église de Reims au moyen d'achats successifs, notés avec soin par Flodoard (II, 2, 4, 6, 7, 10, 11, 17). — Sur les achats par les Églises et les monastères, voir Lesne, *Hist. de la propriété ecclésiastique*, t. I, p. 191-194. — Voir, dans les *Formulae Sirmondicae*, 37, et *Bignonianae*, 19, des exemples de *venditio ad Ecclesiam* ou *ad monasterium*.

2. Canon 7.

3. Canon 13.

De cette stabilité assurée au serf découlaient, par une pente presque inévitable, tous les droits. Dans sa correspondance si intéressante, relative aux biens que l'Église romaine possédait en Sicile, saint Grégoire le Grand reconnaît aux enfants du colon, et très vraisemblablement du serf, le droit à l'héritage de leur père : il autorise le mariage de ses tenanciers, à charge d'une modeste redevance, et à condition qu'ils se marieront dans le domaine dont fait partie la tenure qu'ils cultivent[1] : mais le pape ne se croit pas, cependant, le pouvoir de rompre les mariages contractés au mépris de cette disposition[2]. Les serfs ecclésiastiques ne devaient pas tarder à acquérir, quant au mariage, une liberté presque entière : devant eux les barrières, élevées avec tant de soin entre chaque classe de personnes par les lois barbares, s'abaissèrent peu à peu. Les rois lombards Liutprand (712-744), puis Hildebrand (744), confirmèrent tous les mariages contractés entre des femmes libres et des serfs de l'église des Saints-Antonin et Victor de Plaisance : les enfants seront aldions, c'est-à-dire semi-libres[3]. Didier et Adelche, en 772 et 773, ratifient de même les unions contractées par des femmes libres avec des serfs du monastère de Farfa[4]. En France, la validité de telles unions n'était

---

1. « In ea massa, cui lege et conditione legati sunt, socientur. » Saint Grégoire le Grand, *Ep.*, X, 28.

2. *Ibid.*, IX, 12.

3. Troya, *Codice diplomatico Langobardo*, t. IV, p. 156.

4. Luigi Cibrario, *Della Schiavitu e del Servaggio*, 1869, t. II, p. 158.

plus douteuse, depuis les conciles de Verberie (752) et de Compiègne (759), qui veulent seulement qu'il n'y ait pas d'erreur sur la personne, mais reconnaissent formellement la validité des mariages contractés « avec connaissance » entre personnes de condition libre et servile [1] : et ici il ne s'agit même plus d'une faveur particulière aux serfs de l'Église, mais d'un progrès plus général, car ces conciles ne font entre les deux classes d'esclaves aucune distinction [2].

Sur un seul point, le serf ecclésiastique a paru placé dans une situation défavorable. On a supposé qu'il obtenait moins facilement que d'autres la liberté. On a dit aussi que les affranchis de l'Église étaient soumis à un joug que ne connaissaient pas les affranchis ordinaires. Nous examinerons ces questions dans le chapitre suivant.

---

1. « Qui scit uxorem suam ancillam esse, et accepit eam voluntarie, semper postea permaneat cum ea. » Concile de Verberie, canon 13. — « Si femina ingenua accepit servum, et sciebat tunc quod servus erat, habeat interim quo vivit. » Concile de Compiègne, canon 5.

2. Ce progrès se préparait depuis longtemps ; voir deux formules du vii° siècle, par lesquelles un maître reconnaît la validité du mariage contracté entre un serf et une femme libre, et renonce à tous droits nés d'un tel mariage, bien que ce mariage, dit-il, eût pu, selon la rigueur des lois, être puni de mort. *Formulae Marculfi*, II, 29; *Form. Andegav.*, 58.

CHAPITRE IV

LES AFFRANCHIS ECCLÉSIASTIQUES A L'ÉPOQUE MÉROVINGIENNE.

Est-il vrai que les serfs de l'Église, placés pour tout le reste sur le même rang que les serfs du roi, et formant avec eux une classe privilégiée, aient obtenu la liberté moins facilement que ceux-ci, et même que les esclaves ou les serfs des particuliers ? Est-il vrai que le sort des affranchis ecclésiastiques ait été plus dur que celui des affranchis des laïques, et soumis à un patronage plus exigeant ?

L'examen de ces deux questions fera l'objet du présent chapitre.

I

Les rois étaient prodigues de la liberté envers leurs *fiscalini :* j'ai déjà dit que pendant la domination mérovingienne la naissance d'un enfant royal entraînait l'affranchissement de trois serfs et serves dans chacune des nombreuses villas du fisc [1]. C'était une belle manière de remercier Dieu. L'Église entrete-

1. *Formulae Marculfi*, I, 39 ; II, 52. Voir plus haut, p. 81.

nait dans les cœurs ces sentiments de reconnaissance ou de piété chrétienne. Elle poussait les
princes et les particuliers à donner la liberté à leurs
esclaves. Elle leur montrait dans cet acte la plus
puissante et la plus méritoire des bonnes œuvres.
Dociles à cette impulsion, les maîtres affranchissaient « pour la guérison de l'âme, » « pour la rédemption de l'âme, » « pour la rémission des péchés, »
« à cause du nom du Seigneur et de la récompense
éternelle [1]. » On gravait des paroles semblables sur
les tombeaux [2]. La loi des Ripuaires parle de ces
sentiments pieux comme d'un des plus fréquents mo-
biles des actes d'affranchissement, et semble dire
que le nombre des maîtres qui faisaient ainsi l'aumône de la liberté était au moins égal à celui des
maîtres qui la vendaient [3].

Les pasteurs de l'Église, qui recommandaient à
tous cette aumône, et dont les exhortations obte-
naient un si beau résultat, la faisaient-ils eux-mêmes
moins que les autres, et leurs serfs formaient-ils la
classe de la population sur laquelle tombait le plus
parcimonieusement ce bienfait ?

1. « Pro animae remedium. » *Form. Marculfi*, II, 17. « Qui debitum
sibi nexum relaxat servitium, mercedem apud Dominum sibi retri-
buere confidat. » *Ibid.*, 32. « Pro remissione peccatorum meorum. »
Ibid., 33. « Propter nomen Domini et retributione aeterna. » *Ibid.*,
34. « In Dei nomine pro animae meae remedium, vel pro meis peccatis, ut in futurum Dominus veniam mihi praestare dignetur. » *Appendix Marculfi*, 13.

2. PRO REDEMPTIONE ANIMAE SVAE. Edmond Le Blant, *Inscriptions
chrétiennes de la Gaule*, n° 374, t. II, p. 6.

3 « Pro animae suae remedio, seu pro pretio. » *Lex Ripuariorum*,
LVIII, 1. On remarquera que le motif pieux est cité le premier par
la loi.

On l'a trop vite affirmé. « Les séculiers affranchissaient très fréquemment, écrit Muratori ; mais il en était autrement des églises et des monastères ; et il n'y avait à cela qu'une raison, selon moi, c'est que l'affranchissement est une sorte d'aliénation, et qu'il était défendu par les canons d'aliéner les biens de l'Église[1]. » Des esprits beaucoup moins sûrs que le vieil érudit du xviii° siècle ont de nos jours soutenu la même thèse. « La condition de l'esclave d'Église, dit Renan, fut empirée par une circonstance, savoir l'impossibilité d'aliéner le bien de l'Église. Qui était le propriétaire ? qui pouvait l'affranchir ? La difficulté de résoudre la question éternisa l'esclavage ecclésiastique[2]. » « Toutes les précautions prises dans le but d'empêcher l'aliénation et les échanges de la propriété ecclésiastique suffisaient, à elles seules, pour rendre plus difficiles et plus rares les affranchissements, » dit à son tour Ciccotti[3]. Ce dernier, pour appuyer son opinion, renvoie à la phrase de Muratori citée plus haut, la seule que le père de l'érudition italienne ait écrite sur cette question. Il est regrettable que Muratori se soit contenté d'une aussi brève sentence, et n'ait pas composé sur un sujet aussi intéressant une de ces amples dissertations dans lesquelles l'érudition moderne trouve encore tant à puiser. La question se posait bien ainsi,

---

1. Muratori, *Dissertazioni sopra le Antichita italiane*, diss. xv, t. I, p. 133.
2. Renan, *Marc-Aurèle et la fin du monde antique*, 1884, p. 609.
3. Ciccotti, *Le déclin de l'esclavage antique*, trad. Platon, 1910, p. 32.

en effet; mais elle était loin d'être aussi insoluble qu'on ne l'a supposé. De nombreux textes nous la montrent, au contraire, souvent et facilement résolue.

On a vu qu'une chose était demandée de l'administrateur d'un bien ecclésiastique : ne point amoindrir ce qui n'était dans ses mains qu'un dépôt, transmettre intact ce dépôt à ses successeurs [1]. Aucun évêque ne pouvait, en conséquence, aliéner les immeubles, les esclaves ou les meubles de l'Église, « qui sont le bien des pauvres, » selon le mot d'un concile [2]. On a vu en même temps que cette inaliénabilité était pour les serfs ecclésiastiques une garantie nouvelle, plus forte encore que la règle générale qui, conformément au droit romain, les rendait inséparables de la terre qu'ils cultivaient : non seulement ce droit défend de les vendre sans la terre, mais désormais, par l'intervention d'un autre droit, le droit canonique, ils ne peuvent même plus être vendus avec la terre, devenue inaliénable [3]. Ainsi ils étaient sûrs de ne jamais passer du joug tempéré de l'Église sous un joug plus capricieux et plus dur. Mais l'inaliénabilité, qui était un si grand bienfait pour eux, se fût transformée en un mal intolérable, si elle avait fait obstacle à leur affranchissement. Plus favorisés à tant d'autres égards que les serfs des laïques, ils eussent été, en dépit de tous les adoucissements apportés à leur condition, les plus misérables des hommes s'ils

1. Voir plus haut. p. 102.
2. Concile d'Agde, canon 7.
3. Voir plus haut, p. 106.

n'eussent pu, comme les autres serfs, aspirer à la liberté. Heureusement il n'en était pas ainsi. Une étude plus attentive des faits et des textes nous montrera que, malgré les apparentes entraves résultant de l'inaliénabilité des biens d'Église, il était possible de concilier celle-ci avec les impulsions de l'humanité ou de la conscience, et que nulle interdiction canonique et nulle impossibilité de fait n'empêchaient l'évêque qui voulait affranchir ses serfs d'agir envers eux comme le pouvaient les autres maîtres, et de les transformer, lui aussi, en hommes libres.

Cela était évident pour ceux qui lui appartenaient en propre, qu'il avait trouvés dans l'héritage paternel ou qu'il avait acquis autrement. L'élévation au sacerdoce ou à l'épiscopat n'avait pas pour effet de transmettre à l'Église les propriétés privées des évêques ou des prêtres. Ceux-ci, à toute époque de leur vie, demeuraient libres d'en disposer à leur gré. Leur patrimoine personnel ne se confondait pas avec le patrimoine de l'Église. On s'en rend compte en lisant le testament de saint Remi, qui partage ses biens entre trois légataires : l'évêché de Reims et deux de ses neveux. Aussi ne s'étonnera-t-on pas de voir les personnages ecclésiastiques affranchir, soit de leur vivant, soit par acte de dernière volonté, les serfs qui leur appartenaient en propre, et sur lesquels ils avaient conservé tous leurs droits. Pour prendre un exemple, celui des prélats qui se succédèrent à cette époque sur le siège de Reims, et dont Flodoard a recueilli avec tant de soin les souvenirs, on voit saint Remi affranchir par testament beaucoup de ses esclaves ou de ses serfs, saint Romulfe rendre la liberté à la plupart des serviteurs de sa maison, souvent affranchir de même plusieurs de ses serfs, en leur laissant quelques biens [1]. Semblables dispositions se rencontrent dans les testaments de Bertramn [2], évêque du Mans (633), de saint Éloi [3], évêque de Noyon (631), du prêtre [4] Aredius (573). L'abbé Leodobold (667), donnant à un monastère plusieurs villas, avec les serfs qui les cultivent, en excepte ceux qu'il pourrait encore affranchir [5]. L'évêque d'Auxerre saint Didier (604-622), qui fit des dons de terres à presque toutes les églises de Bourgogne et d'Aquitaine, affranchit deux mille de ses serfs [6].

Ces bienfaiteurs parfois si généreux n'avaient rien à démêler avec la règle de l'inaliénabilité, puisque ceux qu'ils dotaient ainsi de la liberté leur appartenaient en propre, faisaient partie de leur patrimoine, et n'étaient pas du domaine de leur Église. Mais on comprend que pour des hommes qui montraient une telle bienveillance à leurs serviteurs, il eût été dur de ne pouvoir récompenser de la même manière de bons serviteurs de l'Église confiée à leurs soins. Cette privation leur fut épargnée.

---

1. Flodoard, *Hist. eccl. Rem.*, I, 18; II, 3,
2. Pardessus, *Diplomata*, CCXXX.
3. *Ibid.*, CCLIV.
4. *Ibid.*, CLXXX.
5. *Ibid.*, CCCLVIII.
6. *Gesta episc. Autissiodor.*, 20; Migne, *P. L.*, t. CXXXVIII, col. 242.

Cela ressort avec évidence des canons de deux conciles francs. L'un est le concile d'Agde, de 506, celui-là même qui posa le premier en Gaule le principe de l'inaliénabilité des biens ecclésiastiques. Après avoir déclaré inaliénables les esclaves de l'Église, il ajoute que ceux-ci peuvent être affranchis et même dotés par l'évêque [1]. Si l'évêque, dit-il, a donné la liberté à quelques esclaves, à cause de services rendus, — *bene meritos sibi*, — son successeur devra respecter cette décision, et laisser aux esclaves ce qui leur aura été donné en terres, en vignes, en bâtiments, à condition toutefois que la valeur de ces dons ne dépasse pas vingt sous (1.800 fr.) [2]. Le quatrième concile d'Orléans, tenu en 541, affirme de même ces deux principes : inaliénabilité des biens de l'Église et légitimité de l'affranchissement des esclaves ou des serfs ecclésiastiques. Si, au mépris des canons, dit-il, un évêque a vendu ou distribué en largesses une partie des biens de l'Église, sans lui rien laisser de ses biens propres, on doit revendiquer les biens ainsi dissipés. Mais si cet évêque a

---

1. Il semble résulter d'un canon attribué au concile d'Agde, que les prêtres et même les diacres avaient aussi le droit d'affranchir les serfs ecclésiastiques de leurs paroisses : « Libertos quos sacerdotes, presbyteri vel diaconi de ecclesia sibi commissa facere voluerint... » Ce canon n'appartient pas à la série des quarante-sept canons authentiques de ce concile (Leclercq, *Hist. des conciles*, t. II, p. 999, notes 2 et 3); il a été tiré des *Statuta Ecclesiae antiqua*, 31, que M. Malnory a prouvé (*Congrès scientifique international des catholiques*, 1888, t. II, p. 428-439) être l'œuvre de saint Césaire.

2. Concile d'Agde, canon 7. Apparemment, ce capital était suffisant alors pour la subsistance d'un travailleur. Le concile ajoute que si ce qui a été donné vaut plus que cette somme, le surplus sera restitué à l'Église, mais seulement après la mort de l'affranchi.

donné la liberté à des esclaves de l'Église, — en nombre raisonnable, *numero competenti,* — ceux-ci demeureront libres [1].

« En nombre raisonnable, » cela semble une restriction à la faculté d'affranchir. Le concile, en effet, ne ratifie pas les affranchissements en masse ou trop nombreux, la totalité des affranchissements faits par un mauvais administrateur ou un prodigue. A qui examinera les choses de sang-froid, cette précaution paraîtra sage. On n'aurait pas eu besoin de défendre contre leur propre générosité les particuliers qui voulaient donner la liberté à leurs esclaves : l'intérêt personnel, l'intérêt de leurs héritiers, suffisaient à les préserver des entraînements irréfléchis. Mais l'évêque, à qui n'appartenaient pas les biens de son Église, et qui n'en était que le dépositaire, eût pu, si certaines limites ne lui avaient été imposées, se laisser aller plus facilement à des libéralités imprudentes. Celles-ci auraient quelquefois mis en péril un intérêt supérieur, un intérêt d'ordre public : l'exploitation du domaine ecclésiastique, la mise ou la remise en valeur des terres souvent tombées en friche que la piété des fidèles avait, depuis les invasions, données en si grande quantité aux établissements religieux [2]. La résidence stable et le travail régulier des populations rurales étaient, à cette époque, la plus pressante des nécessités : le sentiment

---

1. « Si de servis Ecclesiae libertos fecerit numero competenti, in ngenuitate permaneant. » Concile d'Orléans IV, canon 9.
2. Voir plus haut, p. 86.

de cette nécessité inspirera encore Charlemagne, quand, dans un Capitulaire de 805, il recommandera aux maîtres de ne pas laisser un trop grand nombre de leurs serfs et de leurs serves embrasser l'état monastique, afin que les campagnes ne soient pas désertes, *ne desertentur villae*[1].

Mais il importe de comprendre le « nombre raisonnable » dont parle le concile. Ce pouvait être un grand nombre.

Une formule de l'époque mérovingienne est relative à l'acte d'affranchissement d'esclaves ecclésiastiques par un évêque[2]. Pour qu'une formule de ce genre ait été rédigée, il faut que les affranchissements épiscopaux se soient trouvés être d'un usage courant, car on n'eût point pris la peine d'écrire le modèle d'actes rares ou exceptionnels. Un autre texte fait supposer, au contraire, qu'ils étaient fréquents : c'est un passage du testament déjà cité de Bertramn, évêque du Mans. Il y est question des esclaves du domaine de l'Église, — *de ratione ecclesiae*, — qu'il avait coutume d'affranchir chaque année, le dimanche *in Albis*, c'est-à-dire le dimanche qui clôturait les fêtes pascales[3]. Probablement cette coutume n'était point particulière à Bertramn, et fut aussi celle d'autres prélats. Elle explique la for-

---

1. Capitulaire de 805, 11.
2. *Formulae Bituricenses*, 8.
3. « Illos vero quos de ratione ecclesiae pro singulis festivitatibus in Albis relaxavi aut relaxavero. » Pardessus, ccxxx. — Sur « la semaine *in albis*, » voir *Dictionnaire d'archéologie chrétienne et de liturgie*, fasc. IX, col. 3430.

mule dont il vient d'être question. Mais cette formule ne montre pas seulement que les évêques affranchissaient : elle a un autre intérêt, celui de donner un chiffre. Elle prévoit le cas d'un évêque payant à Dieu « la dîme des esclaves de son Église, » c'est-à-dire en affranchissant le dixième. Aux yeux du rédacteur de la formule, ce chiffre représenterait la proportion convenable, *convenit*[1]. Il ne semble pas être le maximum de ce qu'un évêque pourrait affranchir, mais la moyenne de ce qu'il était d'usage qu'un évêque affranchît. Ce dixième dut atteindre quelquefois un chiffre très élevé. L'Église de Reims possédait, sur divers points de la Gaule, et même au delà du Rhin, de grands domaines, cultivés par une immense population de colons et de serfs : d'autres Églises n'étaient pas moins riches en terres et en hommes. De temps en temps de grosses donations venaient accroître leur patrimoine : rappelons-nous un testament de 696, léguant à l'Église de Vienne des villas avec 1.400 serfs, « sans compter les affranchis qui y doivent des services[2]. » Même réduit à un dixième, le nombre des serfs libérés par un évêque pouvait comprendre beaucoup de gens.

Donc les canons des conciles francs, rapprochés des faits, montrent que dans la Gaule mérovingienne l'affranchissement des esclaves des Églises ne ren-

---

1. « Convenit ut omnes servientes Ecclesiae nostrae decimare deberemus. » *Form. Bituricenses*, 8.

2. « Servos utriusque sexus mille CCCC, sed et libertos qui obsequium ibi faciunt. » Pardessus, cccxxxix.

contrait pas d'obstacle sérieux. Il ne se heurtait ni contre des principes trop rigides, ni contre un sordide intérêt. Le seul principe en cause, celui de l'inaliénabilité, se laissait au contraire aisément assouplir, puisque les conciles n'imposent aux évêques d'autres conditions que celle d'une raisonnable modération soit dans le nombre des affranchissements, soit dans la dot par eux constituée à leurs affranchis, afin de concilier le pouvoir de donner la liberté avec la conservation du patrimoine ecclésiastique. Quant à l'intérêt sordide, il n'y a pas à en parler : nous venons de voir les évêques affranchissant les serfs de leurs Églises ; nous les avons vus affranchissant leurs propres serfs ; nous savons les immenses efforts faits par eux pour racheter de la servitude les hommes libres emmenés en captivité [1] ; l'histoire nous les montre rachetant même quelquefois les esclaves d'autrui [2]. Que l'on admette si l'on veut des exceptions, car il y en a toujours ; on devra néanmoins reconnaître que, dans l'ensemble, les prélats des Gaules se montrent supérieurs à tout égoïsme, et même généreux jusqu'au sacrifice, quand il s'agit de répandre la liberté.

Ils eurent sous les yeux, au vi[e] siècle, un grand exemple. On connaît, par la vaste correspondance de saint Grégoire le Grand, l'organisation du patrimoine de l'Église romaine, et l'on sait avec quel

---

1. Voir plus haut, p. 40.
2. Grégoire de Tours, *H. F.*, III, 15; *De virt. sancti Martini*, II, 30; III, 46. Fortunat, *Vita S. Germani*, 10.

soin il était administré [1]. Le pape montre, dans cette administration de son temporel, les mêmes qualités d'attention aux détails et d'ordre méticuleux que fera voir, deux cents ans plus tard, Charlemagne dans celle de ses *villae*. Mais il est en même temps beaucoup plus préoccupé que ce grand empereur de la responsabilité morale découlant d'une telle administration. L'Église de Rome, enrichie dans toutes les provinces par la piété des fidèles, possédait alors non seulement en Italie et en Afrique, mais encore en Gaule, des domaines considérables [2]. Ces domaines, par leur étendue comme par leur dispersion, offraient « un puissant moyen d'éducation populaire et de civilisation, » écrit un récent historien de saint Grégoire [3]. Le pape en voulait faire, au physique et au moral, des « fermes modèles. » Voici en quels termes il s'adresse aux gérants des terres exploitées au nom de son Église dans les Gaules qui, depuis les invasions, — et surtout à l'époque des Frédégonde et des Brunehaut, — semblaient à ce Romain de vieille race être retombées dans la barbarie : « Quoique vous vous trouviez au milieu de populations barbares, je suis certain que, sous le rapport des mœurs, vous vous distinguez parfaitement d'elles. Vous êtes décorés d'un titre

---

1. Fabre, *De patrimoniis romanae Ecclesiae usque ad aetatem Carolinorum*, 1892, et *Le patrimoine de l'Église romaine dans les Alpes Cottiennes*, dans *Mélanges de l'École de Rome*, 1884.

2. Très diminués, au cours du VIIe siècle, par les confiscations des empereurs byzantins dans le sud de l'Italie, en Istrie, en Dalmatie, et par les invasions musulmanes en Afrique.

3. Grisar, *S. Gregorio magno*, p. 377.

qui vous met à part des habitants de ce pays : vous vous appelez *la famille du saint apôtre Pierre,* et pour ce motif vous devez l'emporter sur tous par la qualité de vos mœurs. Vous devez encourager dans le bien ceux qui vous sont soumis (les colons et les esclaves), leur rappeler fréquemment de qui ils sont les serviteurs, leur faire détester les pillages et les actions mauvaises des Barbares, pour tout dire d'un mot la famille de l'Église doit par ses bons exemples s'attirer en tout lieu l'estime et le respect [1]. » Saint Grégoire eut l'occasion de se mêler souvent des affaires de Gaule [2] : mais peut-être ne le fit-il jamais plus efficacement que par cette intervention indirecte et cette belle leçon de choses.

Nous ne savons dans quelle mesure il affranchissait les esclaves du patrimoine soit en Gaule, soit ailleurs. Sans doute il n'eut jamais la pensée d'affranchissements en masse comme en firent les patriciens convertis du IIIe et du IVe siècle, et même de charitables propriétaires d'un temps plus voisin de lui. Rien au moins ne l'indique dans ses lettres. Probablement partageait-il sur ce point les idées que nous venons de voir exprimées par les conciles gaulois, et jugeait-

1. Saint Grégoire le Grand, *Ep.,* V, 31 : *Conductoribus massarum sive fundorum per Galliam constitutis.*

2. Pour protester contre les élections épiscopales viciées par la tyrannie royale et par la simonie, et pour réclamer la convocation plus fréquente de conciles. Voir Ozanam, *La civilisation chrétienne chez les Francs,* 1855, p. 89 ; Fustel de Coulanges, *La monarchie franque,* 1888, p. 560 ; Grisar, *S. Gregorio Magno,* p. 285-316 ; Vacandard, *Études de critique et d'histoire religieuse,* première série, 1905, p. 158-187. Il ne faut pas croire cependant que tous les évêques nommés alors même par de mauvais rois fussent de mauvais évêques ; voir sur ce sujet Fustel de Coulanges, ouvr. cité, p. 593-598.

il qu'une sage mesure devait être gardée en cette matière. Mais toutes les fois qu'un motif d'humanité ou de religion l'y poussait, il n'hésistait pas à affranchir individuellement les esclaves ecclésiastiques. Il le faisait alors en justifiant son acte par les considérations les plus élevées. Il leur accordait la liberté gratuitement, en leur laissant leur pécule, et sans se croire obligé d'indemniser son Église. C'est ce qui résulte d'une formule employée par lui, que l'on a souvent citée, mais qu'il me paraît intéressant de reproduire ici, d'abord parce qu'elle est très belle, ensuite parce qu'elle me semble résumer clairement la situation, et enfin parce qu'il n'y aurait pas besoin d'en presser beaucoup les termes pour en faire sortir les considérants d'une sentence d'abolition future de l'esclavage. « Puisque le Rédempteur et le Créateur du monde a voulu s'incarner dans l'humanité, afin de rompre par la grâce de la liberté la chaîne de notre servitude et de nous restituer à notre liberté primitive, c'est bien et sainement agir que de rendre le bienfait de la liberté originelle aux hommes que la nature a faits libres, et que le droit des gens a courbés sous le joug de l'esclavage[1]. C'est pourquoi vous, Montanus et Thomas, serviteurs de la sainte Église romaine, que nous servons aussi avec l'aide de Dieu, nous vous faisons libres à partir de ce jour et citoyens romains, et nous vous laissons

---

1. Sur la théorie romaine du droit des gens générateur de la servitude, et contraire sur ce point au droit naturel, voir Ulpien, au *Digeste*, I, 1, 4, et les *Institutes* de Justinien, I, 11, 2. Cf. Carlyle, *Mediaeval political theory in the West*, t. I, 1903, p. 42-47.

tout votre pécule [1]. » Ce pécule se composait surtout d'un legs qu'un prêtre avait fait aux deux esclaves. Le montant de ce legs passera, après eux, à leurs enfants légitimes : il ne fera retour à l'Église romaine qu'au cas où les deux affranchis ne laisseraient pas de postérité.

Nous sommes assez bien renseignés sur l'Espagne wisigothique. Les conciles, si nombreux depuis la conversion du roi Reccarède, en 589, jusqu'au viiie siècle, époque de la conquête arabe, ont sans cesse l'occasion de s'occuper des esclaves. Beaucoup de leurs canons réglaient la condition des affranchis ecclésiastiques : ceux-ci paraissent former une classe importante de la population. Leur existence en si grand nombre prouve jusqu'à l'évidence que là aussi les évêques avaient le pouvoir de donner la liberté aux esclaves et aux serfs de leurs Églises, et qu'ils en usaient largement. Il existe cependant une différence sensible entre la législation des conciles espagnols sur cette matière et celle des conciles gaulois. On rencontre dans ceux-là une tendance plus restrictive, qui tient sans doute à l'esprit de la race, plus autoritaire et moins souple que la nôtre : on paraît parfois , de ce côté des Pyrénées, embarrassé pour concilier le maintien nécessaire de l'inaliénabilité du patrimoine ecclésiastique et la faveur due à la liberté.

Le principe ordinairement suivi, c'est que l'affranchissement des serfs ne doit pas appauvrir l'Église à

1. Saint Grégoire le Grand, *Ep.*, VI, 12.

laquelle ils appartiennent, et que, par conséquent, l'évêque qui affranchit ne peut le faire sans compenser envers celle-ci la perte résultant de l'affranchissement. S'il donne ou laisse en mourant à son Église tout ou partie de sa fortune personnelle, il peut affranchir un nombre d'esclaves de cette Église correspondant à la valeur des biens que celle-ci reçoit de lui : les affranchissements faits en contradiction de cette règle seront nuls[1]. Pour rendre la vérification possible, l'acte d'affranchissement d'un esclave ecclésiastique aura son effet, non au jour où il a été rédigé, mais au jour de la mort de l'évêque, parce que ce jour-là seulement on connaîtra la totalité des libéralités par lui faites à son Église, et l'on saura si les affranchissements que l'évêque a prononcés ont ou non dépassé la mesure qui lui est imposée[2]. Les conciles espagnols veulent même qu'à chaque changement d'évêque les esclaves affranchis par ses prédécesseurs lui présentent leur acte d'affranchissement, qu'il sera, du reste, obligé de confirmer[3]. Aucune de ces exigences ne se rencontre dans la législation plus simple et plus large des conciles francs, non plus que dans la pratique romaine, telle qu'elle résulte de la formule de saint Grégoire : celle-ci dit même expressément que les esclaves seront libres « le jour même de l'affranchissement. » Il

---

1. Concile de Séville (590), canon 1; concile de Tolède IV (639), canon 67; concile de Mérida (666), canon 20.

2. Concile de Tolède IX (655), canon 12.

3. Concile de Tolède VI (638), canons 9, 10; concile de Tarragone II (691), canon 4

semble qu'en Espagne un évêque pauvre éprouvait quelque difficulté à donner la liberté aux serfs de son Église : en France ou à Rome, où nulle compensation n'est exigée, cette difficulté n'existe pas. Mais probablement en Espagne même elle était moins gênante en fait qu'elle ne le paraît à s'en tenir à la lettre : la charité des chrétiens pouvait aider l'évêque sans patrimoine à fournir la compensation demandée.

En Espagne comme en Gaule, les évêques, lorsqu'ils affranchissent les esclaves appartenant à leur Église, peuvent leur remettre, à titre de dot, quelque bien pris sur le patrimoine de celle-ci : ce bien, dit le neuvième concile de Tolède, demeure inaliénable, en ce sens que l'affranchi qui aurait le désir de le vendre ne pourra le vendre qu'à l'évêque ou à des parents faisant partie de la clientèle de l'Église, mais, la vente ayant été opérée dans ces conditions, il pourra user librement du prix [1].

---

1. « Libertis Ecclesiae eorumque progeniei, ex omnibus rebus quae de jure Ecclesiae noscuntur habere, nihil licebit in extraneum dominium transactione quarumcumque deducere. Sed si ex his quaslibet vendere fortasse voluerit, sacerdoti ejusdem Ecclesiae offerant convenienter emenda, earumque precio ut eis placuerit aut dispensent aut habeant. Nam in dominium partis alterius rei suae censum nullo modo transire permittimus. Suis autem filiis vel propinquis eidem Ecclesiae vel servitio vel patrocinio subjugatis, quaecumque vendere vel donare voluerint aditus omnino licebit. » Concile de Tolède IX (655), canon 16. — Dans son article sur les *Affranchissements du Ve au XIIIe siècle*, M. Marcel Fournier interprète à tort ce canon en disant (*Revue historique*, t. XXI, 1883, p. 38) qu'il « défend expressément aux *tabularii* d'aliéner ou de vendre leur pécule sous peine d'amende ou de révocation de l'acte d'aliénation. » Il n'est pas question ici de « pécule, » c'est-à-dire des économies personnelles de l'esclave, mais de l'immeuble que l'Église lui a concédé en l'affranchissant ; et l'aliénation n'est pas défendue, mais

Toutes les restrictions tombent, même en Espagne, quand un esclave a la vocation ecclésiastique. Il n'est plus question alors de compensation, ni de limitation dans le nombre des affranchissements, ni de report de l'effet de l'affranchissement à une date ultérieure : l'appel de Dieu, bien constaté, lève tout obstacle. Lorsque des esclaves sont appelés à l'état ecclésiastique, dit le neuvième concile de Tolède, ils doivent être affranchis par l'évêque[1]. Les prêtres des campagnes sont même invités à choisir, parmi les esclaves établis sur les terres de leurs Églises, des hommes assez intelligents pour être élevés à la cléricature[2] : ceux-ci seront nécessairement affranchis.

La vocation monastique est, au même titre, pour les esclaves de l'Église une cause d'affranchissement. Cela résulte d'un canon du concile tenu à Rome en 595, sous la présidence de saint Grégoire le Grand.

Saint Grégoire avait déjà eu l'occasion de s'occuper de la vocation des esclaves. On connaît la touchante lettre écrite par lui à un sous-diacre de l'Église romaine en Campanie, au sujet d'une jeune esclave que son maître empêchait de se faire religieuse. Ce maître était un des administrateurs, *defensor*, des biens possédés par l'Église dans cette province : mais l'esclave était la propriété person-

soumise à des conditions qui empêchent l'immeuble de passer à d'autres qu'à l'évêque ou à des personnes dépendant de l'Église.

1. Concile de Tolède IX, canon 11.
2. Concile de Mérida (666), canon 12.

nelle de cet administrateur, et ne dépendait pas du patrimoine ecclésiastique. « J'ai appris que le défenseur Félix a comme esclave une jeune fille, nommée Catella, qui aspire avec larmes et un véhément désir à l'habit religieux, mais que son maître ne veut pas le lui permettre. Je veux que vous alliez trouver Félix, et que vous lui demandiez l'âme de cette fille ; vous lui paierez le prix voulu, et vous l'enverrez ici par des personnes graves, qui la conduiront au monastère. Faites cela vite, afin que votre lenteur ne fasse courir aucun danger à cette âme [1]. » Cette lettre est à ajouter aux nombreux exemples du rachat des esclaves par les évêques. Mais elle montre surtout le pape préoccupé de « l'âme » de l'esclave qui se sent appelée de Dieu à la vie monastique, et que l'avarice d'un maître mettrait en péril. On retrouve la même préoccupation [2] dans le canon qu'il fit voter au concile de Rome. « Nous savons, y est-il dit, que beaucoup, tant de la *familia* ecclésiastique [3] que de la condition séculière, ont hâte d'être affranchis de la servitude humaine, pour se donner librement au service de Dieu dans les monastères. Si on le leur permet, l'Église est exposée à perdre tous ses ser-

---

1. Saint Grégoire le Grand, *Ep.*, III, 40.

2. Cette préoccupation des âmes se montre chez lui dans les actes mêmes où il semble suivre les coutumes de son temps, par exemple quand il reçoit ou transmet la propriété d'un esclave. Voir sa lettre à un pieux personnage de Constantinople, *Narsae religioso*, en lui faisant don d'un jeune esclave qui lui avait été légué : « Quidam moriens unum mihi puerulum dimisit, de cujus anima cogitans eum dulcedini vestrae transmisi, ut in ejus vivat in hac terra servitio, per quem ad libertatem coeli valeat pervenire. » *Ep.*, VII, 27.

3. Cf. *Ep.*, V, 31.

viteurs; si d'un autre côté on le leur refuse, on prive Dieu d'une offrande qui lui appartient. Il est donc nécessaire que quiconque du service ecclésiastique ou séculier désire se tourner vers le service divin soit d'abord éprouvé sous l'habit laïque, afin que si ses mœurs font voir la sincérité de son désir, il soit délivré de la servitude des hommes pour en embrasser une plus rigoureuse[1]. »

Ce canon est d'un grand intérêt, car le concile y pose toutes les questions que les vocations monastiques d'esclaves dépendant du domaine de l'Église mettent nécessairement en présence : l'intérêt de l'Eglise, qui est de ne pas perdre tous ses esclaves ; le devoir envers Dieu et envers les âmes, qui est de ne pas s'opposer aux vocations sincères ; la nécessité d'une probation qui permettra de discerner celles-ci des vocations suspectes. Il conclut naturellement contre l'intérêt et dans le sens tout à la fois de la prudence et du devoir. Mais il avertit en même temps ceux qui aspirent à sortir de l'esclavage humain pour entrer dans la vie monastique qu'ils trouveront dans cette vie non l'oisiveté et le repos, mais une servitude plus stricte, *districtiorem servitutem,* que n'était leur premier état[2].

---

1. *Ep.*, IV, 44.

2. On sera tenté de rapprocher ce canon de la Novelle V de Justinien (535), ordonnant (ch. 2) que tout esclave qui sera venu dans un monastère avec l'intention d'y embrasser la vie religieuse soit soumis à une épreuve de trois ans. Cette Novelle ne permet au maître que l'esclave aura quitté sans autorisation pour entrer dans un monastère de le revendiquer, même avant l'expiration des trois

Nous arrivons aux monastères. Pour eux, la même objection se pose que pour les Églises : leurs esclaves ou serfs pouvaient-ils être affranchis?

Le contraire a été conclu d'un canon du second concile d'Épone[1], tenu en 517. Ce canon[2] est ainsi conçu : « Il n'est point permis à l'abbé d'affranchir les esclaves donnés à ses moines, car nous considérons comme injuste que pendant que les moines travaillent tous les jours à la terre, leurs esclaves vivent dans l'oisiveté[3]. » Pour apprécier équitablement ce canon, il faut se rappeler qu'il fut édicté probablement pour

ans, qu'à charge de prouver que l'esclave s'était rendu coupable de quelque délit. Dans ce cas, l'esclave lui sera restitué, contre promesse de ne lui faire aucun mal, si les trois ans d'épreuve ne sont pas terminés. S'ils le sont, on considérera que le noviciat l'a suffisamment amendé, et on lui permettra de rester au monastère. Bien que, au commencement du canon de 595, les esclaves des séculiers soient aussi nommés, ces dispositions n'y sont pas rappelées : le canon s'occupe seulement des esclaves ecclésiastiques, et les deux ans (au lieu de trois) de probation qu'il leur impose se passeront « en habit laïque, » et non dans le monastère. Cela revient à dire que, quand un esclave ecclésiastique exprimait le désir d'entrer en religion, l'évêque devait faire une enquête sur sa conduite pendant les deux années qui venaient de s'écouler, et, si elle avait été bonne, déférer à son désir. La Novelle de Justinien statue sur un cas tout autre, et pour une autre catégorie d'esclaves.

1. Probablement Saint-Romain d'Albon.

2. C'est sur ce canon que s'appuient Renan et Ciccotti dans les passages que nous avons cités.

3. « Mancipia monachis donata ab abbate non liceat manumitti, injustum enim putamus ut monachis quotidianum rurale opus facientibus, servi eorum libertate otio potiantur. » Concile d'Épone, canon 8. Sur ce travail quotidien des moines, voir plus haut, p. 88. La Vie d'un saint du VIe siècle le montre, à peine reçu dans un monastère, mis tout de suite au travail le plus dur : « ... Se monachum fieri postulavit. Et cum, intercedente Dei misericordia..., est impletum quod petiit, injunctum est ei et vineam colere et terram proscindere et omnem *servitium*, ut moris est, adimplere. » *Vita S. Eparchii* (saint Cybard), 2. *Mon. Germ. Hist., Script. rerum merov.*, t. III, p. 553 (éd. Krusch). Sur cette Vie, voir J. de La Martinière, *Saint Cybard*, 1908, p. 76 et seq.

modérer le zèle qui poussait les abbés à affranchir en grand nombre les esclaves des monastères. La raison donnée par le concile traduit la crainte que les moines, voués à la culture des terres, au défrichement du sol, œuvre si importante à cette époque, demeurassent sans auxiliaire. Mais un autre motif encore, celui-là d'ordre juridique, l'a vraisemblablement inspiré. Les esclaves des Églises épiscopales dépendent du seul évêque; les esclaves des monastères ne dépendent pas du seul abbé, parce qu'ils sont considérés comme la propriété collective des moines, de tous les moines en général et, pour sa quote-part, de chaque moine en particulier. Cinquante ans après le concile d'Épone, saint Ferréol, évêque d'Uzès, fondant un monastère et lui donnant une règle, y proclame ce principe, et le corrige en même temps dans l'application. « L'abbé, dit-il, n'aura pas la faculté d'affranchir un esclave du monastère, sans le consentement de tous les moines [1]. » Avec ce consentement, au contraire, il le pourra. Il lui sera même loisible de s'en passer, mais à la condition de fournir à ses frais un remplaçant de l'esclave doté par lui de la liberté [2]. « Et cela, ajoute le fondateur, parce qu'il est évident que celui-ci avait autant de maîtres qu'il y a de moines dans le couvent [3]. »

1. « Mancipium monasterii liberum facere abbas absque consensu omnium monachorum licentiam non habebit. » *Regula S. Ferreoli*, 36; Migne, *P. L.*, t. LXVI, col. 959.

2. « Nisi ut tradat cunctis fratribus in praesenti ejus meriti vel aetatis de propria facultate vicarium. » *Ibid.*

3. « Cum manifestum sit illum tot dominos habere quot monachos. » *Ibid.*

L'impossibilité d'affranchir les serfs monastiques n'existe donc pas, seulement l'affranchissement dépend ici non de l'abbé seul, mais de tous les moines. Tout affranchissement approuvé par eux peut être prononcé par l'abbé. Il peut même se passer de leur concours, en donnant pour l'esclave monastique qu'il affranchirait de sa seule initiative un *vicarium* pris sur son patrimoine personnel.

Faut-il s'arrêter à une autre objection, attribuant la prétendue rareté des affranchissements des serfs ecclésiastiques à l'avarice des Églises et des monastères, qui n'auraient octroyé la liberté que moyennant rachat? « Les seuls laïques, écrit un jurisconsulte allemand du xviiie siècle, affranchissaient gratuitement et pour le salut de leurs âmes; mais les clercs, qui se croyaient déjà assurés des récompenses éternelles, ne donnaient la liberté que contre argent comptant[1]. » Cette épigramme assez lourde a été prise à la lettre par des érudits modernes[2]. J'y ai déjà répondu plus haut, en disant quelle fut la générosité des évêques de l'époque mérovingienne en matière d'affranchissement. Des textes, presque toujours postérieurs à cette période, montrent des serfs des Églises et des monastères rachetant leur liberté, comme le font, dans le même temps, les serfs royaux et ceux des particuliers. Mais beaucoup d'autres textes montrent, dans tous les temps, les serfs ecclésiastiques recevant celle-ci sans bourse

---

1. Heineccius, *Institutiones juris germanici*, t. III, p. 39.
2. Marcel Fournier, article cité, p. 11.

délier[1]. La législation des conciles, du vi^e au ixe siècle, fait toujours allusion à des affranchissements concédés gratuitement soit par les évêques, soit par les établissements monastiques. S'il en était autrement, elle n'aurait pas demandé, comme elle le fait en Espagne pour les esclaves des évêchés, ou comme le veut en Gaule la règle citée tout à l'heure de saint Ferréol, une compensation de l'évêque ou de l'abbé qui affranchit, afin que le patrimoine dont il a le dépôt ne soit point diminué. Cette compensation se serait trouvée tout naturellement dans le prix de rachat payé par l'esclave s'il eût été question, dans les canons ou les règles disciplinaires, d'affranchissements autres que des affranchissements gratuits : dans ce cas, le paiement d'aucune indemnité n'eût été imposé à l'affranchissant. Loin de prévoir un rachat par l'esclave, abandonnant tout ou partie de son pécule comme prix de sa liberté, les canons prévoient, au contraire, le don par l'Église à son affranchi d'un lot de terre qui lui appartiendra désormais en propre, et supposent même le cas si ordinaire, qu'ils prennent la peine d'indiquer soit la valeur de cette terre, soit les conditions dans lesquelles en jouira l'affranchi[2]. On peut donc dire que toute la législation conciliaire, relative à la libération des serfs ecclésiastiques, considère celle-ci comme un acte de pure charité. Ce sens est évident,

---

1. *Ibid.*, p. 36.

2. Concile d'Agde, canon 7; concile d'Orléans IV, canon 9; concile de Tolède IX, canon 16.

quand on regarde l'ensemble de cette législation, après avoir étudié en détail chacun des canons qui la composent. Et l'on a le droit d'en conclure, croyons-nous, qu'au moins à l'époque où elle fut constituée, la plupart des affranchissements accordés sur les terres de l'Église ou des monastères étaient gratuits.

Une curieuse lettre épiscopale, conservée dans la collection des épîtres de saint Boniface, montre un abbé refusant d'affranchir une esclave, malgré la demande d'un évêque. Celui-ci, ému d'un tel refus, essaya de racheter à prix d'or la liberté de l'esclave. L'évêque était Brithwald, archevêque de Cantorbéry au commencement du viii⁰ siècle. L'abbé s'appelait Beowald. Voici la traduction de la lettre [1], adressée par Brithwald à un autre prélat, Forthere, évêque de Scherborn :

« La requête que j'avais présentée en votre pré-sence au vénérable abbé Beowald, pour obtenir l'af-franchissement d'une jeune fille captive, qui, j'en ai la preuve, a des parents dans notre voisinage, n'a rien obtenu, contrairement à mon espérance. Je suis de nouveau ému par les prières de ses proches, et j'ai pensé que le meilleur moyen de réussir serait de vous envoyer cette lettre par un parent de la jeune fille, nommé Eppa. Je vous supplie d'obtenir de cet abbé qu'il accepte des mains du porteur 300 sous pour le rachat de l'esclave, et qu'il la remette aux

____

1. *Inter Epist. S. Bonifacii*, n° 7, dans Jaffé, *Monum. Moguntina,* 1866.

mains de celui-ci, afin qu'elle passe le reste de sa vie avec ses proches, non dans la tristesse de la servitude, mais dans la joie de la liberté. Quand votre charité aura procuré le succès de cette affaire, vous serez récompensé par Dieu, et vous aurez droit à mes remerciements les plus cordiaux. Et même notre frère Beowald ne perdra par là, selon moi, aucun des droits qu'il peut avoir légitimement sur elle[1]. Je termine par où j'aurais dû commencer, en vous demandant, quand vous prierez pour vous, de daigner en même temps faire mention de moi. Puisse Notre-Seigneur Jésus-Christ accorder à votre Révérence une longue vie ! »

J'ai voulu reproduire intégralement cette lettre, afin de ne dissimuler aucun aspect défavorable du sujet que je traite. Montalembert, qui en a donné une traduction abrégée, ajoute : « C'est l'unique exemple que j'aie pu découvrir d'un fait de ce genre, et heureusement la prompte et généreuse réparation du mal s'y trouve à côté du mal lui-même[2]. » Je dirai à mon tour que cette lettre, qui montre en conflit la dureté d'un abbé et la charité d'un évêque, fait voir que non seulement aux yeux de celui-ci l'affranchissement gratuit des esclaves monastiques était licite, mais encore que le refus d'un tel affranchissement pouvait exciter autant d'indignation que de surprise. La réserve discrète et toute chrétienne

---

1. Probablement à cause de l'*obsequium* et des *operae* dus par l'affranchi à son ancien maître. Il en sera question plus loin.

2. *Les moines d'Occident*, t. V, 1867, p. 189. Cf. Brownlow, *Lectures on Slavery and Serfdom in Europe*, 1892, p. 107-108.

du langage de Brithwald ne met que mieux en relief ces sentiments.

Beowald, apparemment, était une exception, ou gouvernait quelqu'un de ces monastères relâchés que dénonce avec tant d'énergie son contemporain, le moine historien Bède [1]. Sans doute on jugera plus sainement de l'esprit qui animait les moines anglo-saxons, en rappelant les exemples donnés vers le même temps par quelques-uns d'entre eux. Une partie des aumônes reçues par Aidan, le fondateur du monastère de Lindisfarne, en Northumbrie, était employée à la rédemption des esclaves. Parmi ces derniers, il choisissait de préférence, dit Bède, « ceux qui avaient été injustement vendus, » c'est-à-dire probablement les gens du pays enlevés et vendus par des brigands, comme la « captive » [3] dont il est question dans la lettre à Beowald, ou réduits en servitude sans y avoir été légalement condamnés [4]. Beaucoup de ceux qu'il avait ainsi délivrés furent instruits par lui, et, devenus ses disciples, furent promus aux ordres sacrés [5]. Ce que fait Aidan au nord de l'Angleterre, un autre moine, Wilfrid, qui deviendra évêque d'York, le

---

1. Bède, lettre à Egbert, évêque d'York (734 ou 735), et *Hist. eccl.*, V, 23.

2. « Ad redemptionem eorum qui injuste fuerant venditi. » *Hist. eccl.*, III, 5.

3. S'il faut entendre à la lettre le mot *captive*. Mais peut-être signifie-t-il simplement « esclave. » Le chapitre 30 de la *Via regia* de Smaragdus, dans laquelle l'abbé de Saint-Mihiel demande à Louis le Débonnaire de supprimer complètement l'esclavage (nous en parlerons dans un autre chapitre), est intitulé : *Ne captivitas fiat*.

4. Sur les condamnés à l'esclavage pour crime ou délit, *wite theow*, voir Lingard, *Histoire d'Angleterre*, trad. Roujoux, t. I, p. 167.

5. Bède, *Hist. eccl.*, III, 5.

fait dans le sud. Il avait reçu du roi de Sussex, en 681, la presqu'île de Selsey, pour y fonder un monastère. Sur le domaine qui lui fut donné travaillaient deux cent cinquante esclaves des deux sexes. Il les convertit et les affranchit, ou, pour employer les belles expressions de Bède, « non seulement il les sauva, par le baptême, de la servitude du démon, mais encore il les délivra de la servitude des hommes en leur donnant à tous la liberté[1]. » Cent ans plus tard, nous voyons encore les évêques penser et agir comme Brithwald. Ceux du sud de l'Angleterre, réunis en 816 à Celchyt sous la présidence d'un de ses successeurs sur le siège de Cantorbéry, votent un canon affirmant une fois de plus l'inaliénabilité de la propriété ecclésiastique[2], mais ils y ajoutent un autre canon sur les funérailles épiscopales. Par celui-ci, ils ordonnent que, pour le repos de l'âme de l'évêque décédé, sera donné aux pauvres le dixième de ce qu'il laissera de bœufs, de moutons et de porcs, et le dixième des provisions que contiendront ses celliers. De plus, tous les esclaves d'origine anglaise qui serviraient sur ses terres en vertu d'une sentence judiciaire seront mis en liberté[3], « afin que par là il puisse recevoir la récompense de ses travaux et le pardon de ses péchés. » Les évêques, par

1. *Ibid.*, IV, 14.
2. Concile de Celchyt (Chelsea), canon 7.
3. Cette prescription dut tomber en désuétude, car nous voyons la même chose ordonnée dans le testament d'Aelfric, archevêque de Cantorbéry, au commencement du XI° siècle (Lingard, ouvr. cité, t. I, p. 167). Même clause dans plusieurs testaments de laïques.

le même canon, s'obligent et obligent les abbés à libérer chacun trois esclaves à la même intention, en leur fournissant un viatique, c'est-à-dire une petite dot. Encore pour le repos de l'âme du mort chaque évêque et chaque abbé fera dire six cents psaumes, célébrer cent vingt messes, et chaque moine ou clerc jeûnera un jour[1]. L'affranchissement d'esclaves est mis, comme œuvre satisfactoire, au même rang que l'aumône, les psaumes, la célébration des messes et le jeûne. L'Église, qui la recommandait aux fidèles, l'accomplit elle-même et donne à la fois, comme on le voit, le conseil et l'exemple.

II

Les affranchis des Églises et des monastères furent donc nombreux à l'époque mérovingienne. Ce nombre s'accrut considérablement par les donations que les laïques firent aux établissements religieux de leurs propres affranchis, c'est-à-dire du patronage possédé par eux sur les anciens esclaves qu'ils avaient libérés ou que leurs ancêtres avaient libérés de la servitude. Les exemples de ces donations abondent dans les diplômes, les testaments et les formules[2].

---

1. Concile de Celchyt, canon 10.

2. 663, don d'une terre à la basilique de Saint-Bénigne de Dijon avec « mancipiis, *libertis*, accolabus. » Pardessus, *Diplomata*, CCLVI, — 647, don par Dagobert d'une villa à la basilique de Saint-Denis, avec « domibus, aedificiis, praediis, mancipiis, colonis, inquilinis, accolabus, *libertis*. » *Ibid.*, CCLXXV. — 687, don d'une terre à un monastère « cum mansis, mansionibus, familiis, *libertis*, mancipiis. »

Ainsi naquirent pour les Églises des droits non seulement sur leurs affranchis directs, mais encore sur les affranchis de nombreux donateurs. Ces droits étaient ceux que la législation romaine aussi bien que les législations barbares conféraient à l'ancien maître sur son ancien esclave et qui se résument dans le mot *patrocinium*.

L'affranchi devait au patron, qui tenait pour lui la place du père, fidélité, respect, déférence, ce que les jurisconsultes latins désignent par les mots *fides, obsequium, officium*. Ce sont des devoirs d'ordre moral ; mais ils se traduisent en obligations positives, comme l'interdiction de plaider contre le patron ou d'intenter contre lui une accusation de crime [1]. Con-

---

Ibid., ccix. — 696, legs à l'église de Vienne de terres et de « servos utriusque sexus mille CCCC, sed et *libertos qui obsequium ibi faciunt.* » *Ibid.*, cccxxix. — Une formule (*Bignonianae*, 19) est relative à la vente d'un domaine à un monastère, avec « mansis, casis, casticiis, mancipiis, *ingenuis* his nominibus. » *Ingenui* est ici le synonyme de *liberti*. — Quelquefois, au contraire, dans les dons ou dans les legs, les *liberti* sont formellement exceptés : 631, don par saint Éloi à un monastère d'un domaine avec esclaves, colons, serfs « ibidem commanentibus…, exceptis libertis meis, quibus per cartulam vel denarium manum misi. » Pardessus, ccliv. — 677, don par l'abbé Leodobold de plusieurs villas au monastère de Saint-Aignan et de Saint-Pierre, « cum domibus, aedificiis, mancipiis, *praeter quos ingenuos relaxero.* » *Ibid.*, ccclviii. Voir encore ccclxiii, ccccvliii. Les affranchis ainsi mis à part ne sont pas cependant toujours dispensés d'un tribut : Irminon, léguant en 698 au monastère d'Epternach des terres et des serfs, et ajoutant : « exceptis hominibus illis quos per epistolas nostras ingenuos relaxavi, » impose à ceux-ci, au nombre de onze, la fourniture d'une livre de cire chacun tous les ans le jour de Noël. *Ibid.*, ccccxlix. Ermenethrude en 700, léguant des terres et des serfs à une église, affranchit, par le même testament, plusieurs serfs, leur laissant « les petits champs, les petites maisons, les petits jardins, les petites vignes » qu'ils occupent, mais imposant à quelques-uns d'entre eux une redevance de cire ou de bois à l'église. *Ibid.*, cccclii,

1. *Digeste*, II, iv, 4. § 1, 3 ; XLIV, iv, 4, §16 ; XLVIII, ii, 8 ; iv, 7, § 2.

sidéré toujours comme tenant la place d'un père, le patron avait d'autres droits encore, qui pouvaient être fort lucratifs : la succession de l'affranchi lui était dévolue, s'il mourait sans héritiers directs[1]. Enfin le patron conservait, à moins de renonciation formelle, un droit sur le travail de son affranchi : droit variable selon les conditions mises à l'affranchissement, soit travail effectif, soit redevances en argent ou en nature : cette obligation de l'affranchi était traduite juridiquement par le mot *operae*[2].

On voit que, au moins dans la règle commune, le don de la liberté ne rompait pas tout lien entre le patron et l'affranchi, si favorables que, dans le dernier état du droit, les lois romaines se soient montrées pour celui-ci.

A plus forte raison en était-il ainsi dans la législation ou dans la coutume de la plupart des nations barbares, chez qui dominait la tradition germanique définie par ce mot de Tacite : « Les affranchis n'y sont pas beaucoup au-dessus des esclaves[3]. » L'affranchi continuait à faire partie de la *familia* du maître; il lui devait l'*obsequium;* en cas d'ingratitude, il redevenait esclave[4]; s'il mourait sans enfants, le maître héritait de son bien[5]; enfin, il

---

1. Sur les variations et la complication des lois romaines en cette matière, voir Lemonnier, *Etude historique sur la condition privée des affranchis aux trois premiers siècles de l'Empire romain*, 1887, p. 116-119.
2. *Ibid.*, p. 119-126.
3. « Libertini non multum supra servos sunt. » Tacite, *De mor. Germ.*, 25.
4. *Lex Burgundionum*, XL, 1; *Lex Wisigothorum*, V, 7, 9, 10.
5. *Lex Langobardorum*, 224, 225.

devait des *operae*, qui étaient les travaux ou redevances, généralement assez légers, dont l'acte d'affranchissement fixait l'importance et la nature [1].

En tout ceci, à part quelques détails, la condition de l'affranchi du droit barbare diffère peu de la condition de l'affranchi du droit romain : dans les grandes lignes, elles paraissent à peu près semblables. Entre l'une et l'autre existaient, cependant, quelques différences.

Cela paraît surtout en ce qui concerne le mariage et les enfants. Dans le dernier état du droit romain, tel qu'il résulte des lois promulguées ou publiées par Justinien, à une époque très voisine de celle où se codifièrent les législations barbares [2], les mariages entre affranchis et ingénus, permis auparavant avec certaines restrictions, sont devenus absolument libres, si éminente même que puisse être la naissance ou la dignité de l'un des époux, et n'entraînent pour l'ingénu ou pour ses enfants aucune déchéance [3]. Il en est autrement dans la société barbare. Tandis que Justinien, selon son expression, « avait à cœur de remplir sa République de plus d'ingénus que

---

1. Voir Pardessus, *Diplomata*, ccxxx, cccxxxi, ccccxlix, ccccclix, dlix; *Formulae Marculfi*, II, 17, 34. Pour que l'affranchi soit dispensé de tout *libertinitatis officium* ou *munus*, l'acte d'affranchissement doit le dire; Marculfe, II, 32; *Appendix Marculfi*, 8, 13; *Formulae Sirmondicae*, 12.

2. Le *Code Justinien* n'eut aucune influence sur celles mêmes des législations barbares dont la rédaction lui est postérieure : les Barbares n'ont connu et utilisé, en fait de loi romaine, que le *Code Théodosien*, d'une centaine d'années antérieur au *Code Justinien*, et c'est par celui-là que furent régis leurs sujets indigènes.

3. *Code Justinien*, V, iv, 23, 28 (534).

d'affranchis [1], » les lois barbares maintiennent rigoureusement dans leur état les affranchis, et y font même tomber les ingénus qui se sont unis à eux par le mariage. La femme libre qui épouse un affranchi deviendra affranchie comme son mari [2]. « Si un affranchi de l'Église, ou un affranchi romain [3], ou un affranchi du roi, épouse une Ripuaire ingénue, ou si une affranchie romaine, une affranchie du roi, une affranchie de l'Église, épouse un ingénu Ripuaire, leurs enfants suivront la condition pire [4], » c'est-à-dire la condition de celui des deux parents qui était affranchi.

L'hérédité de la condition d'affranchi, qui est très marquée dans le droit barbare, est-elle aussi parmi les différences existant entre les deux législations ? Il semble, à première vue, que, quand mourait l'affranchi du droit romain, ses obligations envers le patron s'éteignaient avec lui. Elles ne passaient pas à ses enfants. Ceux-ci s'appartenaient tout entiers.

---

1. « Nobis cordi est ingenuis magis hominibus quam libertis nostram Rempublicam frequentari. » *Code Justinien*, VI, IV, 3.

2. *Lex Wisigothorum*, III, 2.

3. « Romain » ici doit s'entendre dans le sens d'affranchi selon les modes romains, et non dans le sens ethnique ; voir Fustel de Coulanges : « De ceux qu'on appelait hommes romains, » dans *Hist. des institutions politiques de l'ancienne France*, p. 486-502. Julien Havet a critiqué (*Revue historique*, juillet 1876, p. 120 ; octobre 1876, p. 460) l'interprétation trop absolue ou trop exclusive, par Fustel de Coulanges, du mot *Romanus homo*. Mais, quelle que soit la valeur de ses critiques, il est certain que, dans le texte que nous citons, cette expression doit s'entendre non pas d'un homme libre de nationalité romaine, mais d'un affranchi selon les modes romains.

4. *Lex Ripuariorum*, LVIII, 11 : « Si autem ecclesiasticus, romanus vel regius homo ingenuam Ripuariam acceperit, aut si romana, vel regia, vel tabularia ingenuum Ripuarium in matrimonium acceperit, generatio eorum semper ad inferiora declinetur. »

Le *libertino patre natus*, selon l'expression d'Horace,
paraît l'égal des autres hommes libres. Cependant
on peut signaler, même dans les lois romaines, des
traces d'une sorte de transmission héréditaire de la
qualité d'affranchi et de la sujétion qu'elle entraînait. Fustel de Coulanges en reconnaît une dans la
disposition légale rapportée par Ulpien, qui attribue
en certains cas au patron ou à ses fils la succession
d'un descendant d'affranchi, si ce descendant est
mort sans enfants [1]. J'en vois une autre, peut-être
encore plus marquée, dans un édit de 426, interdisant aux fils d'affranchi enrôlés dans la milice pala-
tine d'aspirer au grade de *protector*, « de peur qu'une
situation plus haute ne les éloigne du respect dû par
eux au patron et à ses héritiers, » et déclarant
« qu'en cas d'ingratitude envers ceux-ci ils redes-
cendront à la condition d'esclaves [2]. » Celle d'affranchi se transmettait donc, puisque nous voyons ici les
fils d'affranchi tenus à l'*obsequium* envers le patron,
et, en cas d'ingratitude, punissables, comme l'était
leur père, par la perte de la liberté. Fustel, et après
lui Lécrivain [3], admettent qu'à l'époque du Bas-

----

1. Ulpien, II : « Post consanguineos praetor vocat cognatos, si qui
decessit non fuit stirpis libertinae. » Cf. Fustel de Coulanges, *Hist.
des inst. politiques de l'ancienne France*, p. 212.

2. « ... Sane hanc distinctionem volumus custodiri, ut ex manu-
missis nati ad locum usque proximum protectoris (licitum nullatenus), adire mereantur, ita ut patronis patronorumque heredibus
reverentiae privilegia conserventur. Nam si militantes etiam doce-
buntur ingrati, ad servitutis] nexum procul dubio reducentur. »
Code Théodosien, IV, x, 3. Le titre dans lequel est insérée cette
constitution de Théodose II et de Valentinien III s'appelle : *De
libertis et eorum liberis*.

3. Fustel de Coulanges, *Hist. des inst. politiques de l'ancienne*

Empire, où toutes les classes sont rigoureusement séparées, comme elles le seront en droit barbare, la condition d'affranchi devint peu à peu héréditaire, sans qu'une loi formelle (au moins à nous connue) établisse cette hérédité : l'édit que je viens de commenter s'exprime comme si cette loi eût existé, et suppose au moins une coutume assez bien établie pour en tenir lieu.

La condition des affranchis de l'Église, des *homines ecclesiastici,* ne diffère de celle des autres qu'en ce que leur wergeld est égal à celui des affranchis royaux, ce qui est pour leur personne une sécurité très efficace[1]. En tout le reste, leur condition est conforme aux dispositions générales du droit barbare et même, sauf exception, du droit romain.

L'exception, on l'a vu, a trait au mariage. Formulée impérativement par la loi, la disposition des Codes barbares qui interdit aux affranchis les mariages inégaux s'applique à tous, affranchis royaux, affranchis des particuliers, affranchis de l'Église[2]. Celle-ci, en rappelant par ses canons le

France, p. 211-212; Lécrivain, art. *Libertus*, dans *Dict. des antiquités*, 30ᵉ fascicule, p. 1219.

1. La loi des Ripuaires fixe à deux cents *solidi* le wergeld des ingénus et des affranchis par le denier, qui leur sont assimilés, à cent *solidi* celui des *homines regii*, à la même somme celui des *homines ecclesiastici*, à trente-six *solidi* celui des esclaves ou des affranchis ordinaires (*tributarii* ou *liti*). Le meurtre d'une femme Ripuaire à l'âge d'enfanter (« usque ad quadragesimum annum ») est puni de six cents *solidi*, et celui d'une *femina regia* ou *ecclesiastica* de même situation est estimé à trois cents *solidi;* par une singulière contradiction, celui d'une *puella Ripuaria* et celui d'une *puella regia* ou *ecclesiastica* ont le même wergeld, deux cents *solidi*. Voir *Lex Ripuariorum*, VII, IX, X, XII, XIV, LXII.

2. La loi des Wisigoths, V, 1, § 7, en disant : « Ne hi qui, retento

droit de patronage qui lui appartient sur les descendants de tous ses affranchis, quelle que soit la condition du père ou de la mère, ne fait que se conformer à la législation civile, dont il lui eût été bien difficile de s'écarter en un point qui touche de si près à la condition des personnes et à l'ordre politique. Cependant on remarquera que les conciles francs n'en parlent pas : dans les seuls conciles de l'Espagne wisigothique, ou plutôt dans un seul de ceux-ci, il en est question. Nous lisons dans le treizième canon du neuvième concile de Tolède que les affranchis de l'Église ne doivent, ni eux ni leurs descendants, se marier avec des Romains ou des Goths de naissance libre, et dans le quatorzième canon, que si ces mariages inégaux ont lieu, les descendants sont tenus à l'*obsequium* vis-à-vis de l'Église, c'est-à-dire ont envers elle les devoirs des affranchis.

Les autres canons conciliaires ou les articles de loi dans lesquels il est parlé soit du retour à la servitude pour le cas d'ingratitude d'un affranchi de l'Église [1],

Ecclesiae obsequio, manumittuntur, ingenuarum personarum audeant adire conjugium, » suit le même principe que la loi des Ripuaires (LVIII, 1), disant de tous les affranchis : « Si autem ecclesiasticus, romanus vel regius homo ingenuam Ripuariam acceperit, aut si romana vel regia seu tabularia ingenuum Ripuarium in matrimonium acceperit, generatio eorum semper ad inferiora declinetur. »

1. « Talium enim status qui contra episcopum suum vel patronam ecclesiam nituntur decidi potius quam conservari convenit : ut quorum libertas perniciosa est, sit salutifera servitus, et qui superbire noverunt adepta libertate praediti, discant obedire subjecti. » Concile de Séville II (619), canon 8. — « Liberti Ecclesiae qui a patrocinio ejus discedentes, quibuslibet personis adhaeserunt, si admoniti redire contempserint, manumissio eorum irrita sit, quia per inobedientiae contemptum actione ingrati tenentur. » Concile de Tolède IV (633), canon 71 ; cf. canon 68.

soit de la succession de l'affranchi ecclésiastique
dévolue à l'Église s'il mourait sans enfants [1], soit de
son wergeld dont elle profitait dans le même cas [2],
soit de l'hérédité de la condition d'affranchi [3], n'éta-
blissent pas une réglementation particulière aux
affranchis ecclésiastiques : ils rappellent des principes généraux du droit romain, communs à la
législation du Haut et du Bas Empire, et applicables
aux affranchis des laïques aussi bien qu'à ceux de
l'Église. Même quand ils supposent la transmission
héréditaire de l'état d'affranchi, ils restent confor-
mes, nous l'avons vu, aussi bien au droit romain
qu'au droit barbare. Il semble, d'ailleurs, résulter
d'un canon synodal que, au moins à partir du milieu
du viiie siècle, cet état ne se transmettait pas indéfi-
niment, et cessait après la troisième génération [4].

Par exception, certains affranchis échappaient aux
obligations résultant du patronat. C'étaient ceux qui
avaient été affranchis devant le roi, par le mode barbare du jet du denier, et que l'on appelait *denariales*.
Ils ne devenaient pas les égaux des libres de naissance, car les lois barbares contiennent des marques
de leur infériorité, qui paraît avoir duré aussi jus-

---

1. « Tabularius qui absque liberis decesserit, nullum alium quam
Ecclesiam relinquat heredem. » *Lex Ripuariorum*, LVIII, 4.

2. « Qui ad Ecclesiam dimissi sunt liberi, si occidantur, LXXX
solidis solvatur Ecclesiae vel filiis ejus. » *Lex Alamannorum*, XVII.

3. Concile de Tolède IV, canon 70; concile de Tolède IX, canon 15.

4. « Libertus et liberta in nullis negotiis contra quemquam testimonium dicere permittantur... Qui vero ex eisdem fuerint progeniti,
ad testimonium a tertia generatione admittantur. » Canons de saint
Boniface, 15.

qu'à la troisième génération[1]. Mais ils se distinguaient de tous les autres affranchis en ce que ni eux ni leurs descendants ne devaient à un patron l'*obsequium* et les *operae*. S'appartenant complètement, ils avaient le même wergeld que les hommes de naissance libre[2]. On pouvait faire encore des affranchis de cette sorte par un mode plus simple, sans le jet du denier et sans la présence royale; il suffisait de déclarer dans l'acte d'affranchissement, ou par une simple lettre, que l'on dispensait l'affranchi et sa postérité de tout devoir envers le patron, « qu'on lui ouvrait toutes les portes, » et qu'on le faisait citoyen romain[3] : expression toute conventionnelle, qui désignait le genre d'affranchissement, mais n'avait aucun rapport ni avec le droit de cité, ni même avec la nationalité proprement dite.

On a prétendu que les Églises ne pouvaient conférer à leurs esclaves cette pleine liberté, et renoncer à tout droit de patronage sur eux ou leurs descen-

---

1. Comparer le canon de saint Boniface, cité à la note précédente, avec cet article ajouté à la *Lex Ripuariorum*, LVII, LXIV, et avec cet article semblable de la *Lex Langobardorum*, II, xxxiv, 11 : « Homo denarialis non antea hereditare in suam agnitionem poterit usque ad tertiam generationem. Homo chartularius similiter. » Dans le langage du temps, « hereditare » veut dire « constituer un héritier, » dans l'espèce choisir un héritier dans sa famille, si l'on meurt sans descendants.

2. *Lex Ripuariorum*, LXII, 2.

3. Le patron perdait alors si bien tout droit sur l'affranchi, qu'au cas où celui-ci mourait sans enfants, c'était le fisc, et non l'ancien maître, qui héritait: « Si quis servum suum libertum fecerit et civem romanum, portasque apertas conscripserit, si sine liberis decesserit, non alium nisi fiscum nostrum habeat heredem. » *Lex Ripuariorum*, LXI, 1. Il en est de même pour le *denarialis* : « Si homo denariatus absque liberis discesserit, non alium nisi fiscum nostrum habeat heredem. » *Ibid.*, 4. Cf. *Lex Langobardorum*, CCXXIV.

dants. Cela n'est pas exact. « Les Eglises, dit Fustel
de Coulanges, pouvaient user à l'égard de leurs serfs
de tous les modes d'affranchissement. Quelquefois
elles faisaient d'eux des *denariales* ou des *cives romani;* le plus souvent, comme les autres maîtres,
elles gardaient le patronage sur eux[1]. » La loi des
Ripuaires n'a pas défendu, comme l'ont cru quelques
érudits, d'affranchir par le denier un esclave de
l'Église : le texte où l'on a cru voir cette défense s'applique à un tout autre cas[2]. Les propriétaires ecclésiastiques ou, pour parler plus exactement, les administrateurs des biens ecclésiastiques pouvaient
conférer, en affranchissant, la pleine liberté, c'est-à-
dire l'exemption de l'*obsequium* et des *operae* dus à
l'Église comme patronne : mais alors, pour ne pas
amoindrir le patrimoine de celle-ci, ils devront remplacer par quelque libéralité les services qu'elle
aurait reçus. Saint Remi, en octroyant par testament
la pleine indépendance, *libertas plenissima,* au serf
ou affranchi de l'Église, Albovic, *Albovichus ecclesiasticus homo,* donne en compensation une vigne,

---

1. Fustel de Coulanges, *L'Alleu et le domaine rural,* p. 345.
2. La loi vient de prévoir le cas où soit un Franc Ripuaire, c'est-à-
dire un homme libre, soit un *tabularius,* c'est-à-dire un affranchi
ecclésiastique, voudrait donner la liberté à son propre esclave, en
se servant des formes de la loi romaine, « secundum legem romanam. » Elle ordonne que les affranchissements de ce genre se feront
dans l'église, et détermine les droits qui appartiendront à celle-ci sur
les affranchis. Puis elle interdit à un *tabularius* d'user du mode du
denier, dont seul l'homme d'origine libre peut se servir; il serait il-
logique, en effet, que le *tabularius,* qui ne jouit que d'une liberté
limitée par le patronat, pût donner la pleine liberté, que lui-même
ne possède pas : « Ut nullus tabularius denarium ante Regem praesumat jactare. » *Lex Ripuariorum,* LVIII, 1.

avec le vigneron Melanius qui la cultive, lui-même esclave ou affranchi [1]. Le cas d'un évêque affranchissant, contre compensation, un esclave de l'Église sans laisser à celle-ci le *patrocinium* est prévu et autorisé par le quatrième concile de Tolède [2]. Mais il semble bien qu'en France la compensation n'était pas obligatoire, car une formule de Marculfe est relative à un *vir apostolicus,* c'est-à-dire un évêque ou un abbé, qui fait d'un serf un *denarialis,* renonçant par conséquent sur lui à tout patronage, et il n'est point dit qu'il le remplace par la jouissance d'une terre ou les services d'un autre homme [3].

Du reste, à moins de circonstances exceptionnelles, l'affranchi ecclésiastique eût presque toujours trouvé plus d'inconvénients que d'avantages à être dispensé du *patrocinium* de l'Église. Celui-ci entraînait pour elle des obligations, qui tournaient au grand profit de l'ancien esclave. Dans une sujétion apparente il rencontrait des garanties qu'une indépendance complète ne lui eût probablement pas données. Il devait, en règle générale, continuer à demeurer sur le domaine de « la patronne qui ne meurt pas [4]. » Cette obligation s'étendait à ses fils [5]. Mais sur ce domaine lui était offerte une sécurité qu'il n'aurait pas eue ailleurs.

---

1. Flodoard, *Hist. eccl. Rem.,* I, 18.
2. Concile de Tolède IV (633), canon 68. La compensation fixée par le concile est de deux esclaves.
3. *Formulae Marculfi,* I, 22.
4. « Numquam moritur eorum patrona. » Concile de Tolède IV (633), canon 10.
5. Concile de Tolède VI (638), canon 10.

Il participait au privilège de l'immunité[1]. L'Église était pour lui une protectrice, qui le défendait à la fois par intérêt et par devoir contre toute vexation du dehors, se servant pour cela de l'influence que lui donnait sa situation de grand propriétaire, et au besoin des armes spirituelles[2]. Dans le langage des lois, des conciles, des formules, des testaments, *patrocinium* et *defensio* sont des mots synonymes[3].

Si efficace et, dans ces temps troublés, si nécessaire paraissait à tous cette protection de l'Église, qu'un grand nombre de propriétaires, mus par une pensée de bienfaisance envers leurs propres affranchis, la sollicitaient pour ceux-ci, comme devant être la meilleure et peut-être la seule sauvegarde de la liberté dont ils les avaient gratifiés. En leur donnant ou en leur léguant cette liberté, on remettait alors leur patronage et leur défense, *patrocinium* et *defensionem*, à telle église ou, comme on disait souvent, à tel saint[4]. Cette « recommandation » faisait d'eux les hommes de l'Église, *homines ecclesiastici*, au même titre que ses propres affranchis. Ils étaient par là assurés de sa protection[5] non seulement pour

1. Voir plus haut, p. 96.

2. Cf. canons de saint Boniface, 7 : « Si quis vero judicum vel actorum clericum aut servum clericilem Ecclesiae in publicis vel privatis negotiis voluerit occupare, ab Ecclesia cui impedimentum facit efficiatur extraneus. »

3. « Non ad affligendum, sed ad se defensandum, » dit une formule. *Bignonianae*, 1.

4. « Istos liberos et liberas nostras... tibi, sancte Martine, defensandos commendamus. » *Testamentum Aredii*, dans Pardessus, CLXXX.

5. Concile d'Orange (441), canon 7; concile de Tolède III (589), canon 6; concile de Tolède IV (633), canon 72.

leurs personnes, mais pour leurs biens[1]. Soustraits aux juges civils, ils devenaient justiciables du seul tribunal de l'évêque[2]. Devaient-ils à l'Église qui avait accepté leur tutelle des services d'affranchi? Cela dépendait probablement des termes dans lesquels la recommandation avait été faite. On recommandait quelquefois à l'Église des affranchis pour lesquels on avait renoncé soi-même à tout droit de patronage en les faisant *cives romani* ou *denariales,* et pour lesquels on demandait cependant la protection ecclésiastique[3] : ceux-ci, certainement, n'étaient redevables à l'Église d'aucun cens et d'aucun travail. Mais tous évidemment lui devaient le respect et la soumission, *obsequium*[4] : peut-être devaient-ils même dans tous les cas reconnaître sa protection par un léger tribut[5].

1. « Liberti a quibuscumque manumissi sunt, atque patrocinio Ecclesiae commendati sunt, sicut regulae Patrum constituerunt, sacerdotali defensione a cujuslibet insolentia protegantur sive in statu libertatis eorum, seu in peculio quod habere noscuntur. » Concile de Tolède IV, canon 72.

2. *Lex Ripuariorum*, LVIII, 1.

3. « Libertis meis quibus per cartulam vel denarium manum misi, ut in ingenuitate integra maneant et vestram tuitionem vel deffensionem in omnibus habeant. » *Testamentum Eligii* (631), dans Pardessus, CCLIV; *Vita S. Eligii*, dans *Mon. Germ. hist., Script. rer. merov.*, t. IV, p. 747.

4. Charte d'affranchissement de cent soixante-quinze serfs par saint Cybard, avec octroi de la pleine liberté (558) : « ..... Ecclesiae tuitione se habere cognoscant et obsequium habere non renuant. » Nanglard, *Cartulaire de l'Eglise d'Angoulême*, 1899, n° 125, p. 140; J. de La Martinière, *Saint Cybard*, 1908, p. 6. L'authenticité de cette charte est défendue par M. de La Martinière contre les objections de M. Esmein : ouvrage cité, p. 7-67. « Cette pièce a été récrite, mais d'après une charte authentique, » dit M. Lesne, *Hist. de la propriété ecclésiastique*, t. I, p. 240, note 2.

5. Concile de Paris III (vers 557), canon 9. La charte de saint Cybard, citée à la note précédente, oblige ses affranchis à donner

Mais la clientèle d'affranchis que l'Église avait le droit de protéger ne se bornait pas aux esclaves libérés par elle ou à ceux qui lui avaient été recommandés : cette clientèle était grossie de tous ceux qui, suivant l'un des modes les plus répandus, avaient été affranchis dans l'Église, en présence de l'évêque ou des prêtres, *in ecclesia manumissi*[1]. Les conciles voient dans le choix de ce mode d'affranchissement une recommandation tacite, qui oblige l'Église à défendre la liberté des affranchis contre quiconque essaierait de les ramener en servitude, d'usurper sur eux des droits de patronage, ou même de les faire colons malgré eux[2]. Comme les juges civils sont souvent mal disposés pour les esclaves affranchis devant l'Église ou pour ceux qui lui sont recommandés, c'est devant le tribunal de l'évêque, ou devant un tribunal mixte composé d'un représentant de l'évêque et d'un représentant du pouvoir civil, que doivent être portés les procès qui les concernent[3]. Cette garantie leur est assurée non seulement par les conciles, mais encore par les lois

---

chacun une livre de cire à l'église d'Angoulême, le jour de la fête de la Chaire de saint Pierre.

1. *Code Théodosien*, IV, vii, 1.

2. « In ecclesia manumissos, vel per testamentum ecclesiae commendatos, si quis in servitutem vel obsequium vel ad colonariam conditionem imprimere tentaverit, animadversione ecclesiae coerceatur. » Concile d'Orange IV, canon 7. — Voir encore concile d'Orléans IV (541), canon 7; concile de Mâcon II (585), canon 7; concile de Tolède III (589), canon 6.

3. « De miseris libertis.... qui ideo plus a judicibus affliguntur quia sacris sunt commendati ecclesiis, ut quas se quispiam dixerit contra eos actiones habere non audeat eas magistratui cumtradere, sed in episcopi tantum judicio. » Concile de Mâcon II, canon 7.

civiles[1]. Ajoutons que les affranchis *in ecclesia* sont protégés par un wergeld presque aussi élevé que celui des *homines regii* et des *homines ecclesiastici*[2].

Si grand était à cette époque le besoin de protection, que parfois, en donnant la liberté pleine et entière, c'est-à-dire en dispensant des obligations du patronage, le donateur ou testateur laissait, cependant, à l'affranchi le droit, s'il le désirait, de se choisir lui-même un patron, « de rechercher la défense ou le mundeburd de l'Église ou de quelqué homme de bien, partout où il voudra[3]. » Comme le patron le plus puissant, le plus durable, le plus à l'abri des coups du sort et des violences des princes, était l'Église, c'est vers celle-ci que se tournaient le plus souvent ceux qui, se sentant incapables de défendre seuls leur liberté, cherchaient un protecteur.

L'Église avait même assumé d'office la charge de protecteur de tous les faibles. Non seulement elle s'efforçait de défendre contre tous la liberté de ses propres affranchis, mais encore elle déclara plusieurs fois dans ses conciles prendre la défense des affranchis de toute espèce et de toute origine, de ceux-là mêmes qui n'avaient aucun lien avec elle. C'est ce que disent le second concile d'Arles (452), le concile

---

1. « ..... Non aliubi, nisi ad Ecclesiam ubi relaxati sunt, mallum teneant. » *Lex Ripuariorum*, LVIII, 1. — « Quod si causam inter personam publicam et homines Ecclesiae steterit, pariter ab utraque parte praepositi ecclesiarum et judex publicus in audientia publica positi ea debeant judicare. » *Edictum Chlotarii*, 5.

2. « Liberti qui ad ecclesiam dimissi sunt liberi, vel per chartam acceperint, si occidantur, LXXX solidis solvantur Ecclesiae, vel filiis ejus. » *Lex Alamannorum*, XVII.

3. *Formulae Arvernae*, 3; *Formulae Marculfi*, I, 32.

d'Agde de 506, le concile de Paris de 614. Ils font à l'Église un devoir de défendre « les esclaves légalement affranchis par leurs maîtres[1], » « les « esclaves affranchis par testament[2], » les « affranchis de n'importe quel ingénu[3], » c'est-à-dire tous les affranchis sans distinction, ceux-là mêmes par conséquent qui n'étaient ni de près ni de loin des *homines ecclesiastici.*

A tous ceux-là aussi appartient le bénéfice de la compétence juridique de l'évêque. Ils ont la garantie de l'*audientia episcopalis.* Les conciles la réclament pour eux, et la loi civile la leur accorde. L'édit de Clotaire II, qui est de la même année que le concile de Paris, établit cette règle en termes presque textuellement empruntés à celui-ci : « *Les affranchis de n'importe quel ingénu doivent être défendus par les évêques, conformément à la teneur de leur charte d'affranchissement, et ils ne peuvent être jugés ni réclamés sans la présence de l'évêque ou d'un représentant de l'Église*[4]. »

---

1. « Libertos legitime a dominis suis factos. » Concile d'Agde, canon 29.

2. « Si quis per testamentum manumissum... » Concile d'Arles II, canon 33.

3. « Liberti quorumcumque ingenuorum. » Concile de Paris, canon 5.

4. « Libertos cujuscumque ingenuorum a sacerdotibus juxta textus chartarum ingenuitatis suae defensandos, nec absque praesentia episcopi aut praepositi ecclesiae judicandos vel in publicum evocandos. » *Edictum Chlotarii*, 7. — « Juxta textus chartarum ingenuitatis suae » veut dire « conformément aux conditions énoncées dans l'acte d'affranchissement. » Voir les textes cités par Fustel de Coulanges, *L'Alleu*, p. 335. Ce sens me paraît préférable à celui qu'indique Lesne, *Hist. de la propriété ecclésiastique*, t. I, p. 242, note 3.

Je crois avoir clairement montré que la condition des affranchis de l'Église n'était pas plus dure que celle des affranchis des laïques, qu'elle était réglée non par une législation spéciale, mais par le droit commun, et que s'il y avait une différence, c'est que les affranchis de l'Église jouissaient d'une protection plus forte et d'une sécurité plus grande. La charité de l'Église finit par étendre ces avantages à tous les affranchis sans distinction. Il me paraît difficile non seulement d'incriminer, comme on l'a fait faute de la connaître ou de la comprendre, mais encore de ne pas trouver très belle sa conduite à l'égard des affranchis.

LIVRE II

ÉPOQUE CAROLINGIENNE

CHAPITRE PREMIER

Époque carolingienne. — La législation des bénéfices. — La charte de 806. — Le capitulaire de Villis.

Résumons en quelques mots les faits établis dans la première partie de cette étude.

Au milieu du IVe siècle, la loi distingue entre les esclaves attachés au service personnel du maître, qui conservent le caractère de meubles, et peuvent être déplacés, donnés, vendus arbitrairement, et les esclaves attachés à la culture de la terre. Ceux-ci deviennent des immeubles par destination, ne peuvent être vendus sans la terre à laquelle ils sont incorporés, et acquièrent ainsi une stabilité favorable à la jouissance des droits de famille, et, d'une manière générale, à l'exercice de tous les droits inhérents à la personne humaine. Bien que la législation romaine n'ait pas de terme pour désigner cet état intermédiaire et que les mots *servus* et *mancipium* s'emploient indifféremment pour l'esclave personnel et pour le serf de la glèbe, cependant la condition de l'un et de l'autre diffère par des caractères essentiels. Aussi donnons-nous à ce nouvel état le nom de servage, par opposition à l'esclavage proprement dit, dont il se sépare très nettement.

A l'époque des invasions, cette distinction du droit romain s'efface : il n'en est plus trace dans les législations barbares : l'une d'elles, même, l'abroge expressément. Un recul immense, et peut-être irréparable, se produirait ainsi dans la condition d'une partie très considérable de la population servile, si, à ce moment même, ne se constituait, dans de vastes proportions, la propriété ecclésiastique.

Celle-ci repose sur un double principe : le droit romain, qui continue à régir les intérêts temporels de l'Église ; l'inaliénabilité des biens possédés par elle. Aussi, sur les terres des évêchés et des monastères, la situation des serfs attachés à la culture demeure-t-elle aussi stable qu'avant les invasions. En vertu du droit romain, ils ne peuvent être aliénés sans la terre ; en vertu du droit canonique, ils sont tout à fait inaliénables, puisque ni les terres ecclésiastiques ni les hommes appartenant à l'Église ne peuvent être donnés ou vendus. Comme, pendant la période barbare, entre le vi[e] et le ixe siècle, l'Église a reçu de la munificence des princes et de la piété des fidèles de très vastes domaines, la population servile qui les habite se trouve soustraite à l'instabilité établie partout ailleurs par les lois ou par les coutumes barbares, et continue à jouir d'une situation exceptionnelle, résultant du droit romain du ive siècle, resté en vigueur pour elle, et du droit canonique qui, à partir du vi^e siècle, soustrait à toute mutation le domaine ecclésiastique.

Il nous reste à montrer comment, à l'époque carolingienne, cette situation a cessé d'être le privilège exclusif des serfs de l'Église. La distinction instituée par le droit romain en faveur des esclaves attachés à la culture se rétablit peu à peu sur les terres des laïques. On vit même la situation des serfs de la glèbe s'améliorer parfois au point de se confondre presque avec celle des colons libres. La différence s'atténue jusqu'à devenir insensible, ou ne se marquer plus que par des nuances : une sorte de nivellement s'établit entre toutes les classes de cultivateurs, ne laissant guère subsister entre elles que des différences nominales. A ce résultat concourent à la fois le rétablissement de l'ordre sous Charlemagne, et le relâchement des ressorts sociaux qui se fit sous ses successeurs.

I

Je n'ai pas à rechercher si Charlemagne fut vraiment le génie universel que nous montre l'histoire traditionnelle [1], ou si l'on doit voir en lui, comme le

---

1. Voir dans ce sens un éloquent chapitre de Kurth, *Les origines de la civilisation moderne*, 6e éd., 1911, t. II, p. 220-299.

veulent quelques érudits modernes, moins un homme de facultés extraordinaires qu'un infatigable et consciencieux travailleur [1]. Dans tous les cas, on doit reconnaître en Charlemagne un vrai souverain, le premier souverain que le monde occidental ait eu depuis la chute de l'Empire romain. Et l'on peut dire qu'il a vraiment restauré cet Empire, si l'on prend ce mot comme synonyme de puissance, de règle et de justice. Son activité a touché à tout, sans rien brouiller; il a remis l'ordre dans ce qui était avant lui devenu le chaos; il a fortifié dans la mesure du possible le pouvoir central, sans heurter violemment les tendances d'une société que plusieurs siècles d'anarchie avaient complètement décentralisée.

Pour ne point nous écarter du sujet de cette étude, je dirai tout de suite que la population servile a profité plus peut-être que toute autre des réformes du grand empereur. Non que, dans ces réformes, il l'ait eue particulièrement en vue : on chercherait vainement, dans le recueil des Capitulaires [2], un article qui la vise d'une manière directe, et témoigne

1. Voir Kroell, *L'immunité franque*, p. 253. Mais il renvoie ici à Kleinclausz (*L'Empire carolingien, ses origines et ses transformations*, 1902, p. 212 et suiv.), qui me paraît se faire de Charlemagne une beaucoup plus grande idée. L'ouvrage de Kleinclausz serait tout à fait remarquable, s'il était plus complet, mais le savant professeur, qui traite d'une manière supérieure la partie politique de son sujet, en néglige le côté social, et ne dit à peu près rien de la situation économique et de la condition des travailleurs à l'époque de Charlemagne, ce que nous avons précisément à étudier ici.

2. Sur la différence à peu près nulle des Capitulaires et des lois, voir Fustel de Coulanges, *Les transformations de la royauté à l'époque carolingienne*, 1907, p. 456-458.

de quelque désir d'améliorer ou d'élever sa condition [1]. Bien que plusieurs de ses décisions montrent une véritable sollicitude pour les pauvres gens [2], et que les contemporains s'accordent à louer sa bonté [3], Charlemagne n'avait rien d'un philanthrope : ce serait faire un double anachronisme que de lui prêter les sentiments charitables d'un Père de l'Église ou les préoccupations sociales d'un moderne : il cherchait avant tout à bien gouverner. Mais de même qu'elle avait souffert du désordre introduit dans les lois et dans les mœurs par la domination des Barbares, de même la classe servile devait gagner à tout recul de la barbarie. En se renouant peu à peu, la tradition romaine, naguère brusquement rompue, tournait à son profit. Particulièrement tout ce qui rétablissait l'ordre et la discipline dans la propriété foncière lui devenait favorable. La minutieuse réglementation des bénéfices par la législation carolingienne fut pour les esclaves et les serfs résidant sur les domaines de cette nature le principe d'un très grand progrès.

L'institution des bénéfices est bien antérieure à Charlemagne ; mais ils ne semblent pas avoir été,

---

1. L'article 19 d'un Capitulaire de 779, qui réglemente les ventes d'esclaves, et défend de les vendre hors de la frontière du royaume, ne fait que reproduire une décision conciliaire (concile de Chalon-sur-Saône, entre 644 et 650, canon 9) et une loi des temps mérovingiens ; voir plus haut, p. 41.

2. 3e Capitulaire de 789, 17 ; 1er Cap. de 802, 29, 30 ; 2e Cap. de 805, 16 ; 4e Cap. de 805, 13 ; 3e Cap. de 810, 3 ; 3e Cap. de 811, 2, 3, 5. Baluze, *Cap. regum Franc.*, t. I, p. 243, 374, 427, 476, 485 ; Boretius, *Cap. reg. Franc.*, p. 63, 98, 125, 155, 165.

3. Voir les textes cités par Kleinclausz, p. 236.

avant lui, l'objet d'une législation précise : au moins n'en trouvons-nous de trace ni dans la loi Salique, ni dans la loi des Ripuaires, ni dans la loi des Burgondes. Leur caractère, au temps des rois de la première race, était, selon toute apparence, déterminé par la coutume plutôt que par la loi. Les biens se divisaient dès lors en deux classes : les alleux et les bénéfices [1]. Les premiers étaient possédés en vertu d'une acquisition ou à titre héréditaire [2], soit par des Romains, soit par des Barbares, dans les conditions de la pleine et libre propriété. Les seconds étaient des portions détachées du domaine royal ou de quelque grand domaine appartenant à un seigneur laïque ou ecclésiastique [3], que le roi ou le pro-

1. A l'origine, une terre ne s'appelait pas « un alleu » ou « un bénéfice, » mais on possédait « par alleu » celles dont on avait la propriété héréditaire et complète, « en bénéfice » celles qu'on avait reçues par concession temporaire ou viagère. L'usage s'établit vers le viii° siècle d'appeler, pour la commodité du langage, « bénéfice » la terre possédée bénéficiairement : « *beneficia* quae *in beneficio* habemus, » dit un texte de cette époque publié par Pardessus, *Diplom.*, t. I, p. 477. L'article 10 du 2° Capitulaire de 802 est intitulé : *De illis hominibus qui nostra beneficia habent destructa et alodes eorum restauratas.* Baluze, t. I, p. 376; Boretius, p. 101.

2. Les lois barbares et les formules de l'époque mérovingienne emploient indifféremment, et souvent dans le même paragraphe, les mots *alodis* et *hereditas.* Voir les textes cités par Fustel de Coulanges, *L'Alleu et le domaine rural*, p. 150-155. Il en est de même dans les documents carolingiens : par exemple la *Charta divisionis regni Francorum*, année 806, c. 9.

3. Il semble que ce soit l'Église qui ait la première donné des terres en bénéfice. L'inaliénabilité des biens ecclésiastiques ne s'y opposait pas, puisque la constitution d'un bénéfice n'équivalait pas à une donation, et ne représentait qu'une jouissance d'usufruit. C'était même le seul moyen pour les propriétaires ecclésiastiques d'accorder des récompenses ou de faire des largesses, puisque toute donation leur était interdite. Les allusions aux bénéfices faites par la loi des Bavarois (I, I, 1) et par celle des Alemans (II, 1) ne parlent que de terres ecclésiastiques. Fustel de Coulanges (*Le Bénéfice et*

priétaire avait octroyées à titre viager, et qui devaient, après l'extinction de l'usufruit, arrivée soit par la mort de l'usufruitier [1], soit par celle du donateur [2], soit par toute autre cause, comme l'ingratitude ou la désobéissance [3], être restituées

le patronat pendant l'époque mérovingienne, 1907, p. 187) pense que les rois mérovingiens « empruntèrent aux particuliers et aux églises » l'usage des bénéfices, qu'ils concédèrent ensuite si largement, et que concédèrent plus largement encore leurs successeurs carolingiens.

1. La nature viagère du bénéfice est souvent indiquée dans les documents : « dum vixerit; » « beneficium usufructuario ordine; » « dum advivimus; » *Form. de Marculfe*, I, 13; II, 5; II, 39; « usufructuario ordine beneficiavimus; » *Form.* de Sirmond, 38; « quamdiu advixero; » *Form. Turonenses*, 1; « post meum discessum cum res meliorata revertatur, » dit un pétitionnaire sollicitant un bénéfice. *Form. Andegavienses*, 7; « de villa Gaviniaco nobis tempore vitae nostrae beneficium fecistis; » Pardessus, *Diplom.*, CCCLXIV, etc. Capitulaire de Compiègne, 757 (Pépin le Bref), 6 : « Homo Francus accepit beneficium de seniore suo... et postea fuit ibi mortuus... et post hoc accepit illius homo ipsum beneficium; » Baluze, t. I, p. 128. Charles le Chauve, ayant donné en bénéfice la terre de Neuilly (Novilliacum) à Donatus, conféra, à la mort de celui-ci, le même bénéfice à son fils; Bouquet, *Recueil des historiens de France*, t. VII, p. 215. Le roi Eudes, en 889, donne à l'un de ses fidèles, nommé Ricbodot, un bénéfice situé près de Chartres, avec cette clause que s'il se marie et a un fils, sa femme et son fils en jouiront leur vie durant; cité par Guérard, *Polyptyque d'Irminon*, t. II, p. 350. Le fait que le bénéfice était quelquefois ainsi assuré par une clause spéciale au fils après la mort du père montre que la transmission ne se serait pas faite d'elle-même, et que la jouissance eût cessé de plein droit à la mort de celui-ci. Bien que Grégoire de Tours n'emploie jamais avec le sens qui nous occupe le mot *beneficium*, il semble que certains passages de l'*Hist. Franc.* (par exemple VIII, 32) aient trait à des terres faisant retour au domaine du roi après le décès de celui qui les avait reçues.

2. Condition particulière au bénéfice, à la différence de l'usufruit ordinaire : le bénéfice cessait à la mort du concédant, et avait besoin d'être renouvelé par son successeur; à défaut de ce renouvellement il prenait fin de plein droit. Cela résulte de l'*Ep.* 6 d'Eginhard (Migne, *P. L.*, t. CIV, col. 511), demandant au successeur de l'évêque Wolfagar de renouveler un bénéfice concédé par celui-ci, « quia hoc diutius manere non potuit nisi dum ille (Walfagarius) in corpore vixit. »

3. Grégoire de Tours, *Hist. Franc.*, V, 3; VIII, 21; X, 38. — « Merito beneficia quae possident amittere videntur, qui non solum lar-

telles qu'elles avaient été primitivement concédées. C'était une manière fréquente de récompenser les services rendus : la terre était alors la monnaie la plus courante et de l'usage le plus facile. En un temps où la population était très clairsemée [1], les riches et surtout les rois possédaient d'immenses territoires dont il leur était facile de faire largesse, et qu'ils avaient intérêt à voir ainsi mis en valeur.

A l'époque carolingienne, la constitution de bénéfices par les souverains devint d'autant plus fréquente, qu'ils paraissent avoir renoncé alors à un autre moyen, très répandu sous les rois de la première race, de récompenser ou de gratifier leurs fidèles [2]. Le privilège de l'immunité accordé indifféremment alors aux grands propriétaires laïques ou ecclésiastiques, et qui avait pour effet de soustraire presque entièrement leurs domaines à la juridiction des officiers royaux [3], ne fut plus concédé, sous Charlemagne et ses

gitoribus beneficiorum ingrati sunt, verum etiam infideles eis esse comprobantur. » Diplôme de Thierry III (676), dans *Recueil des historiens de France*, t. III, p. 676.

1. Telle est l'impression laissée par tous les documents; mais il faut reconnaître que toute base manque pour l'établissement d'une statistique. Levasseur avait cru pouvoir, dans son *Histoire de la population*, évaluer, d'après les indications du Polyptyque d'Irminon, à 8 ou 9 millions la population totale de la France actuelle au commencement du IXe siècle; mais il a dû reconnaître qu'il s'était trompé dans ses calculs. Voir une note de Longnon, dans son édition du *Polyptyque* (t. I, 1895, p. 248-250).

2. « On a remarqué que les rois francs ont assez rarement pratiqué le bénéfice, et qu'ils en ont usé surtout pour rémunérer leurs fonctionnaires. L'immunité était sans doute le bienfait qu'ils accordaient de préférence à ceux de leurs sujets qu'ils voulaient obliger. » Fustel de Coulanges, *Le bénéfice et le patronat pendant l'époque mérovingienne*, p. 423. La phrase que je cite n'est pas de Fustel, mais de l'éditeur de ce livre posthume, M. Camille Jullian.

3. Voir plus haut, p. 99.

successeurs, qu'aux domaines ecclésiastiques, et encore avec des restrictions qui permirent à l'autorité royale de se faire sentir même dans les territoires nominalement exempts [1]. Les Carolingiens ne firent plus d'immunistes parmi les laïques ; mais ils firent, en revanche, de nombreux bénéficiers. Ce genre de largesse n'offrait pas, en principe, le même inconvénient, puisque le roi conservait le domaine éminent des terres qu'il concédait ainsi, gardait sur elles le droit de retour en cas de mort ou de démérite du bénéficier, et restait maître d'en réglementer minutieusement la jouissance. Il n'était dangereux que dans les mains d'un prince faible, comme Louis le Débonnaire, qui, promu par son père roi d'Aquitaine, distribua en bénéfices une grande partie de son apanage. Charlemagne dut intervenir, et envoyer deux *missi* chargés de faire rentrer dans le domaine royal ce qui en avait été détourné avec excès [2]. Mais cette mesure même montre que les

1. Voir Kroell, *L'immunité franque*, p. 151 et suiv.
2. Le texte de l'Anonyme, *Vita Ludovici Pii*, 6 (*Recueil des historiens de France*, t. VI, p. 90), est trop curieux pour n'être pas cité : « Magnopere curabat rex pater (Carolus) ne regem filium (Ludovicum) aut nutrimenta honesta laterent, aut externa inhaerescentia in aliquo deshonestarent. Qui quum primo vere a patre dimitteretur, interrogatus est ab eo, cur rex quum esset, tantae tenuitatis esset in re familiari, ut nec benedictionem quidem nisi ex postulato sibi offerre primorum, negligens autem publicorum perversa vice, dum publica vertuntur in privata, nomine tenus dominus factus sit omnium pene indigus. Volens autem huic obviare necessitati, sed cavens ne filii dilectio apud optimatos aliquam pateretur jacturam, si illis aliquid per prudentiam demeret, quod per inscientiam contulerat, misit illi missos suos, Willebertum scilicet Rothomagensis postea urbis episcopum, et Richardum comitem, villarum suarum provisorem, praecipiens ut villae quae eatenus usui servierant regio, obsequio restituerentur publico. Quod et factum est. »

bénéfices, loin de constituer une propriété, n'avaient qu'une existence précaire, subordonnée au bon plaisir du souverain, quand ce souverain était assez fort pour faire respecter sa volonté, et pouvaient en cas d'abus être repris.

Bien que le bénéfice ne soit pas d'origine romaine [1], il se trouve à beaucoup d'égards régi par les lois romaines relatives à l'usufruit. Le bénéficier, étant soumis à toutes les obligations qui découlent de celui-ci, était obligé de respecter ce que les jurisconsultes appellent « la substance de la chose [2] : » il avait droit d'en user, d'en recueillir les fruits : il ne pouvait ni en changer la destination primitive, ni l'aliéner, ni la détruire. On aperçoit immédiatement quelles conséquences en résultaient pour l'esclave. « Celui qui possède des esclaves à titre d'usufruit, dit Ulpien, doit user de chacun d'eux selon sa condition. Il n'a pas la faculté d'envoyer un esclave écrivain travailler à la campagne et porter des corbeilles ou de la chaux, de faire d'un histrion un baigneur ou d'un esclave du palestre un homme de peine : ce serait un abus de jouissance [3]. » Autrement dit, l'esclave ou le serf faisant partie d'un usufruit doit rester fixé dans sa condition : non seule-

----

1. Le bénéfice des temps mérovingiens et carolingiens n'a rien de commun avec le *beneficium* du droit romain. Voir Guérard, *Polyptyque d'Irminon*, t. I, p. 504 et suiv., et le premier chapitre du livre de Fustel de Coulanges sur *le Bénéfice*. Les différences sont bien et brièvement mises en lumière dans l'article *Beneficium* du *Dictionnaire des antiquités*, t. I, 1877, p. 688.

2. Paul, au *Digeste*, VII, 1, 1.

3. Ulpien, au *Digeste*, VII, 1, 15, § 1.

ment l'usufruitier ne peut l'aliéner, mais encore il
ne peut le changer d'emploi : tel il l'a reçu au commencement de sa jouissance, tel il doit le rendre à
la fin. Les rédacteurs des Capitulaires du ıx° siècle
ne se sont vraisemblablement pas inspirés des décisions des jurisconsultes romains : mais la similitude
des situations a fait prévaloir les mêmes principes, et
Charlemagne s'est trouvé parler des bénéfices comme
Paul et Ulpien parlaient de l'usufruit. Mais là où
Paul et Ulpien ne pouvaient qu'émettre des avis
et donner des consultations, laissant aux tribunaux
la solution des cas litigieux, Charlemagne, monarque
et seigneur à la fois, donnait des ordres, mettait en
mouvement ses agents, et soumettait le sol et le
personnel des bénéfices à une inspection régulière.

Je parle ici des bénéfices royaux, c'est-à-dire des
terres fiscales concédées par le prince en bénéfice :
c'est d'elles surtout qu'il est question dans les Capitulaires carolingiens. Aussi cette législation, tout
en leur appliquant les règles de l'usufruit, comme
à des possessions de droit civil et privé, leur impose-
t-elle d'autres obligations encore, comme à des
portions détachées du domaine public. L'une de ces
obligations est relative au service militaire [1]. Quiconque tient du prince une terre en bénéfice est
obligé de se rendre à l'armée, dès qu'il est convoqué,

---

1. Sur le service militaire, très lourd à cette époque, voir Fustel
de Coulanges, *Les transformations de la royauté pendant l'époque
carolingienne*, 1907, p. 509-523, et le chapitre consacré au même
sujet dans un livre aujourd'hui oublié, mais qui n'est pas sans valeur, *L'Empire des Francs*, par le général Favé, 1889, p. 374-390.

et d'y venir avec l'équipement convenable, à peine
de déchéance [1]. L'interdiction de laisser inculte la
terre bénéficiaire relève du même ordre d'idées : la
négligence à cet égard est également punie par la
perte du bénéfice [2]. Une obligation d'ordre politique
est encore celle-ci : non seulement le bénéficier est
tenu de cultiver le sol qui lui a été confié, mais encore
il doit l'améliorer, ce à quoi un simple usufruitier n'a
jamais été obligé [3] : en multipliant les bénéfices, le
prince assurait ainsi la mise en valeur de ces portions
détachées du domaine royal, qui devaient y rentrer
meilleures qu'elles n'en étaient sorties [4]. Le bénéficier
est encore tenu de remplir un office de police : il doit,
toujours à peine de déchéance, dénoncer à l'autorité
les brigands qui se trouveraient sur sa terre [5]. Il doit
même concourir à l'assistance publique, et là est
peut-être le trait le plus original de cette législation
des bénéfices : on lui impose le devoir de nourrir les
pauvres gens domiciliés sur sa terre et de les empêcher de vagabonder [6]. On voit que le souverain, en se
dépouillant par les bénéfices, ne se dépouillait pas

1. 2ᵉ Capitulaire de 805, 6; 2ᵉ Cap. de 812, 5. Baluze, t. I, p. 425,
494 ; Boretius, p. 124, 166.

2. 1ᵉʳ Capitulaire de 802, 6; cf. 4ᵉ Cap. de 819 (Louis de Débonnaire),
3; 5ᵉ Cap. de 819, 11; Baluze, t. I, p. 364, 616; Boretius, p. 92, 248.

3. 2ᵉ Capitulaire de 813, 4 : « Ut hi qui beneficium nostrum habent
bene illud immeliorare in omni re studeant. Et ut missi nostri hoc
sciant. » Baluze, t. I, p. 507 ; Boretius, p. 170.

4. Cette même idée se rencontre dans la constitution des bénéfices par des particuliers ; j'ai déjà cité une formule d'Angers, par
laquelle un solliciteur s'engage à rendre meilleur le bénéfice qui lui
serait confié : « post meum discessum cum res meliorata revertatur. »

5. Capitulaire de 779, 9 ; Baluze, t. I, p. 197; Boretius, p. 51.

6. 5ᵉ Capitulaire de 806, 10 ; Baluze, t. I, p. 454.

sans compensation, et, de gré ou de force, se faisait des bénéficiers autant de collaborateurs. Pour garantir l'observation de ces préceptes, les bénéfices de chaque province étaient inspectés périodiquement par les représentants directs du prince, grands personnages ecclésiastiques et laïques investis des pouvoirs les plus étendus, les *missi dominici*[1].

La mission confiée à ceux-ci ne regardait pas seulement ce qu'on pourrait appeler les devoirs publics des bénéficiers : elle devait vérifier les détails de l'exploitation, constater si le domaine avait été négligé ou amélioré : mais elle avait encore un objet qui touche de plus près à la question qui nous occupe. Le personnel attaché aux domaines concédés par le roi devait être énuméré et inventorié. « Nos *missi*, écrit Charlemagne, enquêteront avec soin et décriront dans leur rapport ce que chacun possède en bénéfice et combien il y a d'hommes casés dans chaque bénéfice, » *quot homines casatos in ipso beneficio*[2]. Les hommes ainsi « casés, » colons ou

1. 3ᵉ Capitulaire de 789, 19 ; 1ᵉʳ Cap. de 802, 6 ; 2ᵉ Cap. de 810, 9 ; 3ᵉ Cap. de 812, 5, 6, 7 ; Baluze, t. I, p. 244, 364, 476, 497 ; Boretius, p. 63, 92, 117.

2. « Ut missi nostri diligenter inquirant et describere faciant unusquisque in missatico quid unusquisque de beneficio habeat, vel quot homines casatos in ipso beneficio. » 3ᵉ Capitulaire de 812, 5 ; Baluze, t. I, p. 497 ; Boretius, p. 117. — On n'a point d'exemple de descriptions de bénéfices rédigées ainsi par les *missi*; mais on peut se faire une idée de ce qu'était vraisemblablement leur *missaticum*, soit par le *Spécimen d'inventaire des biens du fisc*, rédigé par l'ordre de Charlemagne pour faciliter l'exécution du Capitulaire *De villis* (Guérard, *Polyptyque d'Irminon*, t. II, p. 296 et suiv.), soit par l'enquête faite par les *missi* dans une affaire litigieuse (*Instrumentum inquisitionis a missis imperatoris facta ; ibid.*, p. 344), soit surtout par les descriptions ou polyptyques des immeubles possédés par les abbayes, dont nous parlerons avec détail au chapitre

serfs, ne peuvent être déplacés du bénéfice : ils en font partie intégrante : ils sont décrits et inventoriés avec le sol [1] ; ils devront se retrouver à leur domicile originaire, lorsque cessera la jouissance du bénéficier.

Les Capitulaires précisent les devoirs de celui-ci envers le personnel qui lui est ainsi confié. Le premier de ces devoirs est de veiller à ce que, pendant les disettes si fréquentes à cette époque, les denrées provenant de la terre soient employées d'abord à la nourriture des serfs qui y résident. Charlemagne veut qu'aucun d'eux « ne meure de faim ; » parole qui fait mesurer l'étendue des misères auxquelles étaient exposés les hommes de ce temps ; parole qui fait sans doute honneur aux sentiments humains du souverain, mais dans laquelle il faut reconnaître aussi la préoccupation du propriétaire, qui ne veut pas voir périr « la substance de la chose » donnée en usufruit. C'est seulement quand ce devoir aura été rempli, que le surplus des denrées produites par le bénéfice pourra être vendu [2]. Un second devoir

suivant. Bien que le Polyptyque de Saint-Germain des Prés (Polyptyque d'Irminon) ne contienne pas en général la description des terres concédées par l'abbaye en bénéfice, on y rencontre par exception l'inventaire de quelques-unes de celles-ci, qui peut donner une idée des descriptions demandées par l'empereur à ses *missi* pour les bénéfices royaux ; voir, par exemple (éd. Longnon, t. II, p. 363-365), l'inventaire du bénéfice possédé par un certain Acoin, *beneficium Acoini*, contenant un manse seigneurial et dix manses de tenanciers ; pour chacun de ces manses les noms et condition des tenanciers, les contenances et la nature des terres sont indiqués.

1. Comme les « rusticos censitosque servos » de la loi de Valentinien. Voir plus haut, p. 22.

2. « Et qui nostrum habet beneficium, diligentissime praevideat, quantum potest Deo donante, ut nullus ex mancipiis ad eum perti-

est de ne pas faire travailler les serfs ailleurs que
sur le bénéfice. « Nous avons appris, dit un Capitulaire de 806, que les comtes et les autres personnages
qui tiennent de nous des bénéfices, achètent des propriétés avec le revenu de ceux-ci, et font servir sur
ces propriétés personnelles nos serfs appartenant au
bénéfice, de telle sorte que nos métairies demeurent
abandonnées [1]... » Les *missi* sont chargés de mettre
fin à cet abus, c'est-à-dire d'assurer aux serfs du bénéfice la stabilité que la tyrannie ou la cupidité de
certains maîtres tentait de leur enlever. Les officiers
du roi, obligés d'habiter dans le palais, et possédant des bénéfices, n'ont même pas la faculté de se
faire accompagner à la cour par des serviteurs
tirés de ces bénéfices : ils doivent renvoyer ceux-ci
dans le domaine où ils sont « casés [2]. »

Ainsi, de la nature même de la propriété bénéfi-
ciale renaissait le servage, c'est-à-dire l'immobilisation de l'esclave cultivateur, et un nouveau nom,
probablement inconnu de l'antiquité romaine [3], mais

---

nentes beneficium fame moriatur, et quid superest ultra illius familiae necessitatem, hoc libere vendat jure praescripto. » Capitulaire de 794, 2; cf. 5e Cap. de 806, 19. Baluze, t. I, p. 264, 456; Boretius, p. 74.

1. « Auditum habemus qualiter et comites, et alii homines qui
nostra beneficia habere videntur, comparant sibi proprietates de
ipso nostro beneficio, et faciunt servire ad istas proprietates servientes nostros de eorum beneficio, et curtes nostrae remanent de-
sertae... » 5e Capitulaire de 806, 7; Baluze, t. I, p. 454.

2. « De vassis dominicis qui adhuc intra casam serviunt, et tamen
beneficia habere noscuntur, statutum est ut quicunque ex eis cum
domno Imperatore domi remanserint, vassallos suos casatos non
retineant. » 2e Cap. de 812, 7; Baluze, t. I, p. 495; Boretius, p. 166.

3. Une loi de 369, au *Code Théodosien* (IX, XLII, 7), ordonnant l'inventaire des biens des proscrits, veut qu'on énumère « quot sint *ca-*

traduisant mieux qu'on n'avait fait jusqu'alors l'idée romaine de la stabilité de sa condition, apparaissait dans la langue juridique : on l'appelait l'esclave domicilié, *casatus*.

II

Cette expression n'est pas seulement employée pour le serf des bénéfices : elle devient d'un usage commun. Dès le viiie siècle on la rencontre fréquemment[1]. Le mot *casata*[2], petite maison, petite exploitation, a produit par extension *casatus* pour en désigner l'habitant. Mais ce qui est plus nouveau, c'est la différence établie désormais entre les esclaves *casati* et les *non casati*, les premiers tenant de la nature des immeubles, les seconds tenant de la nature des meubles. Les esclaves *casati*, c'est-à-dire domiciliés sur la terre qu'ils cultivent, y ayant leur cabane, leur « case, » ne peuvent être aliénés séparément : seuls les esclaves *non casati* le peuvent être. C'est un retour complet au droit romain. Quelle en fut l'origine? Rien n'indique qu'il y ait eu, antérieurement au ixe siècle, une foi formelle à ce sujet. La tradition romaine — « en laquelle toutes les lois humaines doivent reconnaître leur mère, » selon une expres-

---

sarii vel coloni. » Mais la leçon n'est pas sûre : la même loi au *Code Justinien* (IX, xlix, 7) porte : « quot sint *censuarii* vel coloni. »

1. Voir les textes cités par Fustel de Coulanges, *L'Alleu et le domaine rural*, p. 377, note 4.

2 Pardessus, *Diplomata*, cccclviii (année 704); cccclxxiv (année 709). 2e Capitulaire de Carloman, 743, 2 (Baluze, t. I, p. 149).

sion de ce temps [1] — se reforma-t-elle d'elle-même quand les violences et les confusions des invasions barbares eurent cessé ? Quoi qu'il en soit, un texte très clair des premières années du ixe siècle rappelle cette distinction comme chose connue, établie, ayant force de loi, non comme chose nouvelle.

Charlemagne partagea, en 806, le territoire de son Empire entre ses trois fils : Louis, Pépin et Charles. La charte de ce partage a été conservée, et fait partie du recueil des Capitulaires [2]. Aucun document, peut-être, n'aide à mieux connaître le caractère de la monarchie carolingienne [3]. Comme l'intelligence de ce caractère est indispensable pour avoir complètement celle du sujet qui nous occupe, je dois analyser l'ensemble de la *charta divisionis* avant d'en citer le passage où il est question des serfs.

La charte débute d'une manière toute romaine. L'empereur y prend le nom de César, pieux, heureux, triomphateur, toujours Auguste : en lisant les premières lignes du préambule, on se croirait en présence d'un texte du iiie ou du ive siècle. Le fait même du partage n'est pas pour dissiper cette impression première : l'Empire romain ne fut-il point partagé dès ce temps-là, comme un fardeau trop

---

1. « Lex romana, quae est omnium humanarum mater legum. » *Capitularia*, additio quinta, dans Baluze, t. I, p. 1226.

2. Dans Baluze, t. I, p. 439-446 ; dans Boretius, p. 126-130.

3. Fustel de Coulanges a écrit quelques lignes seulement sur le partage de 806, dont il ne fait pas remarquer l'importance (*Les transformations de la Royauté pendant l'époque carolingienne*, p. 623). Le caractère de ce partage et sa signification politique sont au contraire mis en relief par Kleinclausz (*Empire carolingien*, p. 247-256).

lourd pour le bras d'un seul? Cependant, quand
lit de plus près, on s'aperçoit que la division de
l'Empire du ixe siècle entre trois princes ne ressemble pas à celle qui put se faire au temps de Dioclétien, de Constantin ou de Théodose. Louis, Pépin
et Charles ne sont que les lieutenants de leur père :
on doit voir en eux des administrateurs, non des
souverains : ils ont la nomination des évêques, des
comtes, des fonctionnaires, la disposition des terres
fiscales, la distribution des bénéfices : ils sont seigneurs des terres et des hommes de leurs apanages :
mais toute la souveraineté demeure aux mains de
l'empereur. De lui seul émanent les lois[1] : ses fils
n'ont qu'à les faire exécuter[2]. « Nous entendons, dit
Charlemagne, qu'aussi longtemps que nous vivons,
notre puissance s'exerce sur tous les États qui nous
ont été donnés par Dieu, qu'elle reste telle qu'elle a
été jusqu'à ce jour, avec une pleine autorité royale
et impériale, que nos fils nous soient soumis et que
le peuple demeure en notre sujétion, nous rendant
tous l'obéissance qui est due par des fils à leur
père et par ses peuples à leur empereur et roi[3]. »
Le pouvoir central, d'appellation et de majesté romaines, est fort, et veut être obéi : mais on sent que

1. Tous les Capitulaires postérieurs au partage de 806 sont faits en
son nom : deux seulement, d'époque incertaine, portent avec le sien
celui de Louis le Débonnaire.

2. *Epistola imperatoris ad Pippinum, regem Italiae, de pace
Ecclesiarum.* Baluze, t. I, p. 462; Pertz, *Leges*, t. I, p. 150; Boretius,
p. 212.

3. *Charta divisionis regni Francorum inter Karolum, Pippinum
et Ludovicum, filios Karoli Magni imperatoris,* 20.

la société sur laquelle il s'exerce est déjà la société féodale, et que dès que ce pouvoir cessera d'ê-
tre fort, la décentralisation se fera d'elle-même.

Cette impression se précise encore, quand on étu-
die dans le détail la charte de 806. On y voit que
non seulement les serfs, mais les hommes libres
ont leur seigneur, qu'ils ne peuvent quitter contre
sa volonté : aucun des trois rois n'a le droit d'accueillir sur son territoire l'homme d'un seigneur
habitant l'un des deux autres royaumes[1]. Ce n'est
qu'après la mort de son seigneur qu'un homme libre
retrouve la faculté de « se recommander » dans un
autre royaume, c'est-à-dire de s'y choisir un nouveau protecteur[2]. Du vivant de Charlemagne, chacun de ses sujets peut recevoir de lui, sur quelque
point de l'Empire que ce soit, un bénéfice; mais
après sa mort, nul ne pourra acquérir un bénéfice
dans un autre royaume que celui où il est domicilié :
ce serait contracter une obligation de service et
d'obéissance envers un autre que son propre suze-
rain[3].

D'autres dispositions montrent dans quelle société
déjà féodale et encore barbare vivent les sujets et

1. *Ibid.*, 8. Il s'agit ici aussi bien des hommes libres que des esclaves ou des serfs : « Hoc non solum de liberis, sed etiam de servis fugitivis statuimus observandum, ut nulla discordiis relinquatur
occasio. »

2. *Ibid.*, 20.

3. *Ibid.*, 9. Il ne s'agit ici que des bénéfices, parce qu'ils impli-
quent un lien de dépendance; mais on peut posséder des alleux
partout : « Hereditatem autem suam habeat unusquisque illorum
hominum absque contradictione, in quocunque regno hoc eum legitime habere contigerit. »

même les enfants de Charlemagne. Après avoir réglé
la situation de ses trois fils, la sollicitude de l'empereur se porte sur ses filles. Lui vivant, elles sont en
sûreté; mais après sa mort elles devront choisir un
de leurs frères pour se mettre « sous sa défense et
sa tutelle; » même les princesses de sang impérial
ne pourront être indépendantes et vivre sans seigneur : elles n'en seront libérées que par le mariage
ou par la profession monastique [1]. Quant à ses petits-fils nés ou à naître, Charlemagne défend à leurs
pères et à leurs oncles de les punir arbitrairement,
de les condamner « sans jugement » à mort, à perdre
un membre, à avoir les yeux crevés, ou de les tondre
malgré eux : on se croirait revenu au temps de
Clotaire et des pires mérovingiens [2]. Tant est encore
voisine de la barbarie, et exposée à y retomber, la
civilisation renaissante [3]! Un autre article admet les
ordalies, le jugement de Dieu, tout en défendant de
recourir au combat judiciaire [4].

1. *Ibid.*, 17.

2. *Ibid.*, 18. On remarquera les mots « sans jugement, » *sine justa
discussione atque examinatione;* car après jugement, la mutilation
était considérée comme une peine régulière : un Capitulaire de 799
prescrit (c. 23) de crever les yeux après un premier vol, de couper
le nez après récidive, de mettre à mort s'il y a seconde récidive
(Baluze, t. I, p. 195; Boretius, p. 152).

3. On s'en rend compte en voyant Charlemagne ne pas abroger la
loi Salique, mais la compléter, sans presque rien corriger de sa
barbarie primitive. La loi en 72 titres de Charlemagne ne suppose
pas chez les Francs une civilisation très supérieure à celle que
montre la loi en 65 titres rédigée sous Clovis. Les cruautés que Charlemagne défend aux pères et aux oncles d'exercer sans jugement
contre ses petits-fils sont au nombre des actes interdits par les titres
XXVI et XXXI de la *lex Salica emendata.*

4. *Charta divisionis*, 10. Il s'agit des différends qui pourraient
s'élever entre les trois frères au sujet des limites de leurs royaumes,
si la question ne peut être décidée par le témoignage, on recourra

A côté de ces dispositions qui mettent sous nos yeux une société à peine dégagée de la barbarie, il en est une, d'un caractère tout romain, qui nous montre la distinction désormais complètement rétablie, et sur toute espèce de terres, entre les serfs de la glèbe, inséparables de celle-ci, et les esclaves ordinaires, susceptibles d'être vendus isolément. Cet article de la *Charta divisionis*, dans le but politique de conserver la paix entre les trois rois, et d'empêcher chacun d'eux d'acquérir une influence dangereuse sur le territoire des autres, leur interdit d'y posséder des immeubles. Le texte de l'article est trop important pour n'être pas cité :

« Nous défendons qu'aucun des trois frères ne reçoive en donation ou n'achète, d'un homme appartenant à un autre royaume, aucun immeuble, terres,

à l'ordalie dite *judicium crucis*, mais non au combat judiciaire, « nec unquam *pro tali causa* cujuslibet generis pugna vel campus ad examinationem judicetur. » Charlemagne semble craindre qu'un combat pour une telle cause ne devienne le signal d'une guerre fratricide. Mais loin d'interdire d'une manière générale le duel judiciaire, il le prescrit souvent dans ses Capitulaires, et nous voyons cette pratique encore en usage sous les règnes de ses successeurs. L'épreuve de la croix, seule permise par lui dans la contestation prévue par la *Charta divisionis imperii*, consistait en ce que les adversaires ou leurs représentants tenaient les bras ouverts et appliqués sur une croix : celui qui le premier les laissait retomber était vaincu. Cette ordalie fut abolie en 816 sous Louis le Débonnaire, « par respect pour la Passion du Christ » (Capitulaire d'Aix-la-Chapelle. c. 2°). Mais les autres formes de « Jugement de Dieu » subsistèrent longtemps encore. On consultera utilement sur ce sujet les Dissertations XXXVIII et XXXIX de Muratori, *Diss. sopra le Antichità italiane*, t. II, 1763, p. 395-417; l'article *Jugement de Dieu*, publié par le P. Waffelaert, dans le *Dictionnaire apologétique* de Jaugey, 1889, col. 1767-1779; l'article *Ordeal*, du *Dictionary of christian Antiquities* de Smith, t. II, 1880, p. 1466-1469; deux dissertations du P. de Smedt, *Les Origines du duel judiciaire*, 1894, et *Le duel judiciaire et l'Eglise*, 1895.

vignes, forêts, serfs déjà domiciliés (*servorum qui jam casati sunt*), en un mot rien de ce qui constitue un domaine; excepté l'or, l'argent, les pierreries, les esclaves non domiciliés (*nec non et mancipiis non casatis*), et tout ce qui peut être objet de commerce[1]. »

On ne peut dire plus clairement que « le serf casé » a cessé d'être un « objet de commerce, » comme il l'était redevenu dans la confusion des temps barbares, et comme l'avait expressément déclaré l'édit de Théodoric[2] : le servage romain, l'immobilisation du travailleur de la glèbe, voilà ce qui est maintenant, comme au ive siècle, le droit. Et je remarque que la charte de 806 ne rétablit pas ce droit, mais le reconnaît comme actuellement en vigueur, sans qu'on puisse dire à quelle date précise ni en vertu de quel acte il a reparu.

III

Il serait intéressant de savoir quelle fut, au ixe siècle, la proportion des deux classes d'esclaves, les serfs de la glèbe et les esclaves domestiques, les *non casati*.

1. « De traditionibus autem atque venditionibus quae inter partes fieri solent, præcipimus ut nullus ex his tribus fratribus suscipiat de regno alterius a quolibet homine traditionem seu venditionem rerum immobilium, hoc est, terrarum, vinearum, atque sylvarum, servorumque qui jam casati sunt, sive caeterarum rerum quae haereditatis nomine censentur; excepto auro, argento, et gemmis, armis ac vestibus, nec non et mancipiis non casatis, et his speciebus quæ proprie ad negotiatores pertinere noscuntur. Ceteris vero liberis hominibus hoc minime interdicendum judicavimus. » *Charta divisionis*, 11.

2. Voir plus haut, p. 66.

Ces derniers existaient encore, nombreux, en Occident, dans les derniers temps de l'Empire romain. Cependant il paraît certain que leur nombre avait diminué, et l'on peut supposer que l'esclavage proprement dit aurait reculé peu à peu, refoulé par les progrès du travail libre[1], par la marche en avant de l'esprit chrétien, par son influence croissante sur la législation, si le triomphe de la barbarie germanique n'avait arrêté ce mouvement. L'exemple de l'Empire d'Orient peut être rappelé ici : sans doute l'esclavage n'en disparut pas complètement, mais l'impulsion chrétienne et libérale donnée par les lois de Justinien ne se ralentit jamais dans le monde byzantin, celles de ses successeurs furent de jour en jour plus favorables à la liberté, on en vint jusqu'à déclarer que les esclaves dont le maître décédait intestat seraient libérés par sa mort[2]. Ce que saint Jean Chrysostome demandait aux chrétiens du ve siècle, et ce qu'il était impuissant à obtenir, se contenter d'un seul serviteur[3], paraît avoir été fréquent au x[e][4]. L'abolition se faisait d'elle-même, insensiblement. Tout le contraire se produisit en Occident, où les invasions amenèrent une recrudescence dans le nombre des esclaves et une aggravation dans leurs conditions d'existence[5]. J'ai eu l'occasion de montrer

---

1. Voir sur ce sujet mon livre sur *Les esclaves chrétiens*, 4e éd., p. 444-475, et mon histoire de *Julien l'Apostat*, 3e éd., t. I, p. 214-230.
2. Sur les lois byzantines relatives aux esclaves de Justinien à Alexis Comnène voir Wallon, *Histoire de l'esclavage*, t. III, ch. x, § 4.
3. *Les esclaves chrétiens*, p. 421-425.
4. Voir Wallon, t. III, note 97, p. 450.
5. Voir plus haut, p. 28 et suiv.

combien lents et pénibles furent les efforts des conciles de l'époque barbare pour regagner, dans la
mesure du possible, le terrain perdu [1]. On vient de
voir un premier rayon éclairant ces ténèbres : la
situation des esclaves agricoles se transforme, au
commencement du IXe siècle, par un retour au droit
romain. Ce qu'on aimerait à connaître maintenant,
c'est si, dans la société du même temps, où l'industrie était presque nulle, les esclaves non agricoles,
employés à l'exercice des métiers ou au service domestique, demeurés de condition instable et mal
protégée, représentaient encore une partie considérable de la population, ou si leur nombre avait décru
pendant que s'allégeait en se consolidant le sort de
leurs frères de la glèbe.

Les documents ne sont ni assez précis ni assez
nombreux pour permettre de répondre à cette question. Deux d'entre eux, cependant, me semblent de
nature à y jeter quelque lumière.

Celui dont je m'occuperai dans ce chapitre est le
célèbre Capitulaire *De villis*[2], rédigé par Charlemagne[3] pour régler l'administration des domaines
de la couronne, qui se confondaient, à cette époque,
avec le domaine privé du roi. Celui-ci possédait une
immense fortune territoriale, provenant en partie du

---

1. Voir dans mon article *Esclavage* du *Dictionnaire d'apologétique*, Ve fascicule, col. 1485-1490, le paragraphe intitulé : *L'esclavage
et les conciles à l'époque barbare.*

2. Baluze, t. I, p. 334 ; Boretius, p. 83.

3. Probablement avant 800, date de son élévation à l'Empire, car il
y est plusieurs fois question de la reine, et Charlemagne, veuf de
nouveau en 798, ne se remaria pas.

fisc impérial, c'est-à-dire du domaine des empereurs romains qui avait passé, après la conquête, aux mains des princes barbares, en partie probablement aussi des confiscations, qui furent nombreuses sous le régime de despotisme et d'anarchie issu des invasions. Cette fortune était représentée par des *villae*, ou centres d'exploitation, situées en divers points du royaume. On sait en quoi consistait une villa. Ce type du domaine n'avait point changé depuis l'époque romaine[1]. Tel il était alors, tel on le retrouve sous les Mérovingiens et sous les Carolingiens, en terres laïques ou ecclésiastiques. La villa se composait d'abord de terres réservées au seigneur, *dominicum*, et directement exploitées par lui, au moyen du travail des serfs domiciliés sur cette portion du domaine[2], et des corvées de serfs et de colons répartis sur le reste de

---

1. Voir, dans mes *Etudes d'histoire et d'archéologie*, 1899, p. 274-302, le chapitre intitulé : *Le domaine rural du cinquième au neuvième siècle*.

2. Le *dominicum* contenait, avec les bâtiments d'exploitation, une maison plus ou moins somptueuse destinée au propriétaire ou seigneur. Parlant des villas royales, les documents de la fin du IXᵉ siècle donnent souvent à cette habitation le nom de *palatium* (*Annales de Saint-Bertin*, éd. de la Société de l'histoire de France, 1871, p. 50, 165; Capitulaire de 877, dans Baluze, t. II, p. 268, etc.). Charlemagne emploie l'expression plus modeste de *casa*. Il veut que ses *casae* soient toujours garnies de meubles et de provisions, que les feux soient toujours prêts à être allumés, et qu'enfin elles soient en tout temps préparées à le recevoir (*De villis*, 27, 42). Il s'y transportait quelquefois avec son équipage de chasse, *venatores* et *falconarii* (*ibid.*, 47). *Les Annales de Saint-Bertin*, l'un des documents qui font le mieux connaître la vie des princes carolingiens, citent dix-huit villas royales, où les fils de Charlemagne se rendaient souvent pour chasser. Un curieux passage du Capitulaire promulgué par Charles le Chauve en 877 nomme vingt villas royales, et l'empereur interdit à ses fils d'y chasser, si ce n'est en passant : « non ibi caciet, nisi in transeundo, » dit-il dans un latin où paraît déjà le français en formation.

son territoire : elle comprenait ensuite les tenures
bitées par ces serfs et ces colons, qui les cultivaient
charge de redevances. L'ensemble du domaine était
généralement fort étendu [1] : un très grand nombre
de villas romaines furent l'origine, encore reconnais-
sable, de beaucoup de nos villages [2]. Comme eux,
une villa était très peuplée : pour rappeler un exemple du ve siècle cité plus haut [3], la riche patricienne
romaine sainte Mélanie possédait en Sicile une villa
dans laquelle la réserve du maître, la demeure seigneuriale et ses dépendances, était entourée de
soixante tenures, qu'exploitaient quatre cents serfs
agricoles [4] : il faut tripler ou même quadrupler ce
nombre, si l'on veut y joindre les femmes et les enfants. C'est la population d'un très gros village. On

1. Je parle ici des domaines importants ; car il y avait aussi, au
ixe siècle, des petits propriétaires. La modeste villa d'Horace, qui contenait cinq *foci*, ou manses de tenanciers (*Ep.*, I, xiv, 2), se retrouve
encore à cette époque : un Capitulaire de 807 parle de ceux qui possèdent cinq, ou quatre, ou trois, ou deux, ou seulement un manse
(Baluze, t. I, p. 458 ; Boretius, p. 134).

2. Quelquefois même de nos villes : la *Theodonis villa*, d'où sont
datés plusieurs capitulaires, est devenue Thionville ; Sparnacus, villa
de l'Église de Reims, est devenue Epernai.

3. Voir p. 25.

4. « Habebat enim ipsa possessio sexaginta villas circa se, ha-
bentes quadragintenos servos agricultores. » *Vita S. Melaniae*, 18 ;
Rampolla, *S. Melaniae Giuniore*, p. 13. Par *possessio*, le biographe
désigne la réserve seigneuriale, dont il a décrit plus haut les splen-
deurs, et par le mot *villae* il entend les tenures occupées par les
servi, et dispersées autour de la *possessio*. La Vie grecque (*ibid.*,
p. 53) rend ce mot par ἐποίκιον, que les lexiques traduisent par cabane rustique, et qui montre bien qu'il s'agit des domiciles des *servi*,
des terres sur lesquelles ils étaient « établis, » *constituti*, selon l'expression employée dans une autre partie du même document (10, p.
9), où, parlant des domaines possédés par Mélanie auprès de Rome,
il est question des « qui in suburbano sunt constituti servi. » Les m
constituti servi du ve siècle équivalent aux mots *servi casati* du ix[e]

peut se figurer ainsi une des villas dont il est question dans le Capitulaire[1].

Une *villa* ou *fiscus* (les deux mots sont synonymes et employés indifféremment), au temps de Charlemagne, composait un ensemble assez considérable pour être administré par un grand nombre de fonctionnaires. En tête était le *judex,* préposé, semble-t-il, à la direction non d'un seul domaine, mais de tout un groupe de villas, peut-être de celles possédées par le roi dans un district ou une province. C'était un personnage considérable, investi tout à la fois de pouvoirs très étendus et de devoirs très minutieux, pouvoirs de magistrat, de juge, comme l'indique son titre, devoirs d'économe obligé de veiller aux plus petits détails[2]. Il devait visiter trois ou quatre fois par an les domaines confiés à ses soins[3]. Sous ses ordres était le *major,* maire, libre ou non libre, en tout cas pris toujours parmi « les gens de médiocre condition[4]. » Les fonctions du maire consistaient surtout à exiger des hommes de la villa

1. La villa Palaiseau (*Palatiolum*), qui au VIe siècle faisait partie du fisc royal, et au IXe siècle appartenait à l'abbaye de Saint-Germain des Prés, paraît avoir eu, au temps du Polyptyque d'Irminon, une population peu différente de celle du gros bourg d'aujourd'hui (Guérard, *Essai sur le système des divisions territoriales de la Gaule depuis l'âge romain jusqu'à la fin de la dynastie carolingienne,* 1832, p. 167 et suiv.). Malgré les erreurs signalées dans son état statistique de Palaiseau, et les conclusions peu sûres que Guérard en a tirées (voir Longnon, *Polyptyque d'Irminon,* t. I, p. 832 et suiv.), cette vue générale ne paraît pas pouvoir être contestée.

2. L'article 56 du Capitulaire *De villis* l'oblige à rendre souvent la justice; l'article 58 règle la pitance qu'il doit faire donner aux petits chiens.

3. *De villis,* 20.

4. *Ibid.,* 60.

les redevances et corvées dues par leurs tenures ou par eux-mêmes personnellement. Quand la villa était trop grande pour la surveillance d'un seul, on lui préposait deux ou plusieurs maires [1]. En plus de ces régisseurs, les villas royales contenaient d'autres agents, *ministeriales*, chargés de divers détails du service, les *decani* qui étaient les sous-ordres du maire, le cellerier, le chef du haras, les forestiers, les meuniers, etc. Au-dessous de cet état-major est le menu peuple des cultivateurs et des ouvriers, habitant les manses de la villa [2], et chargés, à des titres divers, d'assurer son exploitation et son entretien.

Charlemagne montre pour cette population de ses domaines une grande sollicitude. « Nous voulons, dit-il, que notre famille soit conservée en bon état et que personne ne l'appauvrisse [3]. » Il interdit aux *judices* (comme nous l'avons vu l'interdire aux bénéficiers) d'employer les membres de cette *familia* pour leur service personnel, de leur imposer aucune corvée et aucune main-d'œuvre en dehors de celles qui sont régulièrement dues à la villa, et d'exiger d'eux aucun présent [4]. Si les habitants du do-

---

1. *Ibid.*, 26. Le maire dont il est question ici est probablement identique au *villicus* dont parle l'article 19 du 2ᵉ Capitulaire de 813 (Baluze, t. I, p. 510; Boretius, p. 171).

2. Le mot *mansus* est rare, mais non sans exemple, dans les documents des temps mérovingiens, très fréquent au contraire dans ceux de l'époque carolingienne, où il se rencontre dans le Capitulaire *De villis*, dans quelques autres (789, 807, 810), et presque à chaque ligne des Polyptyques d'abbayes.

3. *Ibid.*, 2.

4. *Ibid.*, 3.

maine ont causé quelque dommage par vol ou malversation, ils devront le réparer, et seront ensuite punis du fouet, mais n'auront à supporter aucune peine pécuniaire : seuls les hommes de condition libre devront payer l'amende exigée par les lois [1].

Charlemagne se préoccupe des églises élevées sur le territoire de ses villas : il veut qu'elles reçoivent exactement la dîme des produits de celles-ci, et charge les *judices* d'y veiller [2]. Il tient à ce qu'elles soient desservies, autant que possible, par des prêtres provenant de la *familia* de ses domaines [3] ; comme il ne fait aucune différence entre les libres et les non libres composant cette *familia,* on voit qu'il admet l'ordination de ces derniers, s'ils sont touchés par la vocation sacerdotale ; d'autres documents nous montreront que les ordinations de serfs devinrent très fréquentes à l'époque carolingienne [4].

Je demande la permission d'ouvrir ici une parenthèse : je ne m'écarterai, du reste, qu'en apparence de mon sujet.

Charlemagne montra toujours une grande sollicitude pour les églises. Il ordonna, dit Eginhard, de reconstruire dans toute l'étendue de ses États celles qui étaient tombées de vétusté, et chargea ses *missi* de veiller à l'exécution de cet ordre [5]. A plus forte

---

1. *Ibid.,* 4.
2. *Ibid.,* 6.
3. « Et non alii clerici habeant ipsas ecclesias, nisi nostri, aut de familia aut de capella nostra. » *Ibid.*
4. Voir plus bas, chapitre IV.
5. Eginhard, *Vita et conversatio gloriosissimi imperatoris Caroli regis Magni.*

raison voulut-il que ceux qui possédaient des églises dans leurs domaines veillassent à l'entretien de celles-ci, et particulièrement au soin du luminaire [1]. Cette obligation est imposée aux bénéficiers [2] : elle est à joindre aux autres services publics auxquels sont obligés ceux qui tiennent leurs bénéfices de la libéralité royale. La sévérité de Charlemagne était nécessaire ici, car de grands abus s'étaient produits. On avait vu des bénéficiers démolir les églises de leur terre, afin d'en faire servir le bois, les pierres et les tuiles à la construction ou à la réparation de leurs propres maisons [3]. Aussi Charlemagne, soucieux d'avoir les campagnes de son Empire pourvues d'églises bien construites, bien ornées et bien meublées, tenait-il à en donner l'exemple sur ses domaines [4].

On possède l'inventaire d'une église dépendant d'une villa du fisc, située dans une des îles de la Meuse [5]. L'autel [6] était orné de plaques d'or et d'ar-

1. Premier Capitulaire de 805, 6; Baluze, t. I, p. 421.

2. Capitulaire de 794, 2; Baluze, t. I, p. 269; Boretius, p. 77. Cf. Louis le Débonnaire, Cap. de 819, 4; 823, 5; Baluze, t. I, p. 619, 634.

3. Capitulaire de 794, 2.

4. Charlemagne commandait aux évêques ou abbés voisins de faire garnir de lambris ou décorer de peintures les églises du patrimoine royal : « Si vero essent ecclesiae ad jus regium proprium pertinentes, laquearibus vel muralibus ordinandae picturis, id a vicinis episcopis aut abbatibus curabat. » Moine de Saint-Gall, I, 32. Les *missi* chargés d'inspecter les bénéfices doivent examiner l'état des églises qui en dépendent, toits, murailles, pavage, luminaire, peintures (*nec non et in pictura*). Capitulaire de 807, 7; Baluze, t. I, p. 400; Boretius, p. 135.

5. *Specimen breviarii rerum fiscalium Caroli Magni*, dans Guérard, *Polyptyque d'Irminon*, t. II, Appendice IV, p. 296.

6. Charlemagne parle des autels dans le Capitulaire déjà cité de 805.

gent. Le luminaire était formé d'une couronne en argent, du poids de deux livres, ornée de perles en verre de diverses couleurs, et de laquelle pendait une croix de cuivre doré, attachée à un globe de cristal [1]. L'église possédait cinq reliquaires, garnis de verreries et d'émaux, trois croix renfermant des reliques, deux calices, dont l'un doré et ciselé à l'extérieur, des boîtes à encens, en argent, deux encensoirs, dont l'un en argent doré, des fioles à parfums, un vase de cuivre avec son goupillon pour l'eau bénite, tous les vêtements ecclésiastiques, chasubles, dalmatiques, étoles, tuniques de lin, aubes, et aussi des nappes d'autel, des corporaux, des voiles, etc.; il y avait même, à l'usage du célébrant, des gants de soie brodés d'or et de perles. L'église possédait deux cloches, avec des chaînes en cuivre doré. Ce qui est plus intéressant encore, cette église rurale avait une bibliothèque de dix-neuf volumes, Ancien et Nouveau Testament, recueils d'Homélies, Commentaire de saint Jérôme sur l'évangile de saint Matthieu, Sacramentaires, Lectionnaires, un Antipho-

---

1. C'est sans doute là un de ces *luminaria* que les Capitulaires de 805 et 807 voudraient voir dans toutes les églises. Sur les croix et couronnes de lumière qu'on y suspendait, voir une dissertation des PP. Martin et Cahier, dans leur livre devenu très rare, *Mélanges d'Archéologie*, t. III, 1853, p. 24 et suiv. Au ix° siècle, les églises étaient très illuminées. Les *Gesta Aldrici*, 16 (dans Baluze, *Miscellanea*, t. III, p. 111-113), nous montrent, en 840, la cathédrale du Mans éclairée à matines par trente lumières d'huile et cinq de cire les jours de dimanche ordinaire, et les jours de grande fête par quatre-vingt-dix lumières d'huile et dix de cire au moins. C'était une tradition romaine conservée; voir dans le *Cathemerinon* de Prudence, V, 137-148, ce qui est dit de l'illumination des églises au iv° siècle. Beaucoup des redevances d'huile et de cire imposées aux colons et aux serfs étaient destinées à l'éclairage des églises.

naire, un recueil de Canons et un exemplaire de la
Règle de saint Benoît[1]. L'appartement où l'on conservait ces livres était garni de « tout ce qu'il faut
pour écrire, » deux bouteilles d'encre, trois tablettes
de plomb, cent soixante-dix roseaux taillés[2]. Le prêtre de cette église, peut-être lui-même fils du domaine[3], n'était probablement pas un illettré, et les
paysans et paysannes[4] qui la fréquentaient y purent entendre, selon les prescriptions d'un Capitulaire, des leçons de religion « données dans un langage approprié aux plus humbles intelligences[5]. »

Ce que le Capitulaire *De villis* dit moins clairement, — et cette absence de clarté, dans un texte par
ailleurs si précis et si détaillé, mérite peut-être
d'être remarquée, — c'est la condition de ces
paysans. Nous avons déjà vu que, parmi les hommes
du domaine, les uns étaient libres et les autres ne
l'étaient pas : un article cité plus haut marque les

1. La Règle de saint Benoît était très populaire à cette époque, puisqu'on en trouve des copies jusque dans les églises rurales. L'église
de Saint-Sauveur, décrite dans le Polyptyque de l'abbaye de Saint-
Omer, dont elle dépendait, possédait aussi une bibliothèque bien
garnie, contenant, entre autres livres, une Règle de saint Benoît.
Cité par Guérard, *Polyptyque d'Irminon*, t. II, p. 404.

2. Cependant l'usage des plumes d'oiseau était déjà répandu :
« Instrumentum scribendi sunt calamus et penna. Ex his enim
verba paginis infiguntur, sed calamus arboris est, penna avis, cujus
acumen in duas partes dividitur, » dit Isidore de Séville, *Origines*,
VI, 14, 3.

3. *De villis*, 4.

4. Au IXe siècle, les hommes et les femmes occupaient encore des
places séparées dans les églises. Voir dans les *Annales de Saint-
Bertin*, année 858, le fait d'un loup entrant dans une église rurale
pendant la messe, et parcourant d'abord les rangs des hommes, puis
ceux des femmes (p. 93).

5. « Juxta quod bene vulgaris populus intelligere possit. » Premier
Capitulaire de 813, 14 (Baluze, t. I, p. 504).

différences de leur état par la punition différente
infligée aux uns et aux autres pour un même délit[1].
Beaucoup d'autres articles parlent des *servi*. Mais
aucun ne nomme les colons, et cependant les assujettis de cette condition intermédiaire, considérés à
la fois comme hommes libres et comme attachés à la
glèbe, étaient certainement nombreux dans les villas
impériales, et probablement y composaient la catégorie la plus importante de la population ; le rapprochement avec d'autres documents contemporains du
Capitulaire, particulièrement avec le Polyptyque de
Saint-Germain des Prés, que nous étudierons en
détail dans le chapitre suivant, met ce fait hors de
doute. Comme leur état se rapprochait beaucoup plus
de celui des serfs que de celui des hommes pleinement libres, j'incline à croire qu'ils sont visés en
même temps que ceux-là par les articles relatifs aux
servi : et ainsi se marquerait une tendance au nivellement des conditions parmi les populations rurales,
qui me paraît ressortir de l'ensemble des documents
du ixe siècle.

D'autres habitants des villas impériales sont
nommés dans le Capitulaire : ce sont les ouvriers. Il
y en a de beaucoup de sortes, car une villa, à l'époque carolingienne comme au temps de l'Empire
romain, devait se suffire à elle-même : aussi, dans la
petite société qu'elle formait, tous les métiers nécessaires à la vie étaient-ils représentés : même les arts

---

1. *De villis*, 3.

de luxe y avaient leur place, non pour les besoins des habitants, mais à cause des redevances en nature exigées de ceux qui les pratiquaient. J'en vois une preuve curieuse dans un écrit du v⁰ siècle, déjà plusieurs fois cité. Le domaine « plus grand qu'une ville » que sainte Mélanie possédait en Afrique renfermait des tapissiers et des brodeurs, car, dit son biographe, elle y fit exécuter des tapisseries brodées d'or et de perles pour les offrir à l'église de Thagaste [1] : on y trouvait aussi des orfèvres, des argentiers, des ouvriers du cuivre et de l'airain, *aurifices, argentarios et aerarios,* à qui elle commanda des plats d'or et d'argent destinés à la même église [2]. Il en est de même dans les villas impériales réglementées par le Capitulaire. On y trouve des ouvriers du fer, de l'or, de l'argent, et aussi des charpentiers, des forgerons, des tourneurs, des selliers, des cordonniers, des fabricants de boucliers, etc. : le compte de leurs produits doit être envoyé chaque année, à Noël, en même temps que celui des terres labourées par les tenanciers des manses. Mais pas un mot, dans les articles où sont énumérés ces métiers divers [3], n'indique si ceux qui les exercent sont des hommes libres, des serfs, des esclaves. Cette indétermination est de nature à surprendre. Il semble que si ces artisans étaient des esclaves, le mot *servus* ou *mancipium* se lirait dans les passages qui les concernent. Peut-être

---

1. *Vita S. Melaniae,* 21; Rampolla, p. 14.
2. *Ibid.*
3. *De villis,* 28, 45, 62.

les doit-on assimiler aux *tributarii,* dont il est question dans un de ces passages[1]. Les *tributarii,* astreints comme les colons et les serfs à une redevance fixe, qui, dans le cas qui nous occupe, eût été payée en objets fabriqués, formaient une classe un peu supérieure à celle des serfs, un peu inférieure à celle des colons, puisqu'un article d'une loi barbare les assimile aux *lidi*[2].

Plusieurs articles du Capitulaire parlent des gynécées, *genitia,* ou ateliers de femmes : l'un indique les matières premières dont les gynécées doivent être pourvus, lin, laine, teinture de pourpre, garance, chardons à carder, etc.[3] ; l'autre est relatif à leurs bâtiments et à leurs clôtures[4]. Les ouvrières qui travaillaient dans ces ateliers étaient-elles des esclaves, au sens propre du mot, c'est-à-dire des femmes devant au maître tout leur travail? étaient-elles des serves, obligées à fournir seulement chaque année un travail déterminé? Il est impossible de le dire : d'autres documents du ixe siècle[5] nous montrent ailleurs les serves, c'est-à-dire les épouses des serfs de la glèbe, obligées de livrer chaque année une quantité fixe d'étoffes tissées ou ouvrées par elles[6]. Il en était ainsi dans les villas impériales comme ailleurs[7].

---

1. *Ibid.,* 62.
2. « Si quis servum suum tributarium aut lidum fecerit... » *Lex Ripuariorum,* LXII, 1.
3 *De villis,* 43.
4. *Ibid.*
5. Polyptyques de Saint-Germain des Prés, de Saint-Omer, de Saint-Remi, de Prume, etc.
6. Voir plus bas, chapitre iv.
7. « Uxor vero illius (servi) facit camsilem et sarcilem, conficit

Il se peut que les serves de celles-ci aient fait ce travail non à domicile, mais dans des ateliers organisés, où la matière première leur était fournie [1]. De la mention des gynécées dans les villas que régit le Capitulaire on ne peut conclure avec certitude à l'existence dans les villas du fisc, à l'époque carolingienne, d'une classe de servantes autres que les épouses des serfs, et privées des garanties dont jouissaient celles-ci [2]. La question doit rester en suspens [3].

En résumé, les différences entre les diverses personnes habitant et servant dans les domaines royaux décrits par le Capitulaire paraissent peu marquées. L'article 50, parlant des hommes chargés du soin

bracem et coquit panem. » *Specimen rerum fiscalium Caroli Magni*, dans Guérard, t. II, p. 298. — *Camsilis, sarcilis*, pièces d'étoffe. Il en sera question avec plus de détails au chapitre III.

1. « Et ut feminae nostrae, quae ad opus nostrum sunt servientes, habeant ex partibus nostris lanam et linum, et faciant sarcilos et camsilas, et perveniant ad cameram nostram per rationem per villicos nostros aut missos eorum a se transmissos. » Deuxième Capitulaire de 813, 19 (Baluze, t. I, p. 510; Boretius, p. 171). La dernière partie de cette phrase est peu intelligible : elle me paraît signifier que les femmes qui doivent du travail sont convoquées en temps utile par le maire ou par ses envoyés à la *camera*, c'est-à-dire à l'atelier, pour y faire leur tâche. Il s'agit bien de serves.

2. Les *Annales de Saint-Bertin* (p. 83) disent qu'en 853 Lothaire prit pour concubines « duas ancillas ex villa regia. » L'expression *ancilla* ne veut pas dire que ces femmes fussent des esclaves plutôt que des serves : le Polyptyque d'Irminon donne toujours aux serves, épouses de serfs ou de colons, résidant avec leurs maris dans des manses et devant des travaux de couture quelquefois rachetables à prix d'argent, le nom *d'ancilla*.

3. Les gynécées établis dans les villas n'ont de commun que le nom avec les grandes fabriques impériales dont il est question au livre X du *Code Theodosien* et en divers passages de la *Notitia Dignitatum*, et où des ouvrières et des ouvriers (*gyneciarî*) de condition servile travaillaient à la fabrication du drap pour l'armée. Seize villes seulement, à l'époque romaine, en possédaient en Occident (*Notitia Dignit. Occid.*, 11).

de s haras, dit qu'il y a parmi eux des libres qui possèdent des bénéfices[1], des *fiscalini* domiciliés dans des manses « du produit desquels ils vivent, » et d'autres qui n'en ont point et « sont entretenus par le *dominicum*[2]. » Il semble n'établir aucune distinction ou même aucune hiérarchie entre ces personnes.

Ceux dont il vient d'être question, qui n'ont pas de manse, et sont entretenus par le *dominicum*, ne me paraissent point être pour cela assimilables à des esclaves. Cette catégorie de travailleurs était logée sur la réserve seigneuriale, mais probablement étaient-ils considérés aussi comme des *casati*. La *curtis* du domaine royal d'Arnapium avait dans son enceinte « vingt cabanes de bois, avec chambres, et bâtiments accessoires bien construits, » et « huit autres cabanes au dehors[3], » servant probablement à l'habitation des serfs qui cultivaient directement la réserve seigneuriale. Rien n'indique que ce fussent des logements d'esclaves.

Mais il résulte d'un autre article du Capitulaire que les serfs sans manse formaient l'exception dans les villas de Charlemagne. Il y est dit que toutes les fois

---

1. L'article 21 prévoit aussi le cas où le maire posséderait un bénéfice.

2. « Et ipsi poledrarii qui liberi sunt, et in ipso ministerio beneficia habuerint, de illorum vivant beneficiis. Similiter et fiscalini qui mansos habuerint, inde vivant. Et qui hoc non habuerit, de dominica accipiat provendam. » *De villis*, 50.

3. « XVII casas ex ligno factas, cum totidem cameris et ceteris appenditiis bene compositis... et alias casas infra curtem ex ligno factas VIII... » Description de la *curtis* d'Arnapium, dans *Specimen breviarii rerum fiscalium Caroli Magni;* Guérard, *Polyptyque d'Irminon*, t. II, Append. IV, p. 301, 302.

que le domaine acquiert des *mancipia,* on doit chercher, pour les y établir, des manses vacants, et, s'il n'y en a pas, en référer à l'empereur[1]. Il semble donc que, tant qu'il y a des manses disponibles, les hommes de la villa y sont « casés, » et en vivent, déduction faite de leurs redevances et de leurs corvées.

Quant à celles-ci, elles sont dues par tous, sans qu'il y ait, encore une fois, de distinction. Ainsi, les redevances d'œufs et de poulets sont mises à la charge des *servientes* et des *mansuarii,* quelle que puisse être la différence de condition indiquée par ces deux termes[2].

Le Capitulaire ne parle jamais d'hommes devant à la villa la totalité de leur travail : au contraire, il parle des « jours où est dû le service[3], » ce qui s'accorde avec la situation des serfs de la glèbe, qui, les autres jours, s'appartiennent à eux-mêmes et travaillent à leur profit[4]. Et tous, libres ou non libres, sont indifféremment compris sous le nom d'hommes du fisc : « Nous voulons, dit l'article 52, qu'à tous les *fiscales,* qu'ils soient *servi* ou *ingenui,* habitant dans nos fiscs ou nos villas, nous voulons qu'à tous ces hommes divers les *judices* rendent

---

1. « De mansis absis et mancipiis adquisitis, si habuerint, si non habeant ubi eos collocare possint, nobis renuntiare faciant. » *De villis,* 67. — Un *mansus absus* est un manse sans habitant; un *servus absus* est un serf sans manse.

2. « Volumus ut pullos et ova quos servientes vel mansuarii reddunt, per singulos annos recipere debeant (judices). » *Ibid.,* 39.

3. « Dies, quos servire debent... » *Ibid.,* 9.

4. Dans une *curtis* ou villa décrite par le *Specimen breviarii rerum fiscalium Caroli Magni : « Serviles vero mansi vestiti* xix, *quorum*

pleine et entière justice[1]. » Ils sont égaux devant
le *judex*.

Mais au-dessus du *judex* est le juge suprême, à
qui tous, même les plus petits, ont le droit de faire
appel. Le palais d'Aix-la-Chapelle était toujours
ouvert à ceux qui avaient de justes sujets de plainte[2].
Charlemagne donnait facilement audience aux pauvres gens[3]. Tant de demandeurs, cependant, venaient à lui, qu'il en était quelquefois importuné[4].
Il s'efforçait de diminuer, quand cela était possible,
le nombre des appelants[5]. Mais les serfs de ses
villas avaient le droit d'être écoutés. L'empereur
s'engage à ne pas leur refuser audience. Il oblige le
judex à permettre le voyage de tous ceux de ses
servi qui voudraient dénoncer directement des fautes
commises par un supérieur[6].

Le *judex*, à son tour, doit compte au prince de
ses actes. Un bien curieux article du Capitulaire dit
que tout *judex* qui aura désobéi à un ordre du roi

reddit unusquisque friskingam ɪ, pullos v, ova, x, nutrit porcellos
dominicos ɪv, arat dimidiam araturam, operatur in ebdomada ɪɪɪ
dies, scaram facit, parafredum donat. » Guérard, *Pol. d'Irminon*,
t. II, p. 298.

1. « Volumus ut de fiscalibus, vel servis nostris sive ingenuis, qui
per fiscos aut villas nostras commanent, diversis nominibus plenam
et integram, qualem habuerint, faciant justitiam. » *De villis*, 52.

2. Eginhard, *Vita et conversatio gloriosissimi imperatoris Caroli
regis Magni*, 21, 24.

3. Moine de Saint-Gall, *De gestis Caroli Magni*, II, 18.

4. « De clamatoribus qui magnum impedimentum faciunt in
palatio ad aures domni imperatoris... » Premier Capitulaire de 810,
1 ; Baluze, t, I, p. 471 ; Boretius, p. 153.

5. Alcuin, *Ep.* 245, 247.

6. « Si aliquis ex servis nostris super magistrum suum nobis de
causa nostra aliquid vellet dicere, vias ad nos veniendi non con-
tradicat. » *De villis*, 59 ; cf. 29.

ou de la reine devra ne boire que de l'eau jusqu'à ce qu'il ait obtenu le pardon de sa faute[1]. Si les agents des *judices* leur ont désobéi à eux-mêmes, ces agents se rendront à pied au palais, jeûnant au pain et à l'eau, jusqu'à ce qu'ils aient reçu la bastonnade ou qu'ils se soient justifiés[2]. L'idée religieuse apparaît ici. Charlemagne se croyait investi d'une sorte de pouvoir ecclésiastique[3] : on le voit ordonner quelquefois des jeûnes publics[4]. Il inflige ici une pénitence canonique en même temps qu'un châtiment temporel. C'est, à tout prendre, une justice fort patriarcale, et aussi fort égalitaire, car, bastonnade à part, les *judices,* qui sont des personnages importants, sont soumis à une pénitence semblable à celle qui est imposée à leurs agents, *juniores,* c'est-à-dire à de simples gens du domaine. Ces sous-ordres ont, eux aussi, le droit d'aller jusqu'au palais porter au prince leurs doléances contre le *judex.* Mais, afin d'abréger, Charlemagne enjoint à celui-ci de lui adresser, le cas échéant, un rapport écrit sur l'affaire, afin qu'il puisse examiner d'avance le bien ou le mal fondé de leurs plaintes[5].

1. *Ibid.,* 16.
2. *Ibid.*
3. Kleinclausz, *L'Empire carolingien,* p. 214.
4. Voir sa lettre à Gherbald, évêque de Liège, dans Boretius, p. 245.
5. *De villis,* 7.

CHAPITRE II

ÉPOQUE CAROLINGIENNE. — LE POLYPTYQUE D'IRMINON.

Charlemagne n'a pas seulement composé un règlement pour l'administration des villas royales : avec
cet esprit précis et cette sollicitude des détails qui
le caractérisent, il a aussi donné l'exemple, tracé
les règles et le modèle des grands inventaires, sur
lesquels devaient s'inscrire le patrimoine de la
royauté, le patrimoine des églises et des monastères. Nous n'avons malheureusement qu'un fragment
de la description des propriétés du fisc, rédigée par
ses ordres et sur le plan qu'il avait dressé[1]. En
revanche, nous connaissons de nombreuses descrip-
tions de cette sorte, ou Polyptyques, faites du VIIIe au
IXe siècle par les soins des grands propriétaires
ecclésiastiques. L'existence de plusieurs de ces
Polyptyques est attestée par des allusions d'écrivains
contemporains : d'autres, comme ceux des abbayes

---

1. *Specimen breviarii rerum fiscalium Caroli Magni*, dans Guérard, *Polyptyque d'Irminon*, t. II, p. 296-304; dans Pertz, *Mon.
Germ. hist.*, *Leges*, t. I, p. 177-178.

de Saint-Wandrille (727)[1], d'Aldaha[2], près de
Ratisbonne (800), de Saint-Riquier (831)[3], de Saint-
Vincent du Mans (840)[4], de Saint-Amand[5], de la
basilique de Saint-Remi, à Reims, dont nous possédons des fragments[6], celui de l'abbaye de Saint-
Maur des Fossés[7], le *breviarium* de l'abbaye de Saint-
Bertin[8], vers 850, le *registrum* de celle de Prume,
dans le diocèse de Trèves[9], nous sont parvenus
beaucoup plus complets. Mais aucun n'est, dans
l'état actuel, assez étendu et assez détaillé pour
donner l'idée des terres et des personnes composant
un grand domaine ecclésiastique. Un seul existe,
non encore complet, — car on a perdu environ un
quart de ses feuillets, — suffisamment vaste cependant, et assez abondant en détails, pour suppléer
à ce qui manque dans les autres. C'est l'inventaire
du Polyptyque de Saint-Germain des Prés, rédigé
au commencement du ixe siècle par les soins de
l'abbé Irminon.

Irminon devint abbé de Saint-Germain entre 790
et 811 : il vivait en 823, peut-être en 829[10]. C'était

---

1. Dans Guérard, t. II, p. 922; ou *Chronicon Fontenellense*, 15,
dans D'Achéry, *Spicilegium*, t. II, p. 277.
2. *Breviarium Urolfi, abbatis de cœnobio Altaha*, dans *Monumenta Boica*, 1731, t. XI, p. 14-16.
3. *Chronicon Centulense*, III, 3, dans Migne, *P. L.*, t. CLXXIV, col.
1297.
4. *Gesta Aldrici, Cenomanensis episcopi*, 55, dans Baluze, *Miscellanea*, 1761, t. III, p. 144.
5. Dans Guérard, *Polyptyque d'Irminon*, t. II, p. 225.
6. *Ibid.*, p. 288.
7. Dans Baluze, *Capit.*, t. II, p. 1387-1395.
8. Dans Guérard, *Polyptyque d'Irminon*, t. II, p. 288-292; 396-406.
9. Dans Hontheim, *Historia Trevirensis*, 1750, t. I, p. 661.
10. Guérard, *Polyptyque d'Irminon*, t. I, p. 12-19.

un grand personnage, car il figure parmi les neuf abbés qui signèrent au testament de Charlemagne[1]. Il eut aussi la confiance de Louis le Débonnaire. On ignore quelle fut sa valeur intellectuelle ou religieuse : mais il paraît avoir été un administrateur de premier ordre. Le Polyptyque rédigé par lui passait, au moyen âge, pour un chef-d'œuvre : on louait « le très prudent abbé » de n'y avoir oublié ni un œuf, ni un poulet, ni un bardeau[2]. Ce document porte la trace de son activité : on y trouve cités les nombreux arpents de vignes qu'il planta dans les domaines de l'abbaye, les moulins qu'il y construisit en grand nombre, un parc qu'il entoura de murs, etc. Irminon est un personnage très représentatif du commencement du ix⁰ siècle, animé du même esprit d'ordre que l'on admire en Charlemagne. Cependant le nombre des religieux de Saint-Germain diminua sous son gouvernement : de deux cent dix qu'ils étaient au commencement du siècle ils étaient tombés à cent vingt-deux en 829[3].

Le Polyptyque d'Irminon, conservé avant la Révolution dans la bibliothèque de Saint-Germain des Prés, où il fut étudié par l'auteur d'un livre trop oublié aujourd'hui, l'abbé de Gourcy[4], a été mis en lumière par la grande publication faite de 1836 à

1. Baluze, *Capit.*, t. I, p. 490.
2. Continuateur d'Ammoin, *De gestis Francorum*, V, 34.
3. Longnon, *Polyptyque de l'abbaye de Saint-Germain des Prés*, t. I, p. 187.
4. Gourcy, *Quel fut l'état des personnes en France sous la première et la seconde race de nos rois*, Paris, 1769, p. 121, note 1.

1844 par Guérard, et réimprimé de 1886 à 1895, avec un commentaire beaucoup moins étendu, mais contenant quelques points de vue nouveaux et quelques rectifications utiles, par Auguste Longnon. Ce document se présente à nous avec une clarté et une précision qui en font une pièce hors ligne. C'est un monument de statistique, d'économie rurale, légale et sociale comme peut-être aucune époque de l'histoire n'en peut offrir de pareil.

I

Il nous reste du Polyptyque de Saint-Germain la description sommaire (*breve*) [1] de vingt-cinq des *fisci* ou *villae* possédés sur divers points de la France par l'abbaye [2]. Cet ensemble comprend au total plus de 1.600 manses ou tenures, habités par 2.800 ménages, qui forment une population de plus de 10.000 personnes [3].

1. Par exemple : *Breve de Palatiolo*, inventaire de Palaiseau ; *breve de Wigniaco*, inventaire de Gagny, etc. Ces descriptions sommaires s'appelaient, en latin classique, *breviarium* (Sénèque, Suétone) ; plus tard on emploie le mot *breve* (Vopiscus). Saint Grégoire le Grand s'en sert (*Ep.*, III, 42 ; XIV, 14). Les *Annales de Saint-Bertin* (p. 185) disent qu'en 869 Charles le Chauve ordonna « ut episcopi, abbates et abbatissae *brevia* de honoribus suis, quanta massa quisque haberet, deferre curarent. » Le même mot s'emploie pour les relevés de comptes : le Capitulaire *De villis*, 55, ordonne aux intendants d'envoyer le *breve* de leurs recettes et de leurs dépenses.

2. Dans neuf départements : 16 en Seine-et-Oise, 2 en Eure-et-Loir, 1 dans la Seine-et-Marne, l'Orne, l'Eure, l'Aisne, la Nièvre, l'Indre.

3. Le manuscrit unique du Polyptyque d'Irminon (Bibl. nationale, ms. latin 12832) nous est parvenu incomplet au commencement et à la fin : pour seize autres villas que l'on sait par divers documents avoir appartenu à Saint-Germain des Prés, la description manque

Disons d'abord de quoi se compose chaque *breve*.

L'inventaire d'une villa commence par la description de la réserve seigneuriale, *mansus indominicatus*. Ce chef-lieu de la villa renferme une cour, édifiée de la maison d'habitation, *sala* ou *casa*, et de divers bâtiments d'exploitation et ateliers, nombreux et bien construits, *cum casis et aliis casticiis sufficienter et abundanter*. Les terres dépendant directement du *mansus indominicatus* sont d'une étendue qui varie selon l'importance de la villa, mais qui est ordinairement considérable : par exemple le manse seigneurial de la villa de Palaiseau, la seconde qui soit décrite dans le Polyptyque, comprend six grandes pièces de terre de labour, mesurant ensemble deux cent quatre-vingt-dix-sept bonniers [1], sept arpents de vignes [2], cent arpents de prés, une forêt d'une lieue de tour [3], trois moulins. Cette réserve du maître est exploitée par les corvées de labour et autres travaux qui sont imposés aux tenanciers des divers manses composant l'ensemble de la villa [4].

(voir dans l'édition Longnon, t. I, p. 188 et suiv., l'Appendice II). Le premier éditeur, Guérard, estime (et cette estimation est acceptée par l'éditeur plus récent) que, en tenant compte des parties manquantes, le nombre des manses devrait être porté approximativement à 2200, et leur population à 13,000 (Guérard, t. I, p. 358; Longnon, t. I, p. 44),

1. Le bonnier équivaut à peu près à 128 ares.

2. L'arpent équivaut à 12 ares 50.

3. La lieue, *leuva*, mesurait environ 2222 mètres.

4. Outre ces corvées faites par l'ensemble des tenanciers, la réserve seigneuriale était quelquefois aussi cultivée directement par des serfs domiciliés sur le *mansus indominicatus*. Voir plus haut, p. 179. Guérard (t. I, p. 579) cite un manse seigneurial de l'abbaye de Nideralteich cultivé de cette façon. Je ne trouve aucune indication analogue dans le Polyptyque d'Irminon.

Après la description du chef manse vient celle de l'église et des terres qui lui sont consacrées. Chaque domaine ou villa renferme une église, quelquefois même plusieurs. Elles sont ordinairement décrites ainsi dans l'inventaire : « bien construites, bien meublées, bien ornées [1] ; » ce que nous avons dit plus haut des églises rurales à l'époque carolingienne fait aisément comprendre ces paroles [2]. Leur entretien, et celui des prêtres qui les desservent, est assuré, non seulement par le paiement d'une dîme [3], mais encore par le revenu des terres que la loi met à leur disposition. Un Capitulaire de 816 ordonne qu'à chaque église soit attaché un manse libre de toute charge [4] : l'auteur anonyme de la Vie de Louis le Débonnaire, résumant cette ordonnance, ajoute « un serf et une serve pour la culture de ce manse [5]. » Un Capitulaire de l'empereur Lothaire veut que ce manse contienne douze bonniers de terre arable, et

1. « Cum omni apparatu diligenter constructam ; » « bene constructam ; » « bene constructis et decoratis. » Quelquefois il est fait mention de la maison et des bâtiments accessoires pour le prêtre, « cum casis et aliis casticiis sufficienter. » Une seule fois, à Villa Supra Marc (Quillebeuf), l'église, « in honore sanctae Mariae et sancti Germani et sancti Martini constructam, » est dite presque ruinée, « pene dissipatam. » Dans quatre fiscs ou villas il n'y a pas d'église. En revanche, dans la villa de Murcinctum il y avait deux églises au IX° siècle (*Polyptyque*, XVI, 2), et le village correspondant de Morsang (Seine-et-Oise) n'en a plus qu'une.

2. Voir plus haut, p. 183. On consultera utilement sur ce sujet la thèse de M. Imbart de la Tour, *De ecclesiis rusticanis aetate carolingica.*

3. Concile de Mâcon II (585), canon 5; concile de Chalon-sur-Saône II (813), canon 19; *Capit. de partibus Saxoniae* (789), 17; *De villis*, 6; capitulaire de Salz (804), 2, 3; Cap. d'Aix la Chapelle (816), 22, etc.

4. Capitulaire de 816, 10; Baluze, t. I, p. 565; Boretius, p. 175.

5. « Super singulas ecclesias mansus tribueretur cum servo et ancilla. » *Vita Ludovici Pii.*

qu'à son exploitation soient attachés soit deux serfs, soit même deux hommes libres [1]. Le Polyptyque d'Irminon fait toujours mention du manse dépendant de l'église de chaque villa. Quelques-unes de ces églises ont plus de terres et plus d'hommes que ne l'exigent les ordonnances : ainsi, l'une des deux églises construites sur la villa de Palaiseau a dix-sept bonniers de terre arable, cinq arpents et demi de vignes, trois arpents de pré, plus un manse de quatre bonniers et de deux ansanges [2] de terre, d'un arpent et demi de vignes, de trois arpents de pré, et d'elle dépendent six hôtes, possesseurs chacun d'un journal de terre, et obligés de faire sur celles de l'église un jour de travail par semaine. La seconde église du même fisc possède un terrain un peu moins étendu, avec sept hôtes, qui lui donnent également chaque semaine un jour de travail, « à condition qu'elle les nourrisse. » La plupart des églises desservant les villas décrites dans le Polyptyque possèdent ainsi plus de terres ou de manses que n'exige la loi; quelques-unes ont seulement la contenance exigée : un petit nombre sont insuffisamment dotées. Celle de la villa de Quillebeuf n'a que huit bonniers de terre arable, mais elle a les deux serfs, *mancipia duo*, dont parle le Capitulaire. La présence de

---

1. « Quod si forte in aliquo loco sit ecclesia constructa, quae tamen necessaria sit, et nihil dotis habuerit, volumus ut secundum jussionem domini et genitoris nostri mansus duodecim bunnariis de terra arabili ibi detur, et mancipia duo aut liberis hominibus... » *Capitula Lhotarii imperatoris*, IV, 1; Baluze, t. II, p. 327.

2. L'ansange équivalait à peu près à un arpent.

serfs attachés aux églises n'est pas, du reste, indispensable : mieux pourvues encore sont celles qui ont, comme nous venons de le voir, le service de plusieurs hôtes ou petits colons libres.

Après la description du manse seigneurial et des terres formant l'apanage de l'église vient, dans le *breve* de chaque villa, l'inventaire, un par un, de tous les manses dont la réunion la constitue. Le nombre des manses varie selon l'importance de la villa. J'en compte deux cent quatre-vingt-douze dans une, trente seulement dans une autre. A chaque manse est attachée à perpétuité une quantité de terre déterminée, qui est également très variable. Tel manse a jusqu'à vingt ou même trente bonniers de terre arable, tel autre manse de même rang en a un ou deux. Comme les redevances et services exigés de tenures ayant une contenance aussi différente ne varient pas dans une même proportion, et qu'un manse de dimension moindre paie quelquefois autant qu'un manse possédant le double de terres, on doit croire que la valeur et la fertilité de celles-ci ont été prises en considération pour l'établissement du manse.

Tous les manses ne sont pas qualifiés de même. Les uns sont inscrits comme ingénuiles, d'autres (en très petit nombre) comme lidiles, d'autres comme serviles. Les redevances et les charges imposées aux uns et aux autres ne sont pas toujours semblables : ainsi, les manses ingénuiles et lidiles supportent seuls l'impôt de guerre; les manses serviles

sont astreints à des services qui ne sont pas demandés aux autres [1]. Une légère différence dans le coût
des services et des redevances existe entre les manses ingénuiles et les manses serviles, ceux-là étant
généralement plus étendus et moins chargés que
ceux-ci. D'après les minutieux calculs de Guérard [2],
en moyenne le manse ingénuile contenait 10 hectares 59, et payait 183 fr. 63, dont 116 fr. 39 en redevances et 67 fr. 24 en services ; le manse servile en
moyenne contenait 7 hectares 43 et payait 162 francs,
dont 48 francs en redevances et 114 francs en services. Les services, dans les deux cas, sont ici éva-
lués en argent. Les manses lidiles sont trop peu
nombreux pour qu'on puisse établir une moyenne
et faire une comparaison. Ce que nous avons dit
plus haut de l'inégalité des manses, quelle que soit
leur dénomination, montre, du reste, que ces moyen-
nes ne peuvent résulter que de calculs très ap-
proximatifs, et ne correspondent qu'imparfaitement
à la réalité. Mais, tout approximatives qu'elles soient,

1. Particulièrement un, qui n'est point exigé des manses d'autres
qualifications : la fourniture du fer, *ferrum*, c'est-à-dire la recherche
et le traitement du minerai de fer. Cette redevance est exigée des
seuls manses serviles, et dans un seul fisc, celui de Bussy (*Polyptyque*, XIII, 64 et suiv.), dans le Perche, dont le terrain abondait sans
doute en minerai, et où de nombreux bois fournissaient le combus-
tible nécessaire. Ce qui est exceptionnel, c'est que, si un manse servile de ce fisc est occupé par un non serf, c'est-à-dire un colon ou
un lide, celui-ci est dispensé de fournir les cent livres de fer mises
à la charge du manse : « praeter ferrum, » se lit alors, comme on
lit ailleurs : « Illi qui sunt servi solvunt ferrum. » Tout cela, fourniture de fer par les manses serviles, et décharge de cette fourniture pour les tenanciers qui ne sont pas serfs, se trouve dans le seul
fisc de Boissy.

2. Guérard, *Polyptyque d'Irminon*, t. I, p. 892-897.

ces évaluations permettent de juger de la situation douce faite aux tenanciers : quel fermier de nos jours ne s'estimerait heureux de payer 183 francs pour 10 hectares, ou même 162 francs pour 7 hectares?

Dans les villas que nous voyons, au commencement du ixe siècle, appartenir à l'abbaye de Saint-Germain, une hiérarchie très stricte exista, évidemment, à une époque antérieure, non seulement pour les terres, mais encore pour les personnes qui les occupaient. Seuls des libres résidaient alors sur les manses ingénuiles, des lides sur les manses lidiles, des serfs sur les manses serviles. Cet ordre n'existe plus au moment où fut rédigé le Polyptyque. Si l'on n'y trouve pas un homme libre résidant sur un manse servile, cela s'explique par le petit nombre d'*ingenui* établis sur le domaine; mais on y rencontre indifféremment des serfs occupant des manses ingénuiles [1], des colons occupant des manses serviles ou lidiles, des lides occupant des manses soit ingénuiles soit serviles. Les anciennes distinctions existant entre les terres n'ont plus guère qu'une valeur nominale, et la hiérarchie des manses est désormais sans relation avec la hiérarchie des personnes. Cela semble indiquer que les différences existant entre les conditions de celles-ci ont déjà perdu de leur importance [2].

---

1. Une fois même un *mansus indominicatus* ou manse seigneurial, provenant d'une donation faite à l'abbaye, est donné en tenure à un serf. *Polyptyque*, xii, 6.

2. *Les Annales de Saint-Bertin* (p. 153) disent qu'en 866 Charles le

II

Une étude plus détaillée des divers tenanciers de l'abbaye confirmera, croyons-nous, cette impression.

Les cultivateurs libres établis sur ses domaines peuvent être assimilés à des fermiers, à cela près que leurs obligations envers le propriétaire sont déterminées non par un bail, mais par la nature de la terre qu'ils exploitent : leur manse doit telle ou telle redevance, tel ou tel service, que l'occupant est tenu d'acquitter. Quoique libres, ils n'en sont pas moins « hommes de Saint-Germain [1], » soumis à la seigneurie de l'abbaye : à l'époque de la rédaction du Polyptyque, on ne trouve plus guère d'homme libre sans seigneur.

Viennent ensuite les colons. Il est bien difficile de définir le colon. Il tient du serf en ce qu'il ne peut quitter le manse auquel il est attaché, et qu'il

Chauve leva, pour payer rançon aux Normands, un impôt sur les diverses sortes de terre : 6 deniers pour chaque manse ingénuile, 3 pour chaque manse servile, 1 pour chaque tenure d'*accola*, 1 pour deux *hospitia*. Il n'est pas question de la tenure d'*accola* dans le Polyptyque de Saint-Germain : on voit, par la contribution demandée, qu'elle était inférieure en importance à la tenure servile. Le Polyptyque parle des *hospitia*, tenures encore plus petites. Par contre, dans le récit des événements de 866 il n'est point parlé du manse lidile. Un Capitulaire du même prince, en 877, frappe encore d'impôts, dans le même but, chaque *mansus indominicatus*, chaque *mansus ingenuilis*, chaque *mansus servilis*. Capitulaire de Compiègne, dans Baluze, t. II, p. 258.

1. « Faramumdus liber et uxor ejus colona, nomine Rainhildis, homines sancti Germani. » « Godoardus liber et uxor ejus colona homines sancti Germani, » etc. *Polyptyque*, XIII, 6; XVI, 98.

en fait tellement partie que, si celui-ci est donné ou vendu, lui-même suit la terre et est donné ou vendu avec elle[1]. Il en tient encore en ce que, pour certains délits, il reçoit comme le serf la bastonnade, au lieu de payer une amende[2]. Il tient du libre, en ce qu'il jouit perpétuellement du manse qui lui a été confié, et en transmet toujours la jouissance à ses héritiers[3]. C'est parmi les colons que sont choisis habituellement les maires ou administrateurs des villas.

Au-dessous des colons sont les lides. Leur condition est inférieure à celle des colons, supérieure à celle des serfs. Comme les premiers, ils peuvent, indépendamment de leurs tenures, avoir des propriétés personnelles, qui ne sont pas assimilées au pécule de l'esclave. Comme eux encore, ils paraissent avoir la jouissance perpétuelle et la transmission héréditaire de leurs tenures. Mais ils sont plus dépendants du maître, et lui sont plus directement assujettis[4]. Leur situation me paraît pouvoir être comparée à celle des affranchis[5], dont j'ai dit plus haut les

1. Je parle ainsi du colon en général ; mais ceci ne peut s'appliquer au colon de Saint-Germain, puisque les terres ecclesiastiques ne pouvaient être données ou vendues.

2. « ... Si liber homo fuerit, bannum dominicum componat ; et si colonus fuerit, sexaginta ictus accipiat. » Capitulaire de 873, 2 ; Baluze, t. II, p. 228.

3. « Coloni, tam fiscales quam et de casis Dei, suas hereditates, id est, mansa quae tenent... » Edit de Pistes (864) ; Baluze, t. II. p. 188 ; Pertz, *Leges*, t. I, p. 491.

4. La loi des Saxons (XI, 1, 2) ne rend pas le lide responsable du meurtre qui lui a été commandé par son maître, estimant qu'il ne pouvait désobéir.

5. Un passage de la loi des Ripuaires (LXII) semble voir dans le lide l'équivalent d'un affranchi : « Si quis servum suum tributarium vel lidum fecerit... » Le Capitulaire de 789 sur l'organisation chrétienne

devoirs envers le patron[1]. Le colon, lui, est attaché à la terre plutôt qu'à un maître.

Le serf, à son tour, ressemble au colon et au lide en ce qu'il n'a, comme eux, d'autre obligation que de payer les redevances et d'exécuter les corvées auxquelles son manse est imposé. Mais il diffère du colon et du lide, car les biens qu'il pourrait acquérir en propre ne sont jamais qu'un pécule, dans le sens légal du mot, c'est-à-dire une propriété subordonnée au bon plaisir du maître, un esclave, en droit strict, ne pouvant posséder. Par la fixité des redevances et des corvées, sa condition se rapproche de celle du lide : elle en diffère en ce que, malgré tout et dans ces limites, il est encore esclave.

Mais il semble que, à l'époque où nous nous plaçons, c'est-à-dire au commencement du ixe siècle, cette différence ne soit plus guère que théorique. Quand on examine dans le détail le Polyptyque de

de la Saxe (Baluze, t. I, p. 250) nomme dans son article 15 les lides immédiatement après les nobles et les ingénus, et les oblige à se cotiser avec eux dans chaque paroisse pour fournir un serf et une serve à l'église : « consenserunt omnes ad unamquamque ecclesiam curtem et duos mansos terrae pagenses ad ecclesiam recurrentes condonent, et inter centum viginti homines nobiles et ingenuos, similiter et litos, servum et ancillam eidem ecclesiae tribuant. » Les lides paraissent inégalement répartis sur le territoire de l'Empire carolingien ; en Gaule, nous les voyons peu nombreux : ainsi, ils forment une très petite minorité sur le territoire de Saint-Germain, dont les propriétés, cependant, s'étendent sur des régions très diverses ; dans le Polyptyque de l'abbaye de Saint-Maur des Fossés, ils ne sont même pas nommés. Au contraire, il semblent être en Germanie une classe très nombreuse de la population rurale : l'abbaye de Fulda possède près de 900 lides, environ 500 colons, 698 serfs ou *slavi*. C'est une répartition toute différente, sur laquelle nous sommes moins clairement renseignés.

1. Voir p. 138.

Saint-Germain, qui contient les noms de milliers d'individus, et définit de façon très précise les obligations de chacun, on aperçoit entre tous plus de ressemblances que de différences : les cloisons qui naguère séparaient libres, demi-libres, esclaves, ont fléchi, et laissé passer, mêlées et à peu près confondues, les diverses catégories de la population rurale.

III

On s'en rendra compte en lisant, dans l'inventaire d'une des villas appartenant à Saint-Germain, la description d'une tenure occupée par un serf. Je prends cet exemple au commencement du Polyptyque, n° 6 du *breve* du fisc ou villa de Gaugiacus :

« Dominicus, serf, et son épouse, colone, appelée Landedrudis, hommes de Saint-Germain, ont avec eux quatre enfants, Badulfus, Bertraus, Lintardus, Grimharius. Il occupe un manse ingénuile, contenant sept bonniers de terre arable, deux parts d'arpent de vignes, un arpent de pré. Il paie comme les précédents [1], » c'est-à-dire qu'il doit cultiver au profit du seigneur, de même que les autres tenanciers de cette villa, quatre arpents de vignes, faire des mains-d'œuvre, des charriages, travailler aux coupes de bois, fournir en redevance trois poulets, quinze

---

1. « Dominicus servus et uxor ejus colona, nomine Landedrudis, homines sancti Germani, habent secum infantes IIII, his nominibus, Baldulfus, Bertraus, Lintardus, Grimharius. Tenet mansum ingenuilem I, habentem de terra arabili bunuaria VII, de vinea duas partes de aripenno, de prato aripennum I. Solvit similiter. » *Polyptyque*, I, 6.

œufs, plus deux muids de vin[1] représentant spécialement le prix du droit qui lui était accordé de mener ses porcs paître dans la forêt seigneuriale[2].

On remarquera que ces corvées et redevances sont dues, non par la personne du serf, mais par la manse qu'il occupe, quelle que soit la condition de l'occupant, et que le manse, ici, est un manse ingénuile, c'est-à-dire originairement tenu par un homme libre. Ces corvées et redevances sont le prix de la jouissance du manse, par conséquent équivalent à un loyer. Mais ce qui nous intéresse le plus, c'est la condition personnelle du tenancier.

Le manse est maintenant occupé et cultivé par une famille, composée du mari, de la femme et de quatre fils. Le mari est serf, la femme colone, l'un et l'autre qualifiés d' « hommes de Saint-Germain. » Dès les premiers mots, nous nous sentons bien loin

---

1. Guérard pense que le muid représentait au commencement du IXe siècle une capacité de 52 litres 20 centilitres environ. Guérard, t. I, p. 183; Longnon, t. I, p. 26.

2. « Solvit inde de vino in pascione modios II, facit in vinea aripennos III, manoperas, carroperas, caplim, pullos III, ova XV. » *Polyptyque*, I, 2. — *Pascio*, paisson, droit des porcs au passage et à la glandée dans la forêt; *caplim*, coupe de bois. — Citons, à propos de la *pascio*, une observation intéressante de M. d'Arbois de Jubainville (*Comptes rendus de l'Académie des Inscriptions*, 1883, p. 411) : « La grande étendue des bois, relativement aux terres cultivées, n'implique pas nécessairement que le sol ne pût nourrir un grand nombre d'habitants. Autrefois, en effet, à la différence de ce qui se fait maintenant, on pâturait les bois. On y nourrissait des troupeaux de porcs, et même des troupeaux de bœufs. Les terres boisées n'étaient donc pas des terres improductives pour l'alimentation des habitants. » — Le droit de *pascio* n'était exigé que dans les années où la récolte du vin avait été abondante; dans les mauvaises années, on en faisait remise aux tenanciers de Saint-Germain : « Si vinum creverit, in ipsa vinea quam facit, donat inde modium I in pascione; si nihil creverit, nihil donat, solum pullos III, ova V. » *Polyptyque*, IX, 212.

de l'antiquité païenne. L'épouse du serf porte aujourd'hui légalement le nom d'*uxor*. Leurs enfants vivent sous leur toit, en leur obéissance, et ne peuvent être séparés : le *Quem pater qui servus est?* de Plaute[1] ne se dira plus : tous les droits de famille sont rétablis. La révolution morale opérée par le christianisme est ici visible.

Mais on reconnaît aussi des traces sensibles de l'évolution sociale qui en fut la conséquence. Le serf Dominicus n'est pas le mari d'une serve : il a épousé la colone Landedrudis, qui est de deux crans au-dessus de lui, puisqu'elle est de condition supérieure non seulement à celle de serf, mais encore à celle du lide. Ces mariages inégaux sont nombreux dans la population rurale que décrit le Polyptyque. *Servus et uxor ejus colona, servus et uxor ejus lida*, et même *servus et uxor ejus libera*, s'y lisent souvent : plus rare est *servus et uxor ejus ancilla*. De tels mélanges s'y observent dans les autres catégories de la population. Le Polyptyque note des mariages de colons non seulement, ce qui est la règle commune, avec leurs égales, *colonus et uxor ejus colona*, mais aussi avec des femmes de condition plus basse, lides ou même serves, *colonus et uxor ejus lida, colonus et uxor ejus ancilla*, et aussi avec des femmes de condition plus haute, c'est-à-dire pleinement libres, *colonus et uxor ejus libera*. Mais nulle part cette fusion n'est plus sensible que dans les familles de

<hr>

1. Plaute, *Captivi*, III, iv, 508.

serfs : ceux-ci le plus souvent s'unissent à des femmes de condition supérieure : en dépouillant le Polyptyque, j'ai compté 86 mariages de serfs avec des colones, 12 mariages de serfs avec des lides, 3 mariages de serfs avec des femmes libres, et seulement 26 mariages de serfs avec des serves.

On voit que les règles jadis si sévères sur les unions d'esclaves ont perdu leur rigueur. Les lois qui défendent le mariage d'un *servus* avec une personne de condition différente, ou font tomber en servitude le libre qui épousait une esclave, ne sont pas abrogées : de telles unions sont encore interdites par le droit barbare comme elles l'étaient par le droit romain ; mais depuis longtemps déjà les mœurs se montrent plus humaines ou plus chrétiennes que les lois. Dès le VIIe siècle, une formule du recueil de Marculfe prévoyait le cas du rapt d'une femme libre, *ingenua,* par un esclave : le maître non seulement fait grâce à celui-ci de la vie, mais encore reconnaît le mariage et renonce à ses droits sur les enfants : légalement ils devraient naître ses esclaves, mais, avec sa permission, ils naîtront libres[1]. A plus forte raison agit-il ainsi quand la femme libre a épousé de son plein gré l'esclave : une variante de la même formule a trait à ce second cas[2]. Cette faveur est accordée *in Dei nomine... propter nomen Dei et remissionem peccatorum meorum.* Une formule d'Angers du même temps donne une solution sem-

1. *Formulae Marculfi,* II, 29.
2. *Ibid.*

blable[1]. Quand, dès cette époque reculée, les mœurs, même chez les laïques, étaient déjà ainsi en avance sur les lois, on ne s'étonnera pas qu'au ixe siècle des religieux aient accordé à leurs tenanciers de toute condition cette liberté de mariage à peu près complète[2] que constate presque à chaque page le Polyptyque d'Irminon.

IV

Ces mariages entre personnes de condition différente influaient sur celle des enfants. Dans le droit romain on peut, en y regardant de près, distinguer sur ce sujet plusieurs courants. D'après une jurisprudence, l'enfant né d'une mère libre et d'un esclave est esclave. *Ad inferiorem partem vadit origo*[3]. Cette dernière solution, la plus dure, est celle qui prévalut à l'époque barbare[4]. Cependant les em-

---

1. *Form. Andegav.*, 58.

2. Les serfs (comme les colons et les lides) de Saint-Germain étaient autorisés à se marier en dehors du domaine de l'abbaye (cf. second concile de Châlons, 812, canon 30) : « Servus et uxor ejus extranea. » Dans ce cas, les enfants suivaient la condition de la mère, et, si elle était serve, appartenaient au maître de celle-ci. Mais cela ne suppose pas un partage brutal et matériel des enfants : ils vivent avec leurs père et mère, seulement ils ne sont pas inscrits au Polyptyque, où leur existence est rappelée ainsi : « quorum infantes non sunt sancti Germani. »

3. La législation et la jurisprudence romaines sur ce sujet, aux trois premiers siècles, sont très clairement résumées par M. Paul Viollet, *Les établissemens de saint Louis*, éd. de la Société de l'histoire de France, t. I, 1881, p. 75-77.

4. Pour les pays dont la législation n'a pas reçu l'empreinte romaine, voir les deux formules franques citées plus haut (*Marculf.*, II, 29; *Andegav.*, 58); pour ceux qui ont adopté la législation romaine,

pereurs du iv° siècle avaient adopté, pour des espèces
particulières, mais qu'il était facile de généraliser, des
solutions mixtes. Constantin déclara, en 326, que les
enfants nés de femmes libres qui se seraient mariées
à des esclaves du fisc ne naîtront pas esclaves, mais
dans une condition intermédiaire, qui les soumettra
à l'autorité patronale, c'est-à-dire les assimilera à des
affranchis [1]. Gratien, Valentinien et Théodose, exa-
minant l'hypothèse inverse, décidèrent que les enfants nés d'un homme libre et d'une colone ou d'une
esclave du fisc suivraient la condition de la mère [2]. On
semble s'être, sur les terres de Saint-Germain, inspiré de ces deux lois, ce qui est logique, puisque
nous voyons, à l'époque barbare, les esclaves ou
serfs ecclésiastiques toujours assimilés aux *fiscalini*.
C'est à la loi de Gratien qu'on se rattache, quand on
déclare lides trois des enfants du colon Frutbert,
remarié à une colone, parce que ceux-ci sont nés de
sa première femme, qui était lide : *isti tres sunt lidi,*

voir l'interprétation wisigothique du *Code Théodosien* (Haenel, *Lex
romana Wisigothorum*, 1848, p. 114, 115).

1. « Sobolem vero, quae patre servo fiscali, matre nascetur ingenua,
mediam tenere fortunam, ut servorum liberi et spurii liberorum Latini sint, qui, licet servitutis necessitate solvantur, patroni tamen
privilegio tenebuntur. » *Code Théodosien*, IV, xi, 3. « Spurii liberorum » ne veut pas dire illégitimes, mais demi-libres. Les mots « ut
Latini sint » font de ces enfants de femmes libres et d'esclaves du
fisc des Latins Juniens, ce qui était une catégorie d'affranchis. Sur
les Latins Juniens, voir Lemonnier, *Etude historique sur la condition privée des affranchis*, p. 205-227. La loi de Constantin fut con-
firmée, en 362, par Julien; *Code Théodosien*, IV, xi, 6. — Guérard
qui renvoie à ces deux lois (t. I, p. 47) et Longnon qui le copie citent
à tort le titre ix au lieu du titre xi.

2. « Ex ingenuo et colonis ancillisque nostris natos natasve, ori-
gini ex qua matres eorum sunt facies deputari. » *Code Justinien*, XI,
LXVII, 4.

quoniam de lida matre sunt nati [1]. C'est de la loi de Constantin qu'on s'inspire quand, énumérant la famille du serf Martin, remarié avec une serve, on déclare lides trois de ses fils qui sont nés d'une colone, sa première femme, leur assignant ainsi une condition intermédiaire entre celles de leurs parents : *sunt lidi, quoniam de colona sunt nati* [2].

Ce n'est pas encore l'évasion complète de la condition servile, mais c'est la fissure par laquelle on en sort peu à peu [3]. Les réflexions du premier éditeur du Polyptyque, Guérard, sur le sujet sont trop remarquables pour n'être pas citées : —

« L'homme en se mariant hors de sa caste, dit-il, prenait ordinairement (et cela est naturel) une femme au-dessus de lui [4]. Alors voici ce qui arrivait : comme, en général, la condition des enfants se réglait beaucoup plus d'après celle de la mère que d'après celle du père, ceux qui, par exemple, nais-

---

1. *Polyptyque*, ix, 25.

2. *Ibid.*, xiii, 65.

3. Quand on en veut sortir. Il y eut en effet des personnes qui, par dévotion, ou parce qu'elles y voyaient une garantie plus grande de sécurité, se vouèrent non seulement à rester serves d'une Eglise toute leur vie, mais y vouèrent après elles leur postérité. On lit dans le Polyptyque de Saint-Maur des Fossés (Baluze, t. II, p. 1391) : « Hisenburgis Britonnisa gratanter se condonavit sancto Petro, antequam acciperet maritum, ut in posterum cum filiis et filiabus sub servitutis jugo teneatur. » Elle veut que ses enfants naissent esclaves de l'abbaye et c'est pour cela qu'elle, femme libre, se donne en esclavage à cette abbaye avant de se marier.

4. En étudiant l'ensemble des mariages mixtes de Saint-Germain, non seulement pour les serfs (comme nous l'avons fait plus haut, p. 210) mais encore pour les lides et les colons, on trouve que ceux où un homme épouse une femme de condition plus élevée que la sienne, comparés à ceux où la femme est de condition plus basse, sont presque de deux contre un.

saient du mariage d'un serf avec une lide étaient
lides, et ceux qui naissaient du mariage d'un serf
avec une colone étaient de même lides, sinon colons.
Mais nous avons constaté que ces sortes de mariages étaient les plus fréquents des mariages mixtes :
donc les conditions personnelles tendaient conti-
nuellement à s'élever, et s'élevaient en effet, très
souvent, de père en fils. Au contraire, les conditions
inférieures allaient toujours s'appauvrissant, et
menaçaient de s'éteindre : si bien qu'après quelques
générations les rangs des colons s'étaient serrés et
ceux des serfs éclaircis [1]. »

V

Le mouvement était sans doute commencé depuis
plusieurs générations dans le domaine ecclésiastique
de Saint-Germain, à en juger par les chiffres com-
paratifs que l'on peut extraire du Polyptyque. Parmi
les 2.800 ménages existant sur les fiscs dont la description nous a été conservée, on n'en compte guère
que 120 de serfs [2] : le reste se composait de ménages
de colons pour la très grande partie, de ménages de
lides pour une partie beaucoup moindre, de quelques
ménages d'hommes libres, et d'un assez grand
nombre de condition mixte ou incertaine. Dans la
population résidant sur le vaste territoire que gou-

1. Guérard, t. I, p. 391-392.
2. Fort inégalement répartis : tel fisc ne contient pas un seul serf ;
dans tel autre, comme celui de Neuilly, ils forment les deux tiers
de la population.

vernait, au commencement du ixe siècle, l'abbaye de Saint-Germain, les serfs ne formaient plus qu'une infime minorité.

Il en est de même dans la plupart des grands domaines ecclésiastiques dont le souvenir nous a été conservé. Dans le Polyptyque de l'abbaye de Saint-Bertin, à Saint-Omer, rédigé au milieu du ixe siècle par l'abbé Adalart, l'analyse de dix-neuf villas donne les résultats suivants : une population libre, composée de bénéficiers, de tenanciers importants, des divers officiers de l'abbaye, de colons faisant seulement deux ou trois jours de corvée par an, au nombre de 153 ; d'hommes libres censitaires, désignés sous diverses dénominations, au nombre de 1.560 : total, 1.778 ; une population servile, composée de serfs et de serves, *servi* et *ancillae*, au nombre de 166, et de *mancipia*, au nombre de 296 : total, 462. La population libre paraît ici supérieure des deux tiers à la population servile ; cette supériorité paraîtra beaucoup plus grande si l'on fait attention que, dans le Polyptyque, les femmes et les enfants ne sont pas compris dans l'énumération des libres, tandis que, dans celle des non libres, sont indiquées les *ancillae*[1].

---

1. Voir les *Fragmenta Polyptychi Sithiensis*, publiés par Guérard, *Polyptyque d'Irminon*, t. II, p. 292-296, et, d'après une copie plus complète, p. 396-406. Mes calculs ont été faits d'après le fragment p. 292 et suiv. ; dans le second, quelques autres villas sont décrites, ce qui donne, pour les diverses classes de la population, des chiffres plus élevés, mais sans modifier les proportions. Encore est-il difficile, en lisant le Polyptyque, de reconnaître si les *mancipia* ne sont pas les esclaves personnels des tenanciers libres (cf. Guérard, t. I, p. 309), et par conséquent s'ils doivent ou non être additionnés avec les *servi*.

Les proportions changent un peu dans les terres de l'abbaye de Fulda ; mais là encore la population libre l'emporte sur la population servile. Les libres, c'est-à-dire les *lidi* et les *coloni,* y sont au nombre de 1.790, les serfs de diverses dénominations, *slavi, servitores,* au nombre de 832. Les premiers l'emportent donc de moitié sur les seconds [1]. Cependant ce calcul n'est pas très sûr, car il se peut qu'à Fulda les *tributarii,* au nombre de 372, soient à joindre à la population servile. Mais il se peut aussi que l'on doive en retrancher les *servitores.* Je trouve, en effet, dans une des terres de l'abbaye, l'indication suivante : 30 *servitores* payant chacun trois *modii* d'avoine, sans devoir aucun service, et 80 *tributarii* devant un cens et faisant de plus un service quotidien. D'autre part, je remarque huit terres auxquelles sont attachés 402 *slavi,* qui paient des redevances de cochons, poulets, lin brut ou tissé en étoffes, froment, seigle, avoine, argent, mais ne paraissent pas devoir de services personnels. Les conditions semblent donc, en fait, très nivelées ; du reste, quelques corrections que l'on doive apporter au calcul proposé plus haut, la population certainement libre demeurerait encore supérieure à la population servile.

---

1. Les *lidi,* qui sont au nombre de 899, sont certainement des libres : ainsi, sur un ensemble de 15 terres occupées par 594 *lidi,* la redevance totale est de 630 cochons, 434 pièces d'étoffe, 739 poulets, 8.194 œufs, 189 moutons, 39 charrettes de blé, 455 *modii* d'avoine, etc., plus pour chacun seulement 9 jours de services corporels par an. Guérard, t. II, p. 928.

LES ORIGINES DU SERVAGE.   13

La même impression est produite par le Polyptyque (un peu postérieur) de l'abbaye alsacienne de
Marmoutiers. Dans la marche ou dépendance im-
médiate de celle-ci (*Moresmarcha*) on compte 120
manses ingénuiles et 25 manses serviles ; proportion
analogue en dehors de la marche et en d'autres possessions de l'abbaye[1]. Il n'y a que sept manses
serviles dans les terres de l'évêché de Cologne[2], et
les possessions de l'évêché d'Augsbourg comptent,
au IXe siècle, 1.039 manses ingénuiles contre 466
manses serviles[3].

VI

Cette minorité de serfs, à y regarder de près,
jouissait, soit en droit, soit au moins en fait, de la
plupart des avantages possédés par les hommes
libres. D'abord, de la stabilité : stabilité de deux
sortes, celle qui consistait à ne pouvoir être aliéné,
celle qui consistait à ne jamais voir augmentées ses
obligations et ses charges.

La première appartenait au IXe siècle, nous l'avons
vu, à tous les serfs de la glèbe. Elle était particu-

---

1. Guérard, *Polyptyque d'Irminon*, t. III, p. 930 et suiv.; *Charta
bonorum Maurimonasterii*, anno 1120, dans Schœpflin, *Alsatia illu-
strata*, t. I, 1751, p. 198 et suiv.

2. Maurer, *Geschichte der Fronhöfe*, t. I, p. 354; cité par Garsonnet, *Histoire des locations perpétuelles*, p. 272.

3. « Habet quippe summa Augustensis episcopatus mansos inge-
nuiles vestitos MIV, absos XXXV; serviles vero vestitos CCCCXI, absos
XLV. » *Specimen breviarii rerum fiscalium Caroli Magni*, dans
Guérard, *Polypt. d'Irminon*, t. II, p. 299.

lièrement garantie aux serfs ecclésiastiques. Ils se perpétuaient, de père en fils, sur les terres cultivées par leurs ancêtres. On trouvait encore, au commencement du xii° siècle, dans le domaine de l'abbaye du Mont Cassin, des descendants de serfs donnés aux moines en 817[1]. « Chez les moines bénédictins d'Arezzo, j'ai vu, écrit Muratori, un antique parchemin contenant la généalogie de beaucoup de serfs de ce monastère, dans laquelle étaient énumérés leurs pères, aïeuls, bisaïeuls, leurs fils, petits-fils, collatéraux, leur avoir, les fuites, les translations, avec autant de soin que les nobles en mettent à tenir leur propre généalogie[2]. » Une note qui se lit au Polyptyque d'Irminon donne la généalogie, pendant six générations, d'une famille appartenant à l'abbaye de Saint-Germain[3]. Dans le parchemin d'Arezzo cité par Muratori on a remarqué « les translations » de serfs. Ils pouvaient, en effet, être transférés d'un manse à un autre, mais toujours sur les terres de l'abbaye. Ces translations pouvaient se faire même pour les colons : une loi de la première année du v° siècle prévoit le cas où un propriétaire retirerait les colons d'une terre suffisamment peuplée pour les établir sur une autre qui manquait de cultivateurs[4].

---

1. Chronique de Léon d'Ostie, citée par Muratori, *Dissertazione sopra le Antichita italiane*, t. I, p. 121.

2. *Ibid.*

3. *Polyptyque*, xxix, 51. Cette note paraît avoir été écrite au commencement du xii° siècle.

4. « ... Si quando utriusque fundi idem dominus de possessione referta cultoribus ad eam coloniam, quae laborabat tenuitate, colonos transtulerit... » Arcadius et Honorius, année 400, au *Code Justinien*, XI, xlvii, 13.

On a des exemples de translations de colons et de serfs d'un domaine à un autre dans le Polyptyque de Saint-Germain[1]. La condition des uns et des autres n'en demeurait pas moins stable, puisqu'ils ne changeaient pas de propriétaire : le changement de résidence pouvait même quelquefois avoir été demandé ou désiré par eux, comme chez nous un fermier qui a augmenté son avoir désire passer sur une ferme plus grande.

Mais il est un genre d'instabilité auquel, avant le ix⁰ siècle, même le serf ecclésiastique put, dans de très rares circonstances, être exposé, et qui n'exista plus pour lui après le milieu de ce siècle. On a vu[2] que les propriétés de l'Église ne pouvaient, d'après le droit canonique, être échangées que dans le cas où l'échange produirait un avantage à celle-ci. Dans ce cas l'échange était permis, celui des terres et aussi celui des serfs. Le cas était probablement exceptionnel, d'abord parce que les échanges de biens sont rares, ensuite parce qu'il n'était pas toujours facile à l'une des parties d'y trouver un avantage bien marqué. Le cas, cependant, pouvait se produire. En 828, Louis le Débonnaire et Lothaire autorisent l'échange fait par Flodegaire, évêque d'Angers, d'un serf de son Église contre deux serfs cédés par le laïque Winnerade[3]. On comprend que la prévision

<hr>

1. *Polyptyque*, xii, 9, 11, 12, 19, 20, 23, 24, 40-43, 46 ; xxiv, 40, 41, 129. Cf. Guérard, t. I, p. 237.

2. Voir, plus haut, p. 104.

3. Baluze, *Appendix actorum veterum*, xlvi, dans *Capitularia*, t. II, p. 1430.

de semblables circonstances pût diminuer la sécurité
dont jouissait à tous autres égards le serf d'Église.
Ainsi s'expliquent les précautions prises quelquefois.
Dans le Polyptyque de Saint-Maur des Fossés, on lit,
à la suite d'une énumération de serfs du monastère,
la mention suivante : « Ingelburge, fille de Vital de
Buxido, s'est donnée au bienheureux Pierre, sous
la condition que les moines ne la vendraient ni ne la
donneraient jamais à aucun homme[1]. » On se donnait
fréquemment ainsi à un monastère ou, comme on disait, à un saint, par dévotion sans doute, mais aussi
pour s'assurer la perpétuelle protection de l'Église
et le sort très doux qu'elle faisait à ceux qui étaient
sous son joug. Mais on craignait de l'échanger un
jour contre un joug plus dur, comme était celui
des propriétaires laïques.

Une telle inquiétude n'eût plus eu de raison d'être
au milieu du ixe siècle. La situation des serviteurs
de l'Église avait tellement grandi, que le législateur
n'admettait plus qu'ils pussent être mis en compensation avec les serviteurs des laïques, et être dans
aucun cas échangés avec ceux-ci. Deux Capitulaires
le disent très nettement. « Que personne, écrit Charles
le Chauve en 853, n'échange contre d'autres les
mancipia ecclésiastiques, à moins que par ce moyen
ils n'acquièrent la liberté. Et que les *mancipia* qui
auront été donnés en échange demeurent toujours
sous le joug de l'Église, pendant que l'homme de

1. *Polytychus monasterii Fossatensis*, ibid., p. 1391.

l'Église qui a été échangé contre eux jouira de la liberté perpétuelle[1]. » A l'avenir, donc, quand une Église ou un monastère échangera, soit seuls, soit avec les terres qu'ils occupent, les serfs lui appartenant contre d'autres serfs ou d'autres terres, les serfs donnés en échange par l'Église ou le monastère devront, par l'effet même de cet acte, recevoir la liberté. Un diplôme, daté de l'année qui suit le Capitulaire, nous fait voir l'application de cette règle. Charles le Chauve, en 854, confirme l'échange fait entre un seigneur nommé Betto et l'abbé de Saint-Denis : dans cette confirmation il est dit que les *mancipia* cédés par celui-ci seront désormais libres[2].

Un autre Capitulaire[3] pose de nouveau la même règle, en l'appuyant de considérants très énergiques. « Il paraît injuste et impie que les *mancipia*, qué des

1. « Ut missi nostri omnibus per illorum missaticum denuntient ne commutationes rerum ecclesiasticarum, sine licentia vel consensu nostro facere praesumat, neque mancipia ecclesiastica quisquam nisi ad libertatem permutet. Videlicet ut et mancipia quae pro ecclesiastico dabuntur in Ecclesiae servitute permaneant, et ecclesiasticus homo qui commutatus fuerit perpetua libertate fruatur. » Capitulaire de 853, 12; Baluze, t. II, p. 57; cf. p. 209.

2. Bouquet, *Recueil des historiens de France*, t. VIII, p. 532. — Par un diplôme de 852 (cité par Guérard, t. I, p. 853), Louis le Germanique donna à l'évêque de Passau l'autorisation d'échanger des terres et des *mancipia* de cette Église contre des terres et des *mancipia* appartenant à des seigneurs laïques. Il n'y est pas fait, pour les premiers, la réserve de liberté que nous venons de voir dans le diplôme de 854. Peut-être était-elle déjà considérée comme de droit; ou peut-être faut-il attribuer ce silence au fait que le diplôme de 852 est antérieur d'une année au Capitulaire de Charles le Chauve qui rend cette mise en liberté obligatoire.

3. Baluze le publie à la suite des Capitulaires de Louis II, *Fragmenta Capitulariorum*, 12 (t. II, p. 364). Il l'indique comme fait à Quierzy, *ex Capitulis ad Carisiacum*, où séjournèrent tant de fois les princes carolingiens.

hommes ou des femmes fidèles ont consacrés à Dieu et à ses saints pour le salut de leur âme, soient ramenés par vente, échange, ou à quelque prix que ce soit, dans la servitude séculière : les canons ne permettent de tirer des domaines ecclésiastiques que les seuls esclaves fugitifs[1]. C'est pourquoi tous ceux qui gouvernent les Églises doivent avoir grand soin qu'avec l'argent des uns les autres ne fassent pas une spéculation coupable. Car, de même qu'il ne convient pas qu'un homme libre soit réduit à la condition d'esclave, de même il serait absurde qu'un esclave tombât de la dignité ecclésiastique à la servitude purement humaine[2]. » On remarquera la force de ces dernières paroles, et la situation qu'elles définissent : elles semblent mettre autant de différence entre l'état d'un *mancipium* de l'Église et celui d'un esclave ou serf ordinaire, qu'entre l'état d'un esclave et celui d'un homme libre. La stabilité du serf ecclésiastique est désormais garantie contre toute atteinte[3].

---

1. En punition de leur fuite, ceux-ci perdent le privilège de l'inaliénabilité.

2. « Injustum videtur et impium ut mancipia quae fideles viri seu feminae pro remedio animae suae Deo et sanctis ejus consecrarunt, cujusque numeris, pretii, vel commutationis commercio iterum in secularem servitutem redigantur, cum canonica auctoritas servos fugitivos tantummodo distrahi permittat. Et ideo omnes rectores ecclesiarum summopere caveant ne unius eleemosyna alterius peccatum fiat. Sicut enim indecens est ut ex libero servus fiat, sic absurdum est ut ex ecclesiastica dignitate servus decidens humanae obnoxius sit servituti. » *Fragmenta Capitulariorum*, 12, dans Baluze, *Cap.*, t. II, p. 364.

3. Tout ceci achève de détruire les théories réfutées plus haut (p. 108 et suiv.) sur l'impossibilité d'affranchir les esclaves de l'Église. Non seulement ils *pouvaient*, mais dans certains cas ils *devaient* être affranchis.

Le second genre de stabilité assuré aux serfs en général, et particulièrement aux serfs ecclésiastiques, pendant le ixe siècle, consiste dans la fixité de leurs charges et redevances, qui ne peuvent être ni changées ni aggravées. Le plus souvent, elles étaient indiquées par écrit. C'était la loi du domaine, loi invariable. Nous avons vu qu'il en fut ainsi dès le vi[e] siècle sur les terres possédées par l'Église romaine en Sicile[1]. Nous le voyons plus clairement encore dans le Polyptyque de Saint-Germain des Prés. Chaque manse a son article, sa petite charte. A la suite de la description de plusieurs des villas se lit même une attestation donnée par les représentants des intéressés. Ils reconnaissent l'exactitude de la description, l'exactitude des charges imposées à chacun; et la description ainsi écrite au nom du propriétaire, ainsi souscrite par les cultivateurs, forme un véritable contrat, un engagement réciproque *ne varietur*. Mais là où n'a point été rédigé, comme on l'a fait à Saint-Germain et ailleurs, un titre écrit[2], il est suppléé par la coutume. La coutume ne joue

1. Voir plus haut, p. 96.

2. Pour les grands domaines soit royaux, soit ecclésiastiques, l'usage le plus commun était de rédiger ainsi les Polyptyques : « ut illi coloni, tam fiscales quam ecclesiastici, qui, sicut in Polyptycis continetur, etc. » Edit de Pistes (864), 29; Baluze, t. II, p. 188 ; Pertz, *Leges*, t. I, p. 492. — Ces titres écrits faisaient foi contre les tenanciers aussi bien qu'en leur faveur. En 828, les colons de la terre d'Antoigné ayant cru que l'abbé de Cormeri, dont ils dépendaient, aggravait leurs charges, le citèrent au tribunal de Pépin, roi d'Aquitaine, et l'abbé fut obligé, pour gagner sa cause, de prouver que rien n'avait été changé à la loi de la terre, et qu'il n'exigeait des colons rien de plus que ce qui avait été porté au Polyptyque rédigé en 801 par Alcuin, et reconnu alors par leur propre serment. *Placitum de colonis villae Antoniaci*, dans Guérard, t. II, App. IX, p. 344.

plus un grand rôle dans notre droit, sauf peut-être dans le droit canonique. Elle en avait un très considérable au moyen âge. Les serfs, qui n'étaient point autant qu'on le croit des êtres déprimés, mais souvent au contraire des hommes attentifs à leurs intérêts et conscients de leurs droits, savaient au besoin l'invoquer contre leur seigneur et la faire triompher en justice. En 906, ceux de la *curtis* de Lemonte, appartenant au monastère de Saint-Ambroise de Milan, se plaignirent d'être chargés au delà de ce qu'ils devaient. Ils plaidèrent devant le *missus* impérial, qui était André, archevêque de Milan. L'abbé, dirent-ils, nous demande un cens et un service de navigation [1], qui ne lui sont pas dus. Son préposé ravit injustement nos bestiaux; il veut nous obliger à cueillir et à presser les olives *contra consuetudinem*, à tailler les vignes *contra consuetudinem*, etc. Au nom de l'abbé, on répondait que les plaignants avaient été donnés au monastère par l'empereur en qualité de *servi*, et que par conséquent l'abbé pouvait leur commander ce qu'il voulait. Non, répliquaient les serfs; nous ne devons que ce que devaient nos pères, quand ils appartenaient à l'empereur; nous avons eu coutume seulement, *nos soliti fuimus*, de payer chaque année trois livres de deniers et dix *solidi*, et de fournir douze setiers de froment,

---

1. *Navigium.* Il s'agit ici des transports de denrées sur le lac de Côme. Il est mention aussi du *navigium* dans le Polyptyque d'Irminon : les manses ingénuiles de la *Villa supra mare* sont tenus de faire la navigation sur la Seine jusqu'au monastère. *Polyptyque,* xx. 3; et Guérard, *Prolégomènes,* t. I, p. 801.

trente livres de fromage, trente couples de poulets, trois cents œufs, et de presser les olives sur la *curtis* de Lemonte, mais en recevant un salaire de l'empereur [1]. On fit entendre des témoins, qui affirmèrent que telle était la coutume : la sentence du *missus* donna raison aux serfs [2].

Quand les serfs avaient le droit de plaider ainsi, même contre leur maître, leur parole était bien près de valoir celle des hommes libres. Quelle différence avec l'esclave antique! Celui-ci n'avait le pouvoir ni d'intenter un procès [3], ni de faire entendre des témoins [4]. Aujourd'hui, les serfs de Milan gagnent leur cause, et la sentence qui leur donne raison s'appuie sur la déposition des témoins cités par eux. Aussi ne s'étonnera-t-on pas qu'eux-mêmes soient maintenant admis à rendre témoignage, ce que la loi romaine interdisait en règle générale aux serfs [5]. Je

---

1. « Cum regis dispendio. » Ce salaire consistait probablement dans la nourriture. Dans certaines corvées, prévues au Polyptyque d'Irminon, les tenanciers recevaient le pain, les aliments et la boisson. Guérard, t. II, p. 762. Il en est de même dans les Polyptyques de Saint-Amand, de Saint-Maur, dans le Registre de Prume, etc.

2. Muratori, *Diss. sopra le Ant. italiane*, t. I, p. 123-124. — Il arrivait, d'autre part, que les serfs invoquaient à tort la coutume ou la possession d'état contre les prétentions des propriétaires, et perdaient leur procès : en 861, serfs de la terre de Mitri prétendant être colons et non serfs, et déboutés de leur demande après audition de témoins (diplôme de Charles le Chauve, dans Bouquet, *Recueil des historiens de France*, t. VIII, p. 567). De même, des serfs de Saint-Remi de Reims réclament, se prétendant d'origine libre : des vieillards entendus comme témoins, *testes senissimi*, affirment que les ancêtres des réclamants ont été achetés par l'abbaye, et le jugement des huit scabins les condamne à rester serfs (Guérard, t. II, App. II, p. 289, note 4).

3. Térence, *Phormio*, II, i, 292.

4. Plaute, *Curculio*, V, ii, 630.

5. *Digeste*, XXII, v, 7, 21. Voir Wallon, *Hist. de l'esclavage*, t. II, 187 , p. 184.

disais tout à l'heure que dans l'inventaire de plusieurs
fiscs du Polyptyque d'Irminon se lit l'attestation de
représentants des tenanciers en affirmant l'exactitude.
Cette affirmation était faite sous serment, *isti jurati
dixerunt*. Les jureurs étaient pris à peu près indifféremment parmi les tenanciers de toute condition[1]. On
trouve surtout parmi eux des colons, ce qui est naturel, puisque les colons forment la très grande majorité de la population soumise à Saint-Germain.
Mais on y trouve aussi des lides et des serfs[2]. Sur
les quatorze qui authentiquent par leur serment
l'inventaire du fisc de Thiais, il y a un serf, Gaugius,
investi des fonctions de doyen, c'est-à-dire d'adjoint
au maire[3]. La liste des témoins jurés de l'inventaire
du fisc de Boissy, au nombre de quarante-deux, contient neuf serfs.

VII

L'association est très fréquente sur les terres de
Saint-Germain. Un grand nombre de manses sont
cultivés par l'effort réuni de plusieurs ménages de
colons. Mais les serfs s'associent aussi.

1. Ce serment pouvait être invoqué contre eux en cas de contestation. Voir plus haut, p. 36, note 1.

2. Dès le viie siècle, le serment des serfs du roi et de l'Église est
admis, quand ils sont poursuivis en justice; loi des Ripuaires (attri-
buée à Dagobert II, 628-638), lviii, 20, 21.

3. Sur les fonctions de doyen, voir Guérard, t. I, p. 461. Mais Guérard se trompe en disant que « tous les doyens du Polyptyque sont
colons. » Celui de Thiais est serf, « Gaugius servus sancti Germani, »
et, à la liste des témoins jurés, « Gaugius decanus. » On ne trouve
pas d'autre Gaugius parmi les tenanciers de ce fisc.

Quelquefois un manse, ou même une fraction de manse, est cultivé par une société formée de plusieurs serfs ou serves. Quelquefois aussi, et même fréquemment, les serfs se mettent en société avec des tenanciers de condition plus élevée. Dans le fisc de Palaiseau, un manse qualifié de servile est cultivé par un serf, époux d'une femme libre, et associé d'un colon[1]. Le fisc de Neuilly contient de nombreux manses cultivés en association par des serfs : ici, trois ménages associés, un serf époux d'une lide, un serf et sa femme lide également, et un autre lide; ailleurs, sur un même manse, un serf époux d'une lide, un serf époux d'une serve, et une serve veuve; ailleurs encore, des sociétés formées d'un serf et de sa femme colone, d'un serf et de sa femme lide, et de deux serfs, ou encore d'un serf et de sa femme lide associés à un serf et à sa femme colone. Le fief de Bussy est un de ceux où se rencontrent le plus souvent des mariages mixtes et des associations composées de personnes de condition différente. Ces communautés agricoles sont ordinairement de deux ménages, quelquefois de trois, de quatre, même de six. Comprenant, quand les enfants étaient en état de travailler, un nombre de membres quelquefois très grand[2], elles devaient fournir un travail intensif, et mettre facilement en valeur les terres de dimension moyenne qui composaient un manse.

---

1. *Polyptyque*, ii, 113.

2. Dans un manse du fisc de Villemeux, une société formée de trois ménages comprend quatorze personnes, en comptant les enfants. *Polyptyque*, ix, 24. Ailleurs, un demi-manse ingénuile est cultivé

Le Polyptyque donne aux associés le nom de *socii*[1].
Voici un exemple intéressant. Il s'agit d'un manse
ingénuile du fisc de Maule : « Es canradus, serf, et sa
femme Girlindis, colone, de Secqueval, hommes de
Saint-Germain. Leurs fils sont Richard, Gislevert.
Il réside dans la cour d'Ostrulfis. Et son associé
Erlulfus, colon (*et socius ejus Erlulfus, colonus*). Ils
occupent un manse ingénuile contenant dix bonniers
de terre arable, un arpent de vigne, deux arpents de
pré[2]. » Dans ces associations, dont la légalité est
établie et reconnue, toutes les classes de la population rurale sont mêlées, et se rencontrent sur un
même pied d'égalité. La note que je viens de traduire
nomme même le serf le premier, et le colon son associé le second. D'autres exemples pareils pourraient
être cités. Il semble qu'un niveau ait passé sur la
hiérarchie des tenanciers. Les préséances n'existent
plus.

en association par douze associés : « isti xii tenent dimidium mansum ingenuilem. » *Ibid.*, xxv, 22.

1. *Polyptyque*, xiii, 1, 5; xxi, 28; xxiv, 39, 64, 88, 89, 113, 117, 126,
127, 132, 139, 175, 179, etc. — Une femme associée est appelée *socia* :
« Winefredus servus et uxor ejus colona, nomine Froklindis... et
socia ejus, nomine Rainildis... » xxiv, 33. — On remarquera que,
dans les terres de Saint-Germain, les femmes jouissent des mêmes
droits que les hommes : plusieurs fois il est question dans le Polyptyque d'une femme libre, colone ou serve, probablement veuve,
cultivant soit seule, soit en société, un manse ou une partie de
manse : ix, 18, 235; xi, 3; xii, 10, 22, 25; xiii, 8, 21, 68; xiv, 80; xx,
38, 39, 40, 41; xxiii, 17. Cette reconnaissance de la capacité féminine
est intéressante à noter.

2. « De Hostrulfi curte. Escanradus servus et uxor ejus colona, de
Sicca Valle, nomine Gislindis, homines sancti Germani. Isti sunt filii
eorum : Richardus, Gislevertus. Manet in Ostrulfi curte. Et socius
ejus Erlulfus colonus, homo sancti Germani. Tenet mansum i ingenuilem, habentem de terra arabili bunuaria x, de vinea aripennum i,
de prato aripennos ii... » *Polyptyque*, xxi, 28.

Que nous sommes loin, encore une fois, de l'esclave antique! J'ai dit un peu plus haut que le serf, à la différence du colon et du lide, ne pouvait posséder rien en propre, tout ce qu'il acquérait faisant partie de son pécule et devenant, par conséquent, propriété du maître. C'était le droit écrit, mais de ce droit qui parfois se survit à lui-même en théorie, alors que dans la réalité des faits il est depuis longtemps oublié. Sur le parchemin d'Arezzo, cité tout à l'heure d'après Muratori, étaient indiquées non seulement la généalogie des serfs, mais diverses autres choses encore, parmi lesquelles leur avoir[1]. Ils pouvaient donc posséder, et d'une façon durable, puisqu'elle était constatée par écrit.

Leurs possessions n'étaient point seulement mobilières : nous voyons des serfs propriétaires d'immeubles. Cela remonte à une époque fort antérieure à notre Polyptyque, puisqu'une formule de Marculfe prévoit le cas. Il s'agit d'un maître donnant en pleine propriété à son *servus* un manse dépendant de sa villa, avec terres, bâtiments, vignes, pré, bois, et même *mancipia* qui y sont attachés[2]. Le serf pouvait lui-même avoir des serfs[3]. Il est question, au Polyptyque d'Irminon, de serfs propriétaires. Le serf Ratbert et sa femme la serve Alda possèdent,

---

1. « Il loro avere, » dit Muratori.

2. *Formulae Marculfi*, II, 36; Baluze, *Cap.*, t. II, p. 425; Rozière, *Recueil général des formules usitées dans l'Empire des Francs*, t. I, 1859, n° 161.

3. « Hic habet unum servum nomine Rotbertus cum uxore sua et mancipiis suis. » Guérard, t. II, Append. XVI, p. 351.

habent, trois ansages de terre arable, deux parts d'arpent de vigne, et un demi-arpent de blé[1]. Un autre *servus sancti Germani,* Morhaus, a acheté, *conquisivit,* un manse beaucoup plus étendu, puisqu'il comprend dix-neuf bonniers et vingt perches de terre labourable, et sept arpents de pré : lui ou son héritier l'a donné en bénéfice à un certain Witlaicus, dont on ne nous dit pas la condition, et qui est peut-être un homme libre : celui-ci emploie à cultiver cette terre « deux manants étrangers, *duos extreneos manentes,* époux de deux femmes de Saint-Germain[2]. » Ces possessions sont inscrites dans le Polyptyque, sans doute parce que les moines de Saint-Germain, comme ceux d'Arezzo, tenaient note de l'avoir de leurs serfs. Les exemples donnés par le Polyptyque sont peu nombreux : mais ils suffisent à montrer que la propriété n'était pas refusée au serf. La formule de Marculfe nous dit clairement que cette propriété n'était pas seulement viagère, mais passait après le serf à ses héritiers[3]. Elle prévoit que

1. *Polyptyque,* xvii, 46.
2. « Terram quam conquisivit servus sancti Germani, nomine Maurhaus, in pago Oxomense, in centena Corbonense, in loco qui dicitur Vallis Maurharii. Habet ibi mansum i, habentem de terra arabili bunuaria xviii et perticas xx, de prato aripennas vii. Tenet nunc ipsam terram Witlaicus in beneficio. Habet ibi homines duos extraneos manentes, et habent feminas sancti Germani, quorum infantes isti sunt, etc... » *Polyptyque,* xii, 47.
3. « ... Pro respectu fidei et servitii tui, quam circa nos impendere non desistis, promptissima voluntate cedimus tibi a die praesente locello nuncupante illo, aut manso infra termino villa nostra illa cum omni adjacientia ad ipso locello aut mansello aspiciente, terris, domibus, mancipiis, vineis, pratella, silvola, vel reliquis beneficiis ibidem aspicientibus, ita ut ab hac die ipso jure proprietario, si ita convenit, aut sub reditus terrae in tua revocas potestate, et nulla fonctione aut reditus terrae vel pascuario aut agrario, caropera, aut

le bien possédé par le serf sera libre de toute charge et de toute redevance [1]. C'est le *ipsum jus proprietarium*, comme elle dit en latin barbare [2].

Telle était la situation prospère à laquelle pouvaient parvenir les serfs. On en vit de plus heureux

quodcunque dici potest, exinde solvere nec tu nec tua posteritas nobis nec heredibus nostris nec cuicunque post nos ipsa villa possederit, non debeatis, nisi tantum si vult riga ; sed ipsum omnibus diebus vitae tuae aut heredis tui emuniter debeatis possidere, vel quidquid exinde facere volueritis liberam habeatis potestatem... » La formule est intitulée : *Si aliquis servo vel gasindo suo aliquid concedere voluerit.* Nous venons de voir que les serfs pouvaient devenir propriétaires autrement qu'en vertu d'une donation : le serf Morhaus s'était trouvé assez riche pour acheter, *conquirere*, la terre inscrite au Polyptyque. La formule de Marculfe dit que le serf propriétaire pourra cultiver lui-même son bien *ipso jure proprietario*, ou en tirer un revenu en l'affermant, *aut sub reditus terrae in tua revoces potestate.* C'est ce dernier parti que semble avoir pris le serf Maurhus, puisqu'il a donné sa terre en bénéfice à Witlaïcus, qui devait probablement, comme d'autres bénéficiers (cf. *Polyptyque*, I, 40 ; XVI, 91, et fragm. II, 4), acquitter un cens et faire des corvées.

1. Cela dépendait naturellement des conventions. La terre possédée par le serf Ratbert doit non des services, mais une légère redevance aux moines de Saint-Germain. Même dans la formule de Marculfe, la phrase un peu énigmatique : *nisi tantum si illa vult riga* paraît réserver au profit du donateur ou de celui qui lui succédera un service de labourage. Sur la *riga*, raie de labour (ou plutôt peut-être levée de terre bordée par deux raies, comme on en fait encore chez nous, sous le nom d'endos, dans les sols trop peu perméables), voir les explications de Guérard, t. I, p. 637-643.

2. Le serf propriétaire avait-il le droit d'aliéner son bien sans le consentement du maître ? Cela, encore une fois, dépendait probablement des conventions intervenues entre eux. La formule de Marculfe qui permet au serf de « faire de sa propriété tout ce qu'il voudra, » *quidquid exinde facere volueritis liberam habere debeatis potestatem*, l'autorise évidemment à l'aliéner si cela lui convient. Par contre, Muratori cite une donation d'immeuble faite par un serf à un monastère d'Italie *ipso mihi domino meo mihi consentiente et suptus confirmante*, ce qui implique peut-être pour ce serf une nécessité d'autorisation dominicale (*Diss.*, t. I, p. 122). Cet acte, du reste, est postérieur d'au moins deux siècles à l'époque que nous étudions. Mais un autre acte, de 798, nous montre un « Joannis servus » donnant « per licentiam Tassilonis, » avec la permission de son maître Tassilon, un *mansus vestitus* à l'Église de Salzbourg, qui paraît lui avoir été ensuite rétrocédé en bénéfice par la *casa dominica*.

encore. Flodoard raconte qu'au ix⁰ siècle, un riche propriétaire fit don à une église voisine de Reims, et consacrée à saint Martin, de « tous les serfs et colons qui appartenaient à sa femme. Il les obligea à payer le cens à l'église, mais les exempta de toute autre charge ou service. Cette colonie ainsi réglée, et ayant maintenu son privilège, s'élevait jusqu'à deux mille têtes et plus, au point qu'avant d'avoir été ravagée par les Barbares, elle payait à l'église douze livres d'argent[1]. » Les colons et les serfs dont il s'agit ici furent donnés, évidemment, en même temps que les terres cultivées par eux. Privés de tout service pénible, de toute corvée, maîtres de cultiver ces terres à leur profit, moyennant un cens invariable, et qu'ils surent « maintenir, » ils se multiplièrent et s'enrichirent, en même temps qu'ils enrichissaient l'église dont ils étaient tributaires. Entre eux, malgré la distinction théorique des conditions, n'existait plus aucune différence. Seules les invasions normandes mirent fin à cette prospérité.

Un dernier pas, cependant, restait à faire, et, si ce mouvement ne s'accomplit pas complètement au ix⁰ siècle, l'exemple cependant en fut donné. Le grand rénovateur de la vie monastique au temps de Charlemagne, son second fondateur, pourrait-on dire, en Occident, saint Benoît d'Aniane, ne voulut pas que le monastère fondé par lui en 807 possédât

---

1. Flodoard, *Hist. eccl. Rom.*, IV, n. 9. — Il s'agit d'une église dédiée à saint Martin dans un village qui prit ce nom, près de Reims; Lecoy de La Marche, *Saint Martin*, 1881, p. 564.

des serfs. Sa sainteté attirait les dons : beaucoup de domaines lui furent offerts, à la culture desquels des serfs étaient attachés. Il donna à tous ceux-ci la liberté[1], non probablement en les renvoyant, ce qui eût été leur rendre un bien mauvais service, en un temps où l'homme n'avait quelque solidité que s'il tenait à la terre, et s'il vivait à l'ombre protectrice d'une maison seigneuriale ou d'une abbaye, mais sans doute en faisant d'eux des colons[2]. Cet exemple n'eut peut-être pas beaucoup d'imitateurs[3], et, en fait, comme on vient de le voir, le nivellement qui s'opérait spontanément dans l'état des habitants des campagnes équivalait presque, pour les serfs, à une libération. Mais il est beau de rencontrer à la fois,

---

1. *Vita S. Benedicti Anianensis* dans Mabillon, *Acta SS. ordinis S. Benedicti*, t. V, p. 194.

2. On remarquera que dans les Polyptyques que nous possédons il n'est jamais question de *liberti*, et que dans plusieurs d'entre eux l'état intermédiaire des *lidi* n'est pas mentionné. Cela fait supposer que, en France, les serfs affranchis par les abbayes étaient le plus souvent élevés directement à la situation de colons. On a vu, au contraire, le grand nombre des *lidi* dépendant de l'abbaye allemande de Fulda. — Une mention assez curieuse du Polyptyque d'Irminon me confirme dans la pensée qu'en France, au ixe siècle, les serfs ruraux étaient, par l'affranchissement, promus directement à la qualité de colons. Je lis, au n° 44 de l'inventaire du fisc de Bussy, dans l'énumération des tenanciers d'un manse : « Gautsindis, colona sancti Germani, et filius ejus servus, nomine Siclardus, et soror ejus ancilla, nomine Baldisma. » Il me paraît que cette Gautsindis avait d'abord été serve comme sa sœur Baldisma; qu'elle eut, dans cet état, un fils, Siclardus, serf comme elle, et qu'elle devint ensuite colone par l'affranchissement, sans que son fils ait été affranchi.

3. Même dans les monastères que l'on peut considérer comme des colonies de celui d'Aniane. En 807, saint Guillaume d'Aquitaine fonda près de Montpellier le monastère du Val-Gelon. Il fit venir, pour y habiter, des moines du couvent de saint Benoît d'Aniane, et donna de grandes terres, avec beaucoup de serfs et de troupeaux, au nouveau monastère ainsi fondé. *Vita S. Guillelmi*, 10; dans *Acta SS. ordinis S. Benedicti*, t. V, p. 88.

posés ensemble, le fait et le principe. L'acte de Benoît d'Aniane correspondait, d'ailleurs, à un travail qui se faisait au même moment dans la conscience chrétienne, et dont nous trouverons plus loin, sous la plume d'un autre moine, l'éclatante manifestation[1].

1. Voir plus bas, chap. v.

CHAPITRE III

Je viens de dire ce que le Polyptyque d'une grande
abbaye nous apprend des esclaves ruraux, ou plus
exactement des serfs. Il reste à chercher en quoi ce
document, rapproché de documents analogues, répond à une question déjà posée plus haut, en étudiant le Capitulaire *De villis :* y avait-il, au ixe siècle, beaucoup d'esclaves proprement dits, c'est-à-
dire d'hommes sans lien avec la terre, sans position
stable, livrés à l'arbitraire du maître et voués à son
service personnel, — de ces « non casés, qui peuvent être un objet de commerce, » dont parle encore
la *Charta divisionis* de 806 [1] ?

Il y avait, évidemment, beaucoup d'ouvriers. Tous
ces villages que formaient, en réalité, les villas que
nous avons décrites ne vivaient pas seulement des
denrées agricoles : si restreints que fussent les
besoins de leurs habitants, il était indispensable

1. Voir plus haut, p. 176.

que des hommes y travaillassent le bois, le fer, le
cuir, que des femmes y filassent le lain ou la laine,
et fussent capables de coudre des vêtements. Il fallait encore que les maîtres d'un grand domaine
monastique, c'est-à-dire les moines qui vivaient
dans l'abbaye dont dépendaient tant de petits centres ruraux, pussent en tirer non seulement les produits nécessaires à leur nourriture, le pain, la viande,
le vin, le houblon, mais encore les produits industriels dont toute communauté a besoin, et trouvas-
sent des serviteurs capables de travailler pour eux
et avec eux. A quel état appartenaient ces ouvriers,
ces serviteurs? esclavage ou servage?

I

Le Polyptyque de Saint-Germain fait mention de
gens de métier.

Il y a d'abord ceux qui exercent des métiers
ruraux, ayant trait à l'exploitation des terres au
profit de l'abbaye : celleriers, ou gardiens des provisions, meuniers [1], forestiers, bergers, porchers,
vachers. Ce sont quelquefois des colons, plus souvent des serfs. Ils touchent un traitement [2], ou sont
investis d'un manse qu'ils cultivent à leur profit,

---

1. Il s'agit ici de meuniers travaillant pour le compte de l'abbaye;
le Polyptyque nomme aussi d'autres *mulinarii*, tenanciers d'un
moulin, qui travaillent pour leur compte, moyennant une redevance.
2. Le *forestarius* du fisc de Bussy n'avait pas de manse, mais pré-
levait une retenue sur le cens payé par les manses lidiles, et touchait un traitement en nature de tous les manses de la villa.

comme les autres tenanciers. Ce ne sont point des esclaves.

Le Polyptyque nomme d'autres métiers, en indiquant les objets de fabrication industrielle que les tenanciers de divers manses devaient, à titre de redevances, fournir à des époques déterminées. Ou plutôt, ce ne sont pas les tenanciers qui en sont tenus personnellement, mais tel ou tel manse auquel cette redevance est imposée. Évidemment, on plaçait sur la tenure ainsi imposée un homme capable de fabriquer les objets qu'elle devait fournir : ses enfants s'initiaient à son art, et le continuaient après lui. C'est ainsi que, dans le domaine de Saint-Germain, on trouve sur le fisc de la Celle-de-Bordes de nombreux manses tenus de livrer, le jour de Noël, une houe ; que sur le fisc de Bussy un grand nombre de manses doivent des douves qui serviront à faire des tonneaux, des bardeaux (planches longues et étroites), des torches ou *faculae;* que dans divers fiscs, où des manses sont soumis à l'impôt de guerre, payable en argent ou en bœufs, cet impôt peut être remplacé par la fourniture d'un certain nombre de chariots. Autant de tenures dont les habitants savent travailler le fer ou le bois, construire des instruments agricoles, des voitures, concurremment avec le travail des champs. Sur le fisc de Bussy, le maire est obligé de fournir vingt cognées ; un tenancier doit six dards ou javelots ; un forgeron, *faber,* qui occupe un demi-manse, est tenu de livrer six lances ; un forestier doit, en plus de ses fonctions, fournir tous les ans un landier et une chaudière. Tous ces gens sont à la fois agriculteurs et ouvriers; mais ces redevances sont exigées indifféremment de colons, de lides ou de serfs. Ceux qui les doivent n'ont rien de commun avec l'esclave. Même les serfs qui, sur ce même fisc de Bussy, doivent, comme charge des manses serviles qu'ils occupent [1], recueillir le minerai de fer et le traiter selon les procédés de la métallurgie rudimentaire du temps [2], acquittent ainsi une redevance fixe, qui est une condition de la jouissance de leur terre. Et, en dehors des objets fabriqués qu'il leur faut livrer aux agents de l'abbaye, ces divers tenanciers en vendent sans doute aux habitants des villas sur lesquelles ils résident.

De même pour les femmes. Nous trouvons beaucoup de femmes de tenanciers imposées à un travail d'étoffes. Elles doivent filer, tisser ou coudre, au profit de l'abbaye, des étoffes de lin et de laine, *camsiles, sarciles*. La matière première est fournie par le seigneur. Ordinairement une *camsilis* et une *sarcilis* est demandée tous les ans à chacune. A Saint-Germain, ces travaux ne sont point imposés à des femmes libres : aucun même n'est mis à la charge des colons. Il semble en avoir été ainsi sur d'autres propriétés monastiques [3]. Cependant je trouve dans le Polyptyque de Saint-Bertin, à côté

---

1. Voir plus haut, p. 203.
2. Sur l'exploitation du fer dans l'antiquité, voir L. de Launay, art. *Ferrum*, dans le *Dict. des antiquités*, fasc. XVIII, 1893, p. 1074-1094.
3. Voir Guérard, t. I, p. 725.

de serves faisant un ladmon (ouvrage de tissage)
entier, des ingénues imposées à un demi-ladmon[1].
En admettant même que les travaux de ce genre
soient le plus souvent moins des charges de manses
que des charges de personnes, et en y voyant des
œuvres serviles ou demi-serviles, il n'en faut pas
conclure que les femmes qui y sont astreintes sur le
territoire de Saint-Germain soient des esclaves au
sens personnel et ancien du mot. Beaucoup sont
des lides, c'est-à-dire des affranchies, et par conséquent ne sont pas des esclaves. Les autres sont
les épouses des serfs établis sur les manses. Le travail qu'elles ont à faire n'est qu'une redevance
puisqu'il consiste en une pièce d'étoffe de quelques
aunes pour une année.

Elles ne sont même pas rigoureusement obligées
à l'accomplir. Elles peuvent le changer contre une
redevance en argent[2]. Nous voyons sur un fisc cette
faculté de rachat possédée par des femmes lides.
Celles-ci doivent faire des *camsiles,* ou payer, à la
place, quatre deniers[3]. Quatre deniers, d'après l'estimation de Guérard, équivaudraient au IXe siècle à
environ 9 fr. 40 de notre monnaie[4]. Ailleurs, deux
femmes lides sont imposées ensemble à quatre *camsiles* ou seize deniers, c'est-à-dire à peu près

---

1. *Polyptychum Sithiense,* dans Guérard, t. II, p. 400, 401.

2. « Sunt ibi camsilariae VI, quae redimunt camsiles denariis
VIII. » Fragments du Polyptyque de Saint-Remi, dans Guérard, t. II,
p. 925.

3. « Iste sunt lidae... Omnes iste aut faciunt camsiles de octo
alnis, aut solvunt denarios IIII. » *Polyptyque d'Irminon,* XIII, 110.

4. Guérard, t. II, p. 140.

37 francs [1]. C'est une charge bien légère, et qui nous montre une fois de plus combien les habitants des campagnes étaient loin d'être pressurés dans les domaines monastiques. Sur un autre fisc, on voit une serve rachetant de même son travail pour une somme d'argent. Cette serve, qui habite un manse ingénuile, et est l'épouse d'un colon, doit la façon d'une *sarcilis*, ou douze deniers [2]. Douze deniers, d'après la même évaluation, représenteraient environ 28 francs, ce qui, non plus, n'est pas très lourd. Le Registre de l'abbaye de Prume cite aussi des serves, *ancillae*, qui doivent faire, avec le lin fourni par l'abbaye, *ex dominico lino*, une *camsilis* ou une *sarcilis*, longue de dix coudées et large de deux. Mais elles peuvent toutes racheter cette tâche en donnant trente fuseaux de lin [3]. Il s'agit ici, évidemment, du lin récolté sur leurs terres.

Ces serves qui vivent, avec leur mari et leurs enfants, sur le manse cultivé en famille, qui ouvrent à leur gré et à leur heure, — soit au foyer domestique, soit à l'atelier du manse seigneurial, — la pièce d'étoffe qu'elles ont à fournir chaque année, et qui peuvent même, moyennant une légère contribution, — quelques francs de notre monnaie, — se

1. « Iste sunt lidae : Drohildis, Dominica. Iste debent solvere camsiles IIII aut denarios XVI. » *Polyptyque*, XXIII, 27.

2. « Sichelmus colonus et uxor ejus ancilla... Tenet mansum ingenuilem... Uxor vero ejus aut facit sarcilem aut solvit denarios XII. » *Polyptyque*, XXV, 6.

3. « Ancillae autem, quae ibi sunt, debet unaquaque ex dominico lino facere camsilem I, in longitudine cubitos XII, in latitudine duo. Quod si hoc non fecerint, solvit unaquaque de lino fusas XXX. » *Registrum Prumense*, 45; cf. 10, 21, 23, 32, 35, 41, 62, 105.

racheter de ce travail, ne ressemblent pas à des esclaves.

Sur un fisc de l'abbaye de Saint-Germain on croirait, à première vue, rencontrer quelque chose de l'ancienne situation servile. Ce serait comme un débris archéologique, qui permettrait de se rendre compte des changements opérés ailleurs. La question mérite d'être examinée.

La notice de la villa de Quillebeuf contient, à part, une liste des manses serviles : *isti sunt mansi serviles*. Contrairement à ce que nous avons vu dans les autres villas, sur les manses serviles de celle-ci n'habitent pas indifféremment des gens de toute condition, mais seulement des serfs. Ils sont soumis, comme les autres tenanciers, à des redevances et à des services fixés d'avance, mais ils doivent, en plus, des services indéterminés. Il y a quarante-trois manses ou *hospitia* de ce genre. Voici la description de l'un d'eux : « Hiltmund, serf, occupe un hospice servile, ayant un demi-bonnier de terre arable. Il paie un boisseau de houblon, un poulet, cinq œufs. Il fait une perche de labour en hiver et une perche au printemps. Il fait le guet et tout autre service qui lui est commandé [1], » *et alium servicium quod ei injungitur* [2]. Cette finale est reproduite

---

1. « Hiltmundus, servus, tenet hospicium servilem, habentem de terra arabili dimidium bunuarium . Solvit de humolone modium I, pullum I, ova v. Arat ad hibernaticum perticam I, ad tramissum I. Facit wactam, et alium servicium quod ei injungitur. » *Polyptyque*, xx, 30.

2. Même formule dans le Polyptyque de Saint-Remi : « sunt ibi

après chaque article. Il y a là, évidemment, quelque chose qui sent l'esclavage. Mais ce quelque chose est bien mitigé. Le serf a la jouissance de son habitation et de sa petite terre. Il y vit en famille : l'article que je viens de traduire est relatif à un serf habitant seul : mais dans ceux qui suivent sont mentionnés les femmes et les enfants. Les redevances exigées de lui sont à peu près insignifiantes, et les corvées de labour ne reviennent que deux fois l'an. L'obligation de faire le guet (*wacta*) dans la cour seigneuriale n'avait évidemment pas lieu pour chacun tous les jours[1]. On comprend qu'à des hommes si peu chargés soient imposés d'autres services, variables selon les besoins et les circonstances, et non fixés d'avance.

Faut-il voir là un reste, assurément bien léger, de l'ancien esclavage ? Je ne le crois pas, car, en plusieurs autres endroits du Polyptyque de Saint-Germain, je rencontre non plus des serfs, mais des colons également corvéables à volonté, et devant aussi des mains-d'œuvre et des charrois *quantum et ubi eis injungitur*[2]. Sur le fisc de Nogent[3], cela est

---

mansi serviles ii. Serviunt ubicumque eis injungitur. » Guérard, t. II, p. 925.

1. Le service du guet n'est mentionné par le Polyptyque d'Irminon que dans quatre villas. Il s'explique particulièrement dans cette villa de Quillebeuf, située sur le bord de la Seine, qui était le grand chemin des pirates et des envahisseurs.

2. *Polyptyque*, III, 2; IV, 2; V, 3, 28, 53; VI, 3; VIII, 3; XIV, 3; XVI, 3, 52; XVII, 3; XVIII, 3.

3. *Navigentum*, Nogent l'Artaud, Aisne. Les reliques de Saint-Germain y furent transportées en 857, par peur des Normands (Ammoin, *Miracula S. Germani*, II, 11). Voir la note de Longnon, t. II, p. 94.

dit d'un des tenanciers, et répété équivalemment pour trente-sept autres, dont la mention est suivie de la formule accoutumée : « Il acquitte les mêmes charges, » *solvit similiter* [1]. De ces trente-huit tenanciers, deux sont lides, deux serfs, tous les autres colons. Parmi les mansès qu'ils habitent, vingt-cinq sont qualifiés d'ingénuiles, neuf seulement de serviles. Un des colons ainsi corvéables à volonté est le maire. Il n'y a donc pas lieu de voir dans les corvées de cette nature un service d'esclaves, et d'assimiler à des esclaves ceux qui en sont tenus. J'ajouterai qu'elles ne devaient être ni très lourdes ni très fréquentes, car, dans la villa de Nogent, le *dominicum,* ou réserve des moines, au profit duquel, en plus de leurs labours ordinaires, des corvées peuvent être commandées à trente-huit tenanciers, ne dépasse pas en étendue quatre-vingt-un hectares.

En résumé, dans les vingt-cinq villas inventoriées par le Polyptyque de Saint-Germain, et qui équivalent à vingt-cinq villages, occupés par une population d'au moins dix mille personnes, nous ne rencontrons point d'esclaves au commencement du IXe siècle. Les 2.800 ménages qui les habitent sont composés de gens plus ou moins libres, mais qui tous travaillent pour leur propre compte en même temps que pour le compte du maître, et vivent à peu près en égaux, sans que la distinction nominale des conditions influe beaucoup sur leur sort. Il n'est pas

---

1. *Polyptyque*, VIII.

vraisemblable que l'abbaye de Saint-Germain des
Prés formât un type unique, et que les 4.264 manses
possédés à la fin du viiie siècle par celle de Saint-
Wandrille [1], les 1.150 manses donnés par Hincmar,
au ixe siècle, à celle d'Avenay [2], les 1.427 manses que
nous savons par un Capitulaire de 812 être la propriété de l'évêché d'Augsbourg [3], les 3.000, les 4.000
ou même 8.000 manses et plus que possédaient certaines églises collégiales [4], et tant d'autres grands
domaines ecclésiastiques en France, en Allemagne,
en Italie, furent administrés et peuplés d'une manière
très différente. S'il est vrai, comme on l'a dit [5], que
l'Église, c'est-à-dire les évêchés et les monastères,
possédât à cette époque le tiers des terres dans
l'Europe occidentale, on doit reconnaître que dans ce
tiers au moins l'esclavage avait à peu près disparu.

II

Le tableau, cependant, n'est pas complet. Le document auquel nous en avons emprunté les principaux traits, le Polyptyque rédigé par les soins de
l'abbé Irminon, fait connaître l'état des campagnes.

1. *Gesta abbatum Fontanellensium*, 15; dans *Mon. Germ. hist.
Script. rerum meroving.*, t. V, p. 291. Sur ce nombre, 2.395 manses
avaient été donnés en bénéfice. Dans le Polyptyque de Saint-Germain des Prés, les manses donnés en bénéfice ne sont pas indiqués
sauf un très petit nombre.
2. Flodoard, *Hist. eccl. Rem.*, III, 27.
3. Dans Pertz, *Leges*, t. I, p. 177.
4. *De institutione canonicorum*, 122.
5. Taine, *Origines de la France contemporaine*, t. I, *L'ancien régime*,
1876, p. 8; Garsonnet, *Histoire des locations perpétuelles*, p. 208.

Il le montre même sous une couleur pittoresque : des renseignements qu'il donne, on pourrait tirer une vive image de la vie des cultivateurs au ixe siècle, et décrire avec une exactitude suffisante leurs champs, leurs maisons, leur nourriture, leurs travaux agricoles, leur vie de famille[1]. Mais il laisse entièrement de côté les travaux intérieurs de l'abbaye ou de ses divers manses seigneuriaux, qui certainement occupèrent aussi les hommes du domaine. D'autres documents peuvent suppléer, dans une certaine mesure, à ce que ne nous dit pas le Polyptyque. Ils nous montrent des ouvriers de la culture et de l'industrie, et nous font connaître l'existence d'ateliers où ces derniers travaillaient en commun. Nous avons vu, par le Capitulaire *De villis*, qu'il en existait dans les manses dominicaux des villas impériales[2]. Il y en avait aussi dans les abbayes.

Le plus ancien plan d'une abbaye occidentale, celui de Saint-Gall, remonte à 820. Conservé aux

1. Je citerai, à titre d'exemple, cette description des bâtiments d'un manse, faite par Guérard (t. I, p. 603), d'après les diverses indications du Polyptyque :

« Chaque manse tributaire avait une habitation (*sella* ou *cella*), avec les écuries, granges et autres constructions nécessaires aux travaux des champs. La *sella* et les autres bâtiments étaient généralement de bois. Les toits étaient en bardeaux, et même on revêtait encore de bardeaux les quatre murs extérieurs des maisons. La grande quantité de bardeaux exigée en cens prouve au moins qu'on en faisait un emploi très usuel. Les habitations, au lieu de se joindre, devaient être isolées les unes des autres par les cours, les jardins, les vergers et autres dépendances qui les entouraient. Elles ressemblaient, j'imagine, aux masures de la Normandie, ou plutôt à ces habitations de paysans, éparses, et en planches, telles qu'on en voit en beaucoup de pays, et qui forment particulièrement la plupart des villages suisses. »

2. Voir plus haut, p. 187.

archives de cette abbaye, il ne fut peut-être pas exécuté[1]. Mais il donne au moins l'image idéale de ce qu'étaient ou voulaient être les constructions d'un grand monastère au temps des Carolingiens. Tous les édifices qui les formaient, avec toutes leurs dépendances, y sont indiqués : d'un seul coup d'œil on y voit apparaître la vie religieuse, laborieuse, intellectuelle, charitable, organisée par saint Benoît et ses successeurs.

Voici les bâtiments à l'usage des religieux : l'immense église, flanquée de deux tours et se terminant aux deux extrémités par une abside, la maison de l'abbé, le noviciat, avec son infirmerie et sa chapelle particulière, également à deux absides, le cloître, les dortoirs, le réfectoire, la salle de bains, la cuisine des moines. Voici les bâtiments à destination hospitalière : l'hôtellerie, la cuisine de l'hôtellerie, le logement des pèlerins, une autre maison pour les hôtes. Voici les bâtiments à destination sanitaire : logement du médecin, dispensaire, jardin des plantes médicinales[2]. Voici l'édifice à destination intellectuelle : l'école. Voici les bâtiments des-

---

1. Il paraît avoir été envoyé à l'abbé Gozpert, qui commença la reconstruction de l'église et du monastère en 829 : peut-être fut-il préparé par Eginhard, qui fut préfet des constructions royales sous Charlemagne. A ce moment, le monastère devait être fort chétif, car le chroniqueur de la fin du IX° siècle, connu sous le nom de moine de Saint-Gall, dit qu'au temps de Charlemagne c'était l'endroit le plus misérable de tout l'Empire. On y envoyait en exil les gens qu'on voulait punir. *De Gestis Caroli Magni*, II, 28.

2. Les lieux d'aisance ne sont pas oubliés : sept bâtiments à cet usage, d'assez vastes dimensions, et divisés en nombreux compartiments, sont prévus sur le plan. Le haut moyen âge négligeait beaucoup moins qu'on ne se plaît à le dire la propreté et l'hygiène.

tinés au service intérieur et aux divers travaux industriels et agricoles : logis des serviteurs, pilon, moulin, ateliers, greniers, cellier, boulangerie, écuries, porcheries, étables, jardin potager, verger, poulailler, loge des oies, maison des jardiniers[1]. C'est toute une petite ville, ainsi que l'a voulu saint Benoît, quand il écrit, au chapitre 66 de sa Règle : « Un monastère doit, autant que possible, être constitué de telle sorte qu'il contienne tout ce qui est nécessaire, eau, moulin, pétrin, jardin, et que tous les métiers puissent y être exercés, de manière que les moines n'aient pas besoin d'aller au dehors, ce qui ne convient pas du tout au bien de leurs âmes[2]. »

Parmi les édifices inscrits sur le plan de Saint-Gall, on a remarqué les ateliers. Ils forment un grand bâtiment carré, divisé en plusieurs chambres, dont chacune était appropriée à un métier. Il y avait celles des cordonniers, des selliers, des tourneurs, des orfèvres, des forgerons, des foulons, des polisseurs de glaives, *politores gladiorum,* qui étaient peut-être simplement des couteliers. Un bâtiment

---

1. Le plan de l'abbaye de Saint-Gall, publié par Mabillon, *Annales ordinis S. Benedicti*, t. II, 1704, a été reproduit dans le *Dictionnaire raisonné de l'architecture française* de Viollet-le-Duc, v° Architecture monastique, t. I, 1854, p. 213, et dans le *Dictionnaire d'archéo logie chrétienne et de liturgie* de dom Cabrol, 1er fasc., 1903, art. Abbayes, par dom Besse, p. 37-38. Une partie seulement en est donnée dans le *Dictionary of christian Antiquities* de Smith, art. Church, t. I, 1875, p. 383. Mais ces reproductions, où manquent les légendes latines, en donnent une idée insuffisante : il faut se reporter à la gravure de Mabillon, seule complète.

2. « Monasterium autem, si fieri potest, ita debet construi, ut omnia necessaria, id est, aqua, molendinum, hortus, pistrinum, vel artes diversae intra monasterium exerceantur, ut non sit necessitas monachis vagandi foras, quia omnino non expedit animabus eorum. »

spécial contenait leur habitation, *mansiones eorum*[1].

Nous n'avons point de plan semblable de l'abbaye de Saint-Pierre de Corbie. Mais ses statuts, contemporains du plan de Saint-Gall, puisqu'ils furent rédigés en 822 par l'abbé Adalard[2], font connaître l'organisation de ses ateliers monastiques.

Celui de Corbie comprenait plusieurs appartements, *camera*. Dans le premier travaillaient deux cordonniers, deux *cavalarii*[3], un foulon; le second contenait six forgerons, taillandiers ou serruriers, deux orfèvres, deux cordonniers, deux armuriers, un parcheminier, un fourbisseur, trois fondeurs; l'occupation des ouvriers de la troisième *camera* n'est pas indiquée[4].

Il y avait encore dans le monastère quatre charpentiers, quatre maçons, deux scieurs de bois, plusieurs portiers, et quatre médecins, deux pour

1. De même, sur le plan (beaucoup moins détaillé) de l'abbaye du Mont-Cassin (*Ann. ord. S. Bened.*, t. II, p. 57, n° 8), « cubicula artificum. »

2. *Statuta antiqua abbatiae S. Petri Corbeiensis*, publiés par Guérard en appendice au *Polyptyque d'Irminon*, t. II, p. 307 et suiv.

3. Du Cange, *s. v.* : « Legendum opinor *Cavatarii*, ex Gall. savetiers, veteramentarii sutores. »

4. Ces ateliers sont ceux de l'intérieur du monastère. Mais les manses dominicaux des villas qui lui appartenaient paraissent avoir eu aussi des ateliers. On les reconnaît dans les bâtiments accessoires, *aliis casticiis*, indiqués pour chaque *mansus indominicatus* par le Polyptyque d'Irminon. Probablement les tenanciers obligés à des travaux industriels, dont nous avons parlé p. 238, y faisaient-ils les objets qu'il leur eût été difficile de fabriquer à domicile. Là où il y avait des serfs et serves attachés spécialement au *mansus indominicatus* et y demeurant (voir plus haut, p. 179), ces ateliers servaient à leurs travaux. Il y avait un gynécée dans un *mansus indominicatus* de l'abbaye de Nidelrateich ou Altaha, dont il a été question p. 196. Dans l'intérieur des abbayes, où, d'après la règle bénédictine, les femmes n'avaient pas le droit d'entrer, il n'y avait pas de gynécée.

les moines, deux pour « la maison des vassaux. »

Le mélange d'ouvriers très divers montre qu'à côté des métiers utiles soit à la construction ou à l'entretien des bâtiments, soit au vêtement ou à la chaussure des moines, les arts de luxe étaient eux-mêmes représentés dans l'atelier monastique : on y voit des orfèvres. Ils étaient employés à la fabrication des vases sacrés et des ornements d'église : nous avons eu l'occasion de remarquer qu'au ixe siècle les églises même les plus modestes étaient riches en orfèvrerie [1]. Probablement, à Corbie comme ailleurs, le revenu de certains manses contribuait-il spécialement aux frais de l'atelier monastique, qui devait employer des matières premières nombreuses et coûteuses. Le soin de le tenir au complet de matières et d'ouvriers était confié à un fonctionnaire spécial, le *camerarius*[2].

Hors du monastère, on comptait à Corbie douze employés au moulin, six à la pêche, deux à l'écurie, huit aux jardins, sept à la charreterie, un à la vigne, un au vivier, deux au verger neuf (*ad arboretum novum*), deux *bergers*[3].

Il s'agit ici, non du personnel vivant sur les domaines de Saint-Pierre de Corbie, qui étaient considérables, et comptaient parmi les grandes proprié-

---

1. Voir plus haut, p. 185.

2. Cf. à Fulda : « Assignati sunt certi fundi non solum ornandae ecclesiae, sed ad faciendum omne opus artificum, tam in fabricatione quam et sculptura et caelatura et aratura fabrili, et mandatur camerario ut curet ne sit vacua fabrica abbatis. » *Antiq. Fuld.*, c. xi, p. 43.

3. « Berbicarii. »

tés monastiques[1], mais des ouvriers employés au travail intérieur de l'abbaye et de ses dépendances immédiates. Ils étaient très humainement traités. Treize fois par an, un repas de pain, de viande, de vin ou de bière leur était offert : ils chômaient trente-six jours par an, en plus des dimanches[2].

Ils travaillaient dans les ateliers ou au dehors, en compagnie et sous la direction des religieux. Ceux-ci devaient, pour obéir à la règle bénédictine, faire œuvre de leurs mains, *in labore manuum*. Un récit du moine de Saint-Gall nous montre, dans son monastère, au ixe siècle, les moines âgés occupés à déraciner dans le jardin les orties et les mauvaises herbes qui empêchaient les légumes de croître, pendant que les jeunes sont occupés au dehors à de plus durs travaux[3]. Ils vivaient ainsi en fraternité avec leurs ouvriers, quelquefois rapprochés d'eux par l'origine ; car les bénédictins se recrutaient dans toutes les classes de la société, et leur fondateur défend, par l'article 2 de sa Règle, que l'on choisisse pour les emplois et les dignités ceux qui sont de naissance ingénue de préférence à ceux qui viennent de la servitude, puisque tous, unis dans le Christ,

1. Voir E. Levillain, *Examen critique des chartes mérovingiennes et carolingiennes de l'abbaye de Corbie*, dans *Mélanges et documents publiés par la Société de l'école des Chartes*, 1902.
2. On lira avec intérêt la liste de ces jours chômés: Nativité, S. Étienne, S. Jean, les SS. Innocents, Octave de la Nativité, Epiphanie, Ste Bathilde, Purification, premier jour du Carême, Jeudi saint, Vendredi saint, Samedi saint, quatrième férie de Pâques, les trois jours des Rogations, Ascension, S. Jean-Baptiste, S. Pierre, S. Marcellin, S. Firmin, S. Martin, S. André, Vigile de Noël, les Quatre Temps.
3. Moine de Saint-Gall, *De Gestis Caroli Magni*, II, 19.

sont égaux à son service[1]. On a de cette fraternité des souvenirs touchants. Le biographe du bienheureux Gérard, moine de Saint-Albin, près de Poitiers, parle d'un ouvrier de ce monastère, nommé Geoffroy, qui travaillait dans la *camera* des tailleurs. « Ses bonnes mœurs l'avaient rendu cher aux religieux[2]. » Le même récit nomme « un serviteur appelé Morel, employé à la cuisine des moines. » Il avait été malade, mais, guéri miraculeusement par le bienheureux Gérard, il s'était remis aussitôt au travail. « Le moine qui dirigeait la cuisine, » l'ayant vu, et ignorant sa guérison, le reprit amicalement : « Grand sot ! pourquoi, étant malade, ne te reposes-tu pas[3] ? »

Ce serait manière bien affectueuse de parler à des esclaves. Je ne dis pas que dans les cloîtres un tel langage eût été invraisemblable. Mais tout porte à croire que ces ouvriers et ces *famuli* étaient des serfs, c'est-à-dire des tenanciers de manses, devant pour redevances au monastère une partie de leur travail. Un passage du Polyptyque de Saint-Bertin appuie fortement cette opinion. Il nomme plusieurs

1. « Non convertenti ex servitio praeponatur ingenuus, nisi alia rationabilis causa existat... Quia sive servus, sive liber, omnes in Christo unum sumus, et sub uno Domino aequalem servitutis militiam bajulamus. » *Regula S. Benedicti,* 2 (Migne, *P. L.*, t. LXVI).

2. « Quidam adolescens, nomine Jofredus, pro honesta conversatione fratribus erat carus, qui in camera ubi vestimenta suuntur degebat. » *Vita beati Girardi,* dans *Chronique des églises d'Anjou,* éd. de la Société de l'Histoire de France, 1869, p. 114.

3. « Alius quidem famulus, cui nomen erat Morellus, qui in coquina fratribus serviebat. Monachus ergo qui coquinae praeerat... intuens cum cujus infirmitatem viderat laborantem, ait illi : O stultissime ! tu qui infirmus es, quare non requiescis ? » *Ibid.*, p. 115, 116.

tenures de cette abbaye dont les habitants étaient, pour prix de leur jouissance, obligés à des services de même nature : « Un manse, à Widingaham, avec divers bâtiments, comprenant vingt bonniers de terre : son service consiste à aider tous les jours les frères dans la préparation des mets à la cuisine ; un manse, entre Mighem et Harolingem, de trente bonniers : son service est de porter chaque jour du bois pour la boulangerie et la brasserie; à Boningaham, quatre manses, de douze bonniers : leurs hommes ne font chaque année que des travaux de réparation au toit du monastère;... encore, près de l'entrée, un manse de quatorze bonniers : il est chargé de la surveillance quotidienne de la porte[1]. » Cuisine, boulangerie, brasserie, surveillance de la porte, entretien des bâtiments, nous avons vu tout cela dans l'énumération des divers travaux exercés à l'abbaye de Corbie. Or nous voyons, par le texte de Saint-Bertin, que ceux qui, dans ce dernier monastère, les exerçaient étaient des tenanciers accomplissant un service de leurs manses, c'est-à-dire des colons ou des serfs. Le Polyptyque leur donne le nom de prébendiers, *prebendarii*, c'est-à-dire d'hommes qui doivent des services en raison du paiement ou des avantages qu'ils reçoi-

---

1. « Habet in Widingaham mansum cum casticiis; de terra bunuaria xx; servit unaquaque die de fratribus ad condimentum cibi in coquina. Item habet inter Mighem et Huolingham bunaria xxx : servit unaquaque die ad pistrinum et ad bracitorium in adducendis lignis. Item habet in Boningaham mansa iiii per bunaria xii; nichil aliud faciunt per annum, nisi emendant tecta monasterii.. Item habet ad portam mansum unum per bunaria xiii; servit unaquaque die ad portam. » *Polyptychum Sithiense*, dans Guérard, t. II, p. 403, 404.

vent[1]. Il y avait quatre-vingt-quinze *prebendarii* travaillant ainsi dans les ateliers de l'abbaye de Saint-Bertin[2]. C'était tout autre chose que des esclaves.

III

Il y eut cependant des serviteurs dans les abbayes au IXe siècle. Le plan de Saint-Gall marque même les divers bâtiments destinés à les loger et donne leurs noms différents. Quelle était la condition de ces serviteurs?

Je pense qu'il ne faut pas voir en eux des esclaves, c'est-à-dire des gens devenus la pleine propriété du maître, qui peut disposer d'eux arbitrairement et à son gré. C'est le travail libre qui règne dans les cloîtres bénédictins, et en principe le travail exercé par les moines eux-mêmes. Saint Grégoire le Grand nous montre saint Benoît, au Mont Cassin, se faisant servir par un jeune noble, hôte ou novice du monastère, qui tient un flambeau devant la table pour éclairer l'abbé pendant son repas[3]. Cela indique qu'il n'y avait pas, au Mont Cassin, d'esclaves pour le service domestique. On voit, en effet, que, d'après la règle de saint Benoît, le service des tables était fait

1. Dans le Polyptyque de Saint-Remi, écrit probablement au temps d'Hincmar, c'est-à-dire au IXe siècle : « Facit suo seniori tempore messis dies tres cum praebenda sibi data. » Cité par Baluze, *Capitularia*, t. II, p. 1247.

2. « Intra monasterium per diversas officinas habet praebendarios xcv. » *Polyptychum Sithiense*, dans Guérard, t. II, p. 403.

3. « Quis est hic cui ego manducanti assisto, lucernam teneo, servitutem impendo? quis sum ego ut illi serviam? » Saint Grégoire le Grand, *Dialog.*, 20 (Migne, *P. L.*, t. LXXVII).

par les moines, de même que le service de la cuisine.

La Règle composée en 529 par saint Benoît fait du travail manuel une des obligations des religieux. Ils doivent travailler de leurs mains pendant sept heures chaque jour : ils en donneront deux à la lecture : le reste sera consacré à l'office divin. Depuis Pâques jusqu'au 1er octobre, ils travailleront de la première heure à la quatrième, c'est-à-dire de six heures du matin à dix heures. Après ces quatre heures de travail, ils liront pendant deux heures. Ayant dîné, et s'étant reposés au milieu du jour, ils diront none vers le milieu de la huitième heure, à une heure et demie, puis reprendront le travail jusqu'au soir. L'ordre des travaux était modifié en hiver, à cause de la brièveté des jours ; mais on travaillait autant[1].

Ce travail des moines se faisait d'abord à l'intérieur. Ils n'étaient pas libres de choisir leurs occupations. C'était l'abbé qui imposait à chacun sa tâche. La première était le service domestique. Chaque religieux devait servir pendant une semaine à la cuisine et à la table[2]. Ceux qui, en plus, savaient quelque métier étaient ordinairement appelés à l'exercer. Mais on veillait à ce qu'aucun ne s'enorgueillît de son expérience ou de son talent. Si un moine artisan paraissait se trop complaire à

1. *Regula S. Benedicti*, 48 (dans Migne, *P. L.*, t. LXVI).
2. *Ibid.*, 35. Voir un règlement pour les frères employés à la cuisine, dans *Statuta antiqua abbatiae S. Petri Corbeiensis*, v, vi ; Guérard, *Polyptyque d'Irminon*, t. II, p. 318-322.

son ouvrage, on lui donnait un autre emploi[1].

Les religieux travaillaient aussi au dehors. Ils faisaient le jardin du couvent[2]. C'étaient d'ordinaire les plus vieux moines qui y étaient occupés[3]. Les plus robustes travaillaient dans les champs. La Règle dit que ceux qui sont trop loin pour venir à la chapelle aux heures marquées pour l'office ou l'oraison, se mettront à genoux à l'endroit où ils se trouvent[4]. Elle ajoute que si la nécessité des lieux (c'est-à-dire, je suppose, la difficulté de trouver des auxiliaires dans une région peu habitée, comme beaucoup de celles que les bénédictins mirent en valeur) ou la pauvreté les y obligent, les religieux ne devront pas se plaindre de faire seuls leur moisson[5]. Le fondateur donnait l'exemple : le livre *Des miracles de saint Benoît* raconte qu'il travaillait aux champs avec les frères, quand un paysan vint l'y chercher tout en pleurs pour lui demander de ressusciter son fils[6].

---

1. « Artifices si sunt monasterio... faciant ipsas artes, si tamen ita jusserit abbas. Quod si aliquis ex eis extollitur pro scientia artis suae, hic talis evellatur ab ipsa arte, et denuo per eam non transeat. » *Regula S. Benedicti*, 57. — « Cette distinction des artisans fait voir que le commun des moines n'était que de simples ouvriers, comme les gens de journée, et que les plus nobles se réduisaient par humilité au rang du plus bas peuple. » Fleury, *Histoire ecclésiastique*, t. VII, 1720, p. 277.

2. Règlement pour les frères employés au jardin : « Haec est ordinatio hortorum, ut fratres qui eos laborare debent, etc. » *Statuta antiqua abb. S. Petri Corbeiensis*, II, 1 ; Guérard, t. II, p. 314.

3. Moine de Saint-Gall, *De Gestis Caroli Magni*, II, 19. Voir plus haut, p. 251.

4. *Regula S. Benedicti*, 50.

5. « Si autem necessitas loci aut paupertas exegerit ut ad fruges colligendas per se occupentur, non contristentur. » *Ibid.*, 48.

6. *De miraculis S. Benedicti*, 32.

Avec le manteau à capuchon, *cucullus*, des paysans, ou avec le scapulaire qu'ils portaient aux heures de travail, *scapulare propter opera*[1], les moines bénédictins ne différaient pas, pour l'extérieur, des plus humbles artisans. Ils en avaient la très simple nourriture, dont on augmentait un peu la ration quand un travail extraordinaire leur était imposé, de même qu'on abrégeait leur jeûne quotidien quand ils étaient de corvée à la campagne[2].

Même les moines punis devaient travailler. Une des peines infligées au religieux qui avait encouru l'excommunication était de travailler seul[3].

Ce travail incessant devait souvent dépasser les besoins du monastère. La Règle de saint Benoît prévoit le cas où il fallait mettre en vente les objets fabriqués dans ses ateliers. Mais, attentif à écarter des artisans monastiques tout esprit de lucre, comme il avait tout à l'heure veillé à écarter d'eux tout esprit de vanité, il ordonne de vendre les produits de leur travail au-dessous du prix normal[4]. Comme les acheteurs devaient surtout se trouver dans la population des villas entourant le monastère, parmi ses colons et ses serfs, le labeur des moines leur profitait indirectement, et constituait pour eux, par le bon marché, une sorte de subvention.

Toutes les Règles qui s'inspirèrent de celle de

1. *Regula*, 55.
2. *Ibid.*, 39, 40.
3. *Ibid.*, 25.
4. « In ipsis autem pretiis... semper aliquantulum vilius detur, quam a saecularibus datur. » *Ibid.*, 57.

saint Benoît commandent de même le travail des mains. Dans le règlement qu'il composa, en 558, pour le monastère de Beuvron, saint Ferréol ordonne que les moines sachent lire et écrire, et apprennent les psaumes par cœur, « même ceux qui gardent les troupeaux; » qu'ils soient toujours occupés de lecture ou de labeur manuel; que ceux qui ne peuvent labourer copient des livres, tressent des filets pour la pêche ou fabriquent des souliers [1].

Saint Isidore de Séville, écrivant en 619 la Règle d'un monastère fondé par lui, veut que les moines travaillent non seulement pour leur subsistance, mais pour celle des pauvres. Il prescrit pour chaque jour environ six heures de travail et six heures de lecture. Mais il préfère pour ses religieux le travail exécuté à l'intérieur : ils s'occuperont, dit-il, à préparer leur nourriture et à cultiver leur jardin : les serfs auront l'entretien des bâtiments et la culture des terres [2].

Le réformateur de la vie monastique au ixe siècle, saint Benoît d'Aniane, prescrivit et pratiqua lui-même le travail. Moins scrupuleux que saint Isidore, il ne lui déplut pas que des moines fussent bâtisseurs. Le monastère d'Aniane fut construit par ses religieux : quelquefois Benoît se mêlait lui-même à leurs travaux, ou préparait leur nourriture [3]. Dans les couvents qui subirent son influence, on travail-

1. *Regula S. Ferreoli*, 14, 19, 26, 28 (dans Migne, *P. L.*, t. LXVI). Sur cette règle, voir plus haut. p. 136.
2. *Regula S. Isidori*, 6 (Migne, *P. L.*, t. LXXXII).
3. *Vita*, 19; dans *Acta SS. ordinis S. Benedicti*, t. V, p. 194.

lait. L'exemple était donné de haut. L'un des plus illustres disciples de Benoît d'Aniane fut Guillaume, duc d'Aquitaine. Non content de combler de ses générosités les monastères, il en fonda un, dans les montagnes, entre Lodève et Montpellier. Il le dota de tous les édifices prévus par la Règle bénédictine, chapelle, réfectoire, dortoir, infirmerie, noviciat, hôtellerie, hôpital pour les pauvres, four, boulangerie, moulin, y créa un jardin, des plantations de vignes et d'oliviers. Il finit par s'y faire moine lui-même. On le vit alors travailler à la cuisine des religieux, porter l'eau et le bois, allumer le feu, faire cuire les herbes et les légumes, servir à table, laver la vaisselle. Il eut aussi la charge des moulins et de la boulangerie. Ce fut seulement à la suite d'un danger qu'il courut, pendant qu'il cuisait le pain, qu'on lui interdit ce travail servile, et que, cédant au désir exprimé par tous les religieux, il passa le reste de sa vie dans la prière et la méditation [1].

L'influence de Benoît d'Aniane se fit sentir dans la rédaction d'un règlement monastique, délibéré par une assemblée d'abbés, à Aix-la-Chapelle, en 816 ou 817, et transformé en loi par Louis le Débonnaire [2]. C'était la remise en vigueur et l'unification de la Règle bénédictine, que l'on avait pris l'habitude d'interpréter diversement selon les lieux ; c'était aussi son rajeu-

---

1. *Vita S. Guill.*, dans *Acta SS. ordinis S. Benedicti*, t. V, p. 73 ; et dans les Bollandistes, *Acta SS.*, mai, t. VI, p. 809.

2. *Capitulare Aquisgranense, De vita et conversatione monachorum.* Mansi, *Conc. ampliss. collect.*, t. XIV, Append., p. 393 ; Baluze, *Cap.*, t. I, p. 579 ; Pertz, *Leges*, t. I, p. 200.

nissement et son adaptation à des besoins nouveaux. Les quatre-vingts canons ou articles votés à Aix-la-Chapelle sont extrêmement curieux : il serait hors de propos de les analyser ici : j'en veux retenir seulement ce qui a trait à l'obligation, pour les moines, du travail manuel. On leur rappelle la nécessité pour eux de travailler « à la cuisine, au pétrin, et dans les ateliers des divers métiers [1]. » On indique, comme l'avait déjà fait le fondateur, les adoucissements qui devront être apportés au jeûne, quand des travaux fatigants auront été commandés aux religieux [2]. On enjoint à ceux-ci de prendre sur le temps destiné à la lecture ou au repos, quand ils devront se livrer à quelque travail extraordinaire et urgent, tel que la moisson [3]. On détermine, avec cet esprit de minutieux détail qui est une des caractéristiques du ixe siècle, tout ce qui regarde la discipline [4], l'hygiène, la nourriture, le lever, le coucher, le vêtement. Comme l'écrit un chroniqueur de l'époque, c'est une nouvelle édition de la Règle de saint Benoît [5] ; mais c'est aussi un code du travail à l'usage des moines.

1. « Ut in coquina, in pistrino, et in caeteris artium officinis propriis operentur manibus. » *Cap. Aquisgr.*, 2.

2. *Ibid.*, 12, 18.

3. « Ut si necessitas fuerit eos occupari in fruges colligendo, aut in alia opera, constitutum legendi et meridie pausandi tempus praetermittatur, et operantes non murmurent. » *Ibid.*, 17.

4. Une curieuse disposition est celle qui regarde la prison, *domus semota*, pour le religieux qui a commis une faute : elle doit être chauffée en hiver, et contenir un atelier de travail. *Ibid.*, 40.

5. « Quae ita fere omnia apud nos, ac si beati Benedicti regula, observantur. » Léon d'Ostie, *Chron.*, I, 16.

« Le moine bénédictin, a très bien dit Mignet, était tour à tour un contemplateur religieux, un laboureur, un artisan et un lettré. Il passait de l'église à l'atelier, de la culture des champs à l'étude des lettres [1]. » On conçoit un tel homme se servant lui-même et servant ses frères ; on le voit moins facilement se faisant servir. La question, d'ailleurs, semble avoir été tranchée, avec une autorité sans réplique, par un grand bénédictin du viiie siècle, l'apôtre de la Germanie, le fondateur de l'abbaye de Fulda, saint Boniface. Écrivant au pape Zacharie, vers 744, pour lui annoncer cette fondation : « Il y a, dit-il, dans une vaste solitude, un endroit situé au milieu des nations que j'ai évangélisées, où j'ai bâti un monastère et réuni des moines vivant selon la règle de saint Benoît, religieux de stricte observance, qui s'abstiennent de viande, de vin et d'esclaves, et se contentent du travail de leurs mains [2]. »

Cependant, telles sont les complications de la vie dans une communauté nombreuse, et si multiples sont les métiers et les arts dont l'exercice y est nécessaire, que l'on s'imagine difficilement aussi les moines travaillant seuls, sans l'assistance d'auxiliaires, en un temps où le commerce fournissait peu de denrées ou d'objets fabriqués, et où l'on était encore obligé de produire tout chez soi. De là,

1. Mignet, *Etudes historiques*, p. 153.
2. « Monachos constituimus, sub regula sancti patris Benedicti, viros strictae observantiae, absque carne et vino et servis, proprio manuum suarum labore contentos. » Saint Boniface, *Ep.* 12 (Migne, *P.L.*, t. LXXXIX).

pour les moines eux-mêmes, la nécessité de recourir à ces *famuli*, à ces *servientes* ou *servitores* dont parlent les documents [1].

IV

Ils se recrutaient de plusieurs manières, sans qu'il fût aucunement besoin de recourir à l'esclavage.

Beaucoup de ces domestiques étaient sans doute, comme nous l'avons vu pour les artisans [2], des serfs qui devaient le service à l'intérieur du monastère comme une charge de leurs tenures. Le Polyptyque de la grande abbaye de Fulda — celle même à propos de laquelle saint Boniface écrivait la phrase citée plus haut — mentionne trente *servitores* sans épithète, quatre *servitores triduani*, c'est-à-dire devant, comme les serfs agricoles, trois jours de travail chaque semaine [3]. Le Polyptyque de Saint-Germain cite un serviteur particulier de l'abbé, *servus domni abbatis*, époux d'une femme libre, et tenancier d'un manse ingénuile contenant dix bonniers de terre arable, une vigne et un pré : il paie un cens, mais n'est astreint à aucune autre charge : son service près de l'abbé l'en dispense [4]. Il est ques-

---

1. Grégoire de Tours, *Hist. Franc.*, X, 16; *Regula S. Benedicti*, 38; *Capit. Aquisgran.*, 28 (Baluze, t. I, p. 503); Cap. de Charles le Chauve (858), 9 (*ibid.*, t. II, p. 111); *Vita beati Girardi* (*Chron. des Eglises d'Anjou*, p. 115), etc.

2. Voir plus haut, p. 238.

3. Cité par Guérard, t. III, p. 928.

4. « Ermenarius, servus domni abbatis, et uxor ejus libera, nomine Ermengardis. Manet in Manoilo. Tenet mansum ı ingenuilem, habentem de terra arabili bonuaria x, de vinea aripennum ı, de prato

tion aussi à Fulda non pas d'un serf, mais d'un colon qui « sert dans la maison de l'abbé[1]. » Ces tenanciers ne peuvent être confondus avec des esclaves.

Des hommes d'une condition plus élevée remplissaient quelquefois aussi le rôle de serviteurs. C'était souvent le cas de ceux qui avaient reçu d'une abbaye des terres en bénéfice. On leur imposait, comme condition de la jouissance bénéficiaire, « des services à l'intérieur et à l'extérieur » du couvent. Les Statuts de Saint-Pierre de Corbie veulent que, dans ce cas, un cadeau de vin ou de cervoise leur soit donné à Noël et à Pâques[2].

Dans une vive discussion sur un sujet de théologie, Elipand, évêque de Tolède, fit grief à Alcuin de posséder vingt mille serfs. Il est certain qu'Alcuin était fort riche. On connaissait déjà, au IXe siècle, cette multiplicité des bénéfices ecclésiastiques ou religieux, qui fut une des plaies d'une époque plus moderne. Comblé de dons par la reconnaissance et la libéralité de Charlemagne, il gouvernait quatre grandes abbayes. La comparaison avec les chiffres

tertiam partem de aripenno. Debet omne censum solvere sicut de integro manso, sed iste nihil inde fecit. » *Polyptyque*, XXI, 43.

1. « Octavus colonus habet dimidiam hubam et servit in curia abbatis. » Guérard, t. III, p. 928.

2. « De laicis autem qui pro beneficio quod tenent, abbati aut priori vel praepositis, intus aut foris, vel equitando vel aliud servitium faciendo, serviunt; constituimus ut, in natali Domini et Pascha, habeant aut duo sextaria cervisae, aut unum sextarium vini, non hereditario jure, sed pro charitate seu loci honore : hoc tamen sit in voluntate abbatis et prioris et praepositorum. » *Statuta antiqua abbatiae S. Petri Corbeiensis*, I, 4; dans Guérard, t. II, p. 310.

que nous avons vus ailleurs, particulièrement avec
ceux de Saint-Germain des Prés, permet de prendre
le mot d'Elipand à la lettre. Les terres de quatre
grandes abbayes pouvaient avoir, mises ensemble,
ce chiffre de tenanciers. Mais on a vu combien, dans
les domaines de Saint-Germain, le nombre des serfs
était petit en comparaison de celui des colons [1]. Très
probablement il en était ainsi dans les terres de Saint-
Martin de Tours, de Saint-Loup de Troyes, de Ferrières, de Cormary, les quatre abbayes d'Alcuin. Aussi
doit-on entendre de l'ensemble des tenanciers, colons
aussi bien que serfs, le mot *servi* employé ici par
Elipand [2]. La réponse d'Alcuin est à retenir. Sans
chicaner sur la condition des personnes ni contester le chiffre, il déclare simplement « qu'il n'a
jamais acheté un seul homme pour son service personnel [3]. »

Une autre catégorie de gens assurait encore le
travail intérieur des monastères. C'étaient les oblats,
c'est-à-dire de pieux laïques qui s'étaient consacrés à
Dieu pour vivre et collaborer avec les moines. Ceux-
ci se déchargeaient souvent sur les oblats des tâches
ou des courses au dehors qui les eussent trop distraits de la vie contemplative. Domestiques volontaires, ces frères lais, que nous retrouvons dans
les communautés modernes, recevaient du monastère

1. Voir plus haut, p. 214.
2. Guizot, *Hist. de la Civilisation en France*, t. II, p. 394, entend
aussi « vingt mille colons ou serfs. »
3. Alcuin, *Ep. ad Landrad. et Nefrid. episc. et Bened. abb.*

le vivre et le vêtement, sans être liés par des vœux[1]. A eux étaient peut-être réservés, au moins en partie, ces logis des serviteurs que nous voyons indiqués sur le plan de l'abbaye de Saint-Gall. De tels hommes, encore, qui étaient presque des religieux, n'avaient rien des esclaves.

Les monastères donnaient souvent asile, au IXe siècle, à une population de laïques, dans laquelle il leur était facile de recruter des serviteurs volontaires. Le besoin d'échapper à une insécurité croissante portait, à cette époque, beaucoup de gens à s'assurer de puissants protecteurs, en leur offrant la petite terre qu'ils possédaient, sauf à la recevoir d'eux ensuite au moyen du double contrat de précaire et de prestaire. Parmi ces protecteurs, on choisissait, selon les goûts, selon aussi les facilités du voisinage, de grands seigneurs laïques ou ecclésiastiques. Les monastères augmentèrent beaucoup leurs propriétés et leur clientèle grâce à des donations de cette nature. Mais il se trouvait aussi des gens qui, plus timides, ou plus désireux de repos, stipulaient seulement, pour prix de la donation de leurs biens, un abri dans les bâtiments monastiques ou dans leurs dépendances, et ne demandaient aux moines que le logement, parfois le vêtement et le vivre. On trouve en 833, 834, 868, dans le Cartulaire de Redon, des exemples de contrats de ce genre. « Moi, Rihouen, confiant en la miséricorde et la pitié du Seigneur, je fais

---

cette donation aux moines qui travaillent sous la Règle de saint Benoît, dans le monastère appelé Roton, leur demandant de m'assigner un lieu pour y habiter, ce qu'ils firent par miséricorde et charité [1]...» « Je leur donne, dit un autre, tout mon héritage, afin qu'ils m'habillent et me nourissent jusqu'à la fin de mes jours [2]. » Il est probable que les braves gens ainsi hospitalisés ne demeuraient pas dans une oisiveté complète, et rendaient au moins de menus services aux religieux chez qui ils s'étaient retirés.

C'est, il me semble, à des serviteurs de ces diverses catégories que s'appliquent un passage de la Règle de saint Benoît et un passage du règlement monastique rédigé à Aix-la-Chapelle en 816 ou 817. Le premier dit que le moine chargé pendant la semaine de faire la lecture au réfectoire pendant le repas de ses confrères devra ensuite partager celui que prennent en commun les religieux qui sont de semaine à la cuisine et les *servitores* [3]. Le second dit que les *servitores* auront leur réfectoire propre, et que pendant le repas on leur fera la même lecture qui aura été faite au repas des moines [4]. Il y a là,

---

1. « Ego quidem, Rihouen, de tanta misericordia et pietate Domini confisus, per hanc epistolam donationis donatumque in perpetuum esse volo ad illos monachos laborantes et regulam sancti Benedicti operantes in monasterio quod dicitur Roton, quos petens ut mihi locum darent habitandi, quod et fecerunt, per misericordiam et caritatem... » A. de Courson, *Cartulaire de Redon*, n° XII, p. 12.

2. « ... Totam hereditatem suam in Cornon... ita tamen ut ipsi monachi adjuvent illum victu et vestimento quamdiu vixerit. » *Ibid.*, n° CCXXIV, p. 173.

3. « ... Postea autem cum coquinae hebdomadariis et servitoribus reficiat. » *Regula S. Benedicti*, 38.

4. « Ut servitores, non ad unam mensam, sed in propriis locis, post

tout en maintenant la hiérarchie, une communauté de vie qui relève singulièrement la dignité de ces serviteurs.

Le plan de Saint-Gall nous les montre logés autour des divers services auxquels ils étaient appliqués. Attenant à la bergerie, à la porcherie, à l'étable à chèvres, est le logis des bergers[1], des porchers[2], des chevriers[3]. Près de l'étable à bœufs est celui des vachers[4]. Disons, en passant, que ceci est plus « confortable » et plus hygiénique que ce qui a lieu dans la plupart de nos fermes modernes, où ceux qui ont le soin des chevaux, des bœufs ou des moutons couchent à l'intérieur même de l'écurie, de l'étable ou de la bergerie. Près du grenier et du pressoir sont marquées aussi les chambres destinées aux serviteurs[5]. De même[6] près de la brasserie[7] et du pétrin[8]. De même encore, contiguës à « la maison des étrangers et des pauvres[9], » sont indiquées les demeures de ceux qui les servent[10].

Tous ces serviteurs ont leur place marquée dans

---

refectionem fratrum reficiant; quibus eadem lectio quæ paribus recitata est legatur. » *Cap. Aquisgranense*, 28.

1. « Cubilia opilionum. »
2. « Cubilia pastorum. »
3. « Cubilia pastorum. »
4. « Cubilia servientium. »
5. « Cubilia famulorum. »
6. « Famulorum cubilia. Vernarum cubilia. » Il est de toute évidence que *verna* n'a pas ici le sens classique, « esclave né dans la maison, » mais le sens général de « serviteur. » Dans le latin classique *vernaculus* s'entend souvent aussi de « serviteur » tout simplement.
7. « Hic conficitur cervisia. »
8. « Pistrinum fratrum. »
9. « Domus peregrinorum et pauperum. »
10. « Servientium mansiones. »

l'église monastique. Le plan de Saint-Gall indique, d'un côté la porte destinée à l'entrée des serviteurs[1], de l'autre la porte destinée à l'entrée des écoliers et des hôtes[2], lorsque tous viennent assister à l'office divin.

Un petit fait, assez curieux, montre que, dans l'intérieur d'une grande abbaye, le service domestique ne ressemblait en rien à ce qu'était autrefois le service des esclaves. Louis le Débonnaire, étant venu à Saint-Gall, y prit un bain le samedi, selon sa coutume[3]. Selon sa coutume encore il fit don de ses vêtements à celui qui l'avait servi dans le bain. C'était un serf de l'abbaye, qui y exerçait l'emploi de vitrier[4]. S'il y avait eu des domestiques attachés au service personnel des religieux, on n'aurait point fait appel à un artisan pour servir le bain de l'empereur[5].

1. « Famulorum aditus ad ecclesiam. »
2. « Scholarium hospitumque aditus ad ecclesiam. »
3. Un *balneum* est indiqué dans le plan de l'abbaye de Saint-Gall. Sur l'usage des bains dans les monastères, voir Dumaine, v° Bains, § IV, dans *Dict. d'archéologie chrétienne et de liturgie*, t. II, 1907, p. 92.
4. « Vitreario servo Sancti Galli. » Moine de Saint-Gall, II, 44.
5. En dehors des bains monastiques, il y aurait toute une étude à faire sur l'usage des bains dans le haut moyen âge. Là encore on verrait un souci de l'hygiène qui déconcerterait bien des préventions. Au VIᵉ siècle, ils sont toujours en usage à Rome; saint Grégoire le Grand (*Ep.*, XI, 3) réfute les scrupules de ceux qui n'osent se baigner le dimanche. Même dans les pays moins civilisés, chez les Alemans, les Bavarois, les maisons de campagne ont, au VIIᵉ siècle, des salles de bains, *stupa* (*Lex Alamannorum*, LXXXI, 6), *balnearium* (*Lex Bajuvariorum*, IX, 3). Au IXᵉ siècle, offrir des bains chauds aux pauvres d'une ville était considéré comme une œuvre de charité (Moine de Saint-Gall, I, 33). Que de préjugés historiques on aurait encore à dissiper!

V

Je ne crois pas me tromper en disant qu'on ne rencontre pas, au ixe siècle, d'esclaves proprement dits dans les propriétés monastiques. L'existence de ceux-ci dans les monastères réformés à cette époque par saint Benoît d'Aniane serait un non-sens, puisque le réformateur n'admettait même pas de serfs sur les terres de son couvent [1]. S'il n'essaya pas d'imposer cette large vue à tous les monastères qui avaient subi son influence [2], au moins n'y eût-il point admis sans protestation le travail de vrais esclaves.

On y trouvait soit des serviteurs volontaires, soit des serfs devant le travail industriel ou le service d'intérieur comme condition de leurs tenures, ou même moyennant une rétribution, *praebenda* [3], *subsidium* [4]. A quelque catégorie qu'ils appartinssent, des hommes travaillant ainsi pour une église ou un monastère ne peuvent plus, au ixe siècle, être considérés comme des esclaves. En interdisant la vente et l'échange des *mancipia* ecclésiastiques sans distinction, deux Capitulaires cités plus haut [5] les ont,

---

1. Voir plus haut, p. 234.
2. *Ibid.*, note.
3. Voir plus haut, p. 253.
4. « Famulos Ecclesiæ feodatos et prebendarios, quotidiana ab Ecclesia sumentes subsidia. » *Henrici episcopi Tullensis privilegium concessum monasterio Sancti Mansueti* (1163), dans Baluze, *Capit.*, t. II, p. 1560.
5. Voir plus haut, p. 224.

une fois pour toutes, assimilés au serf, puisqu'ils leur ont assuré la stabilité qui était le privilège de celui-ci, et qui est incompatible avec l'esclavage. Ces *mancipia* jouissent même d'une situation particulière, que l'une des lois citées ne craint pas de qualifier d'*ecclesiastica dignitas*, et qui les met tellement à part non seulement de l'esclave, mais encore du serf ordinaire, qu'ils ne peuvent plus, sans un abus que le législateur qualifie d' « impiété » et même d' « absurdité [1], » tomber sous le joug de maîtres laïques.

Ce qui est dit ici s'applique non seulement aux établissements monastiques, mais encore aux communautés de chanoines, réglementées en 816 ou 817 dans une des réunions synodales d'Aix-la-Chapelle [2]. Les chanoines, qui étaient entretenus par les Églises épiscopales, mais qui conservaient le droit de posséder, pouvaient à leur gré soit avoir leur habitation séparée, soit vivre en commun. Ils n'étaient pas astreints au travail manuel comme les moines ; aussi leur maison commune avait-elle, plus encore que les monastères, besoin de serviteurs. Le règlement ordonne que les boulangers, cuisiniers et autres serviteurs de la communauté seront choisis parmi les serfs les plus fidèles de l'Église [3]. Servir ainsi était considéré comme un privilège et une ré-

---

1. « Injustum videtur et impium,... absurdum. »

2. Voir sur ces réunions, et sur le *De institutione canonicorum* (publié par Migne, *P. L.*, t. CV, comme œuvre du diacre Amalaire), Hefele, *Hist. des conciles*, trad. Leclercq, t. IV, 1911, p. 9-14.

3. *De inst. can.*, 140.

compense, non comme une humiliation et une plus lourde charge.

Mais il arrivait quelquefois que ces divers auxiliaires, même en y joignant les oblats et les hôtes dont nous avons parlé [1], ne suffisaient pas à tous les services des établissements ecclésiastiques, services dont, par la description de l'abbaye de Saint-Gall [2], on a pu juger la multiplicité et la complexité. On recourait alors, pour y subvenir, non à l'esclavage, mais au travail libre et salarié. Les statuts de Saint-Pierre de Corbie, qui renseignent de façon si intéressante sur la vie économique d'une abbaye, prévoient le cas où « les frères » seront obligés de s'adjoindre des journaliers. « Nous ordonnons de leur donner les moyens de louer des hommes pour les aider à préparer la terre et à faire les plantations... Chaque frère jardinier recevra, pour cette destination, de temps en temps cent pains à distribuer... Et à chacun d'eux en outre devront être donnés par l'abbé cinq *solidi* par an, pour payer le loyer de ces hommes. Les journaliers qui seront nécessaires ne devront pas être cherchés ailleurs qu'aux environs du monastère [3]. »

---

1. Voir plus haut, p. 264.
2. Voir plus haut, p. 247.
3. « Constituimus etiam illis dare ad conducendos homines, qui areas levent, et plantationes primo tempore facere adjuvent, etc... unicuique fratri hortolano per vices panes c provendaricios, quos panes debet dare frater, etc... Et unicuique debent dari ab abbate solidi v per annum ad conducendos homines, sicut diximus : qui conducticii non sunt necessarii quaerere alicubi, nisi infra monasterium. » *Statuta antiqua abbatiae S. Petri Corbeiensis*, ii, 1; Guérard, t. II, p. 345.

Si l'esclavage, au ixe siècle, n'existait plus dans les domaines de l'Église, en était-il de même dans ceux des laïques?

On y rencontrait beaucoup de serviteurs libres. Depuis longtemps les hommes pressés par la misère, ou avides de sécurité, ou seulement désireux d'échapper au service militaire, avaient pris l'habitude de « se recommander » à de plus riches et à de plus puissants qu'ils s'engageaient à servir, leur vie durant, moyennant la nourriture et le vêtement. Nous venons de voir qu'il en était ainsi dans les monastères [1]. Il en était de même dans les maisons des seigneurs laïques. Une formule d'engagement de cette nature a été conservée. « Tout le monde sait, dit le pauvre homme, que je n'ai pas le moyen de me nourrir et de me vêtir. Aussi ai-je obtenu de votre piété la permission de me remettre à votre assistance. Vous devez donc me fournir le vivre et le vêtement, comme prix de mes services. Et moi, tant que je vivrai, tout en conservant le rang d'homme libre, je vous donnerai tout service et toute obéissance sans pouvoir, jusqu'à la fin de mes jours, me soustraire à votre autorité [2]. » Les pauvres étaient nombreux au

---

1. Voir plus haut, p. 265.

2. « Dum et omnibus habetur percognitum qualiter ego minime habeo unde me pascere vel vestire debeam, ideo petii pietati vestrae et mihi decrevit voluntas, ut me in vestrum mundoburdum tradere vel commendare deberem. Quod ita et feci. Eo videlicet modo ut me tam de victu quam et de vestimento, juxta quod vobis servire et promereri petuero, adjuvare vel consolare debeas, et dum ego in caput advixero, ingenuili ordine tibi servitium vel obsequium impendere debeam et me de vestra potestate vel mundeburdo tempore vitae meae potestatem non habeam subtrahendi

ixe siècle[1] : les maisons riches durent se remplir de serviteurs de cette nature : les accepter était sans doute à la fois une bonne action et une bonne affaire. Plus les hommes libres s'engagèrent dans cette domesticité, et moins il y resta de place pour les esclaves.

Les documents témoignent, cependant, de l'existence de ceux-ci. On voit, au ixe siècle, des maîtres donner par piété, pour le salut de leur âme, des *servi*, des *ancillae*, aux évêchés et aux monastères. Ces esclaves ne sont pas toujours des serfs, car, s'ils sont le plus souvent donnés avec des terres, quelquefois aussi ils sont donnés seuls, séparément de la terre, ce qui ne se pouvait faire pour de véritables *servi casati*. On voit même encore, au ixe siècle, des esclaves employés comme monnaie d'appoint. Une curieuse charte de 873 montre deux époux qui ont vendu une terre à l'Église de Vienne, moyennant un paiement effectué en objets d'or. Il a été convenu que si cet or se trouve valoir plus que la propriété donnée en échange, on compensera la différence soit en terres, soit en *mancipia*, soit en monnaie. Il

---

nisi sub vestra potestate vel defensione vitae diebus meae debeam permanere... » *Form. Sirmond.*, 44.

1. En ce temps où la propriété mobilière existait à peine, était pauvre quiconque ne possédait ni terres ni serfs : « qui sic pauper inventus fuerit nec mancipia nec propriam possessionem terrarum habeat... » Capitulaire de 807; Baluze, t. I, p. 458; Boretius, p. 134. On commence, cependant, à la fin du ixe siècle, à faire entrer le mobilier dans la composition du patrimoine : « si res et mancipia vel mobile distringantur. » Capit. de 873, 2. Mais on n'a pas l'idée d'une fortune entièrement mobilière, et qui n'aurait point de terre serait encore sans doute un pauvre.

y eut lieu de payer cette soulte, et c'est en *mancipia* qu'elle le fut. Cinq *familiae* serviles furent données, de ce chef, à l'Église de Vienne[1]. Comme on ne voit pas qu'elles aient été accompagnées d'autres terres, on doit supposer que ceux qui les composaient étaient considérés comme des meubles, et non, ainsi qu'étaient les serfs, comme des immeubles par destination. C'étaient donc de vrais esclaves.

Mais ceux qui entraient ainsi, par cette voie ou par d'autres, au service de l'Église cessaient de l'être, puisqu'ils perdaient le caractère mobilier qui avait fait d'eux des objets d'échange, ne pouvaient plus être donnés ou vendus, et acquéraient, en même temps que la stabilité, cette *dignitas* dont nous parlions tout à l'heure. La vue de biens immenses sur lesquels l'esclavage n'existait pas devait avoir un puissant effet. On peut croire que l'exemple du très grand propriétaire qu'était l'Église, en contact avec toutes les classes de la population par l'influence morale et par le rapprochement des intérêts matériels, tendait à créer peu à peu partout une situation plus ou moins analogue à celle qui existait sur ses domaines.

Une autre influence agissait probablement dans le même sens, celle de la royauté.

Existait-il des esclaves, au sens propre du mot, dans les résidences des princes carolingiens? Il est difficile de le savoir. Nous avons vu qu'une étude minutieuse du Capitulaire *De villis* ne renseigne

1. *Rostagni conjugisque ejus Berteldis traditio ad Ecclesiam Viennensem*, dans Baluze, *Cap.*, t. II, p. 1493-1494.

qu'insuffisamment à cet égard. Mais ce qu'on sait, c'est que l'état des serviteurs royaux n'a cessé de s'élever. Dès l'époque mérovingienne, ils étaient des privilégiés[1]. Leur sort s'améliorait en même temps que celui des serviteurs de l'Église : les lois mettent toujours les uns et les autres sur la même ligne, c'est-à-dire à part du reste de la population servile, et à un rang plus haut. Leur wergeld est plus élevé[2]. Traduits en justice, ils sont admis à se défendre directement et non par représentant[3]. Les libres qui s'allient par le mariage à un *fiscalinus* ou à une *fiscalina* ne perdent ni leur rang ni leurs droits[4] : l'empereur revendique avec énergie ce privilège de ses serviteurs comme un honneur qui rejaillit sur lui-même[5]. S'ils sont distincts des libres, puisque leurs délits peuvent être punis de la bastonnade là où ceux des hommes libres le sont d'une simple amende[6], cependant ils ne sont pas à une moindre distance de l'esclave personnel, *servus proprius :* un texte du ixe siècle le dit expressément. Il s'agit du meurtre commis dans une église. Coupable de ce crime, le *servus ecclesiasticus,* le *servus fiscalinus* ou *beneficiarius* (appartenant aux terres royales données en bénéfice) sera pour la pre-

---

1. Voir plus haut, p. 71 et suiv.
2. *Lex Alamannorum,* VIII.
3. *Lex Ripuariorum,* LVIII, 20.
4. Deuxième Capitulaire de 805, 22 ; Baluze, t. I, p. 428 ; Boretius, p. 125.
5. « Talis etiam nobis in causa honor servetur, qualis et antecessoribus nostris regibus vel imperatoribus servatus esse cognoscitur. » *Ibid.*
6. Capitulaire *De villis,* 4.

mière fois admis à composition, comme les hommes libres, et n'encourra la peine de mort qu'en cas de récidive; tandis que l'esclave personnel, *servus proprius*, d'un maître devra subir l'épreuve de l'eau bouillante, et, s'il n'en sort pas indemne, être mis à mort[1].

Ce qui est certain, c'est que les empereurs carolingiens montraient une grande générosité pour les serviteurs de leur palais. Deux faits en feront juger.

Le premier est le testament dicté par Charlemagne en 811. Il divise en trois parts ses richesses mobilières. Deux de ces parts serviront à composer un fond commun, qui sera distribué par portions égales aux vingt et une églises métropolitaines de son Empire[2]. La troisième part restera à sa disposition jusqu'à sa mort, ou jusqu'à son renoncement volontaire aux biens du siècle[3]. Ce moment arrivé, le tiers ainsi conservé sera subdivisé en quatre portions : la première s'ajoutera aux dons déjà mis en

---

1. « Si *servus proprius* hoc admiserit... dominus ejus, etc. *De ecclesiastico et fiscalino et beneficiario servo* volumus, » etc. *Capitularia*, l. V, c. 230. Ce texte est emprunté au cinquième livre du recueil des Capitulaires, c'est-à-dire au premier des trois livres ajoutés au recueil authentique d'Angesise par le personnage qui prit le nom de Benoît le Lévite. Ces trois livres contiennent beaucoup de pièces apocryphes, mais sont antérieurs à 858 (voir Paul Viollet, *Précis de l'histoire du Droit français*, t. I, p. 108-110).Même s'il ne reproduit pas une loi authentique, le texte cité met au moins en lumière la distinction existant au ixᵉ siècle entre le *servus proprius* et le *servus ecclesiasticus* ou *fiscalinus*.

2. La liste est intéressante : Rome, Ravenne, Milan, Fréjus, Gratz, Cologne, Mayence, Salzbourg, Trèves, Sens, Besançon, Lyon, Rouen, Reims, Arles, Vienne, Moustier, Embrun, Bordeaux, Tours et Bourges.

3. Ce texte est, si je ne me trompe, le seul qui indique chez le grand empereur une velléité de retraite monastique pour la fin de sa vie.

réserve pour les métropoles; la seconde se partagera entre les fils et filles du testateur; la troisième sera distribuée en aumône aux pauvres; la quatrième sera répartie également, à titre d'aumône, entre tous les *servi* et les *ancillae* employés aux divers services du palais. Eginhard, qui nous a conservé le texte de ce précieux document, dit que ses prescriptions furent observées avec une exactitude religieuse par Louis le Débonnaire [1].

Le second fait a trait aux serviteurs du palais de celui-ci. Le moine de Saint-Gall les montre recevant leur part des cadeaux offerts, le jour de Pâques, par Louis le Débonnaire à tous les gens de sa cour. « Aux plus nobles il faisait donner des baudriers, des bandelettes, des vêtements précieux, apportés de toutes les régions de son vaste Empire. Aux hommes d'une situation moins élevée, on distribuait des draps de Frise de toutes couleurs. Les palefreniers, les boulangers et les cuisiniers recevaient des vêtements de toile, de laine, et des couteaux de chasse [2]. » Cette sorte d'égalité, établie entre tous les gens du palais, égalité dans laquelle étaient

1. « Quanta simili modo nomine eleemosynae in servorum et ancillarum usibus palatii famulantium substentatione distributa veniret. » Eginhard, *Vita Caroli Magni*, in fine; cf. Baluze, *Cap.*, t. I, p. 489. — L'auteur anonyme de la Vie de Louis le Débonnaire ajoute qu'après avoir rempli les intentions de son père vis-à-vis des serviteurs et servantes du palais, il en fit sortir le nombreux personnel féminin (qu'explique probablement la présence des huit filles de Charlemagne), et n'en garda que le nombre strictement nécessaire au service : « His peractis imperator omnem cœtum femineum, qui permaximus erat, palatio excludi judicavit, praeter paucissimas, quas famulatui regali congruas existimavit. »

2. Moine de Saint-Gall, *De gestis Caroli Magni*, II, 41.

cependant observée la hiérarchie et gardées les distances, semble indiquer chez les serviteurs royaux même d'un rang inférieur autre chose que des esclaves.

CHAPITRE IV

**ÉPOQUE CAROLINGIENNE. — LES SERFS A L'ÉCOLE
ET DANS LE CLERGÉ.**

La renaissance littéraire, qui fut une des œuvres principales de Charlemagne, n'a pas été sans influence sur l'émancipation des serfs.

Pour s'en rendre compte, il faut voir de près le caractère de cette renaissance.

I

Dans toutes les contrées que Rome s'assimila jadis le plus fortement, l'instruction était, à la fin du viiie siècle, tombée en pleine décadence [1]. C'est au ve siècle que les lettres jetèrent chez nous leur suprême éclat. Elles avaient été, en Gaule, le dernier obstacle à la barbarie : l'obstacle surmonté, celle-ci y coula à pleins bords. Il y a comme un sentiment de patriotisme dans la persévérance avec

1. Moine de Saint-Gall, *De gestis Caroli Magni*, I, 1.

laquelle, aux premiers temps de l'invasion, les écrivains fidèles à la tradition antique s'obstinent à les cultiver [1] : ils sentent que, le jour où les solécismes auront envahi la langue latine, et où l'on n'écrira plus que des vers boiteux, l'invasion sera complète, car elle aura submergé jusqu'aux esprits. C'est ce qui paraît dans les Gaules à partir du vi^e siècle. Les grands établissements d'instruction publique qui maintenaient encore, au siècle précédent, une puissante vie intellectuelle, n'ont plus d'élèves. « Malheur aux jours où nous sommes, s'écrie Grégoire de Tours, car l'étude des lettres a péri [2] ! » Nulle part ce cri désespéré n'a été poussé aussi tôt qu'en Gaule. C'est que nulle, peut-être, des autres contrées latines n'a senti d'aussi bonne heure et aussi complètement que la Gaule le fardeau de l'invasion.

Nous voyons, dans celles-ci, la décadence des lettres ralentie ou précipitée selon que les Barbares pèsent plus ou moins lourdement sur leur conquête. En Italie, où la domination des Goths fut d'abord

---

1. C'est ce que j'ai essayé de montrer en étudiant l'un des personnages les plus représentatifs du ve siècle. Voir mon livre sur *Saint Sidoine Apollinaire,* collection « Les Saints, » p. 185, 195.

2. Grégoire de Tours, *H. F.,* Praefatio. — Je lis avec étonnement cette phrase de M. Paul Viollet (*Histoire des institutions politiques et administratives de la France,* t. I, 1890, p. 167) : « C'est la Barbarie qui, balayant maîtres et écoles, substitua à la langue ampoulée et tourmentée des derniers siècles de Rome cette langue simple et franche, véritable miroir de la pensée, qu'on nomme le latin barbare, cette langue éminemment claire d'où est née la nôtre... Qu'on prenne seulement la peine de comparer les constitutions impériales des codes romains avec les édits des rois mérovingiens et les capitulaires carolingiens, et qu'on dise où est, la plupart du temps, la simplicité, la clarté, ou le meilleur style juridique. » L'étude attentive et la comparaison de ces documents me laisse une impression toute contraire.

légère, et respecta les traditions romaines, il y a encore, au début du vi^e siècle, de grands lettrés. C'est l'époque de Cassiodore et de Boèce. L'ancienne organisation scolaire n'a pas subi d'atteinte : les professeurs reçoivent, comme au temps des empereurs, un traitement de l'État [1] : on déclame encore des vers au Forum de Trajan [2]. Mais avant même le milieu du siècle, dès la chute de la première dynastie gothique, commence la décadence. Dans Rome sans cesse menacée, désolée par des fléaux de toute sorte, battue par le flot montant des Lombards, il n'y a plus de lettrés, il n'y a presque plus d'habitants [3]. Un pape de la fin du viiie siècle s'excuse de ne pouvoir envoyer à Byzance que des légats ignorants, *idiotas homines* [4]. Cent ans plus tard, les ténèbres ne sont pas dissipées : dans toute l'Italie, dit un Capitulaire de 823, la science est éteinte, *cunctis in locis penitus exstincta* [5].

---

1. *Senatui Urbis Romae Athanarix rex*, dans Cassiodore, *Variar.*, IX, 21 (Migne, *P. L.*, t. LXIX, col. 787). Il est curieux de voir avec quel dédain le roi goth parle « des rois barbares qui ne connaissent pas la grammaire, » *est grammatica magistra verborum... Hac non utuntur barbari reges.*

2. De Rossi croit voir encore une trace de cette coutume dans une épitaphe de 578; *Inscr. christ. urbis Romae*, t. I, 1861, n° 1122, p. 542; t. II, 1888, p. xlii.

3. Saint Grégoire le Grand, *In Ezechiel.*, ii, hom. VI. — Pendant le viie siècle, on ne rencontre presque plus d'épitaphes à Rome. De Rossi, *Inscr. christ.*, t. I, p. 517.

4. Voir les plaintes du pape Agathon et du concile romain de 680; De Rossi, *l. c.* Mais au milieu de ses plaintes, le concile a un mot bien digne de la Rome chrétienne : « Notre seule richesse intellectuelle est notre foi, » *sola est nostra substantia fides nostra.*

5. Capitulaire de Lothaire, roi d'Italie, 823, publié par Muratori, *Rerum italicarum scriptores*, t. II, et en partie reproduit dans ses *Diss. sopra le Antich. ital.*, t. II, 1765, p. 489.

Dans l'Espagne wisigothique, soumise aux moins barbares des Barbares, la ruine des études n'est pas aussi rapide : il s'y fait même, au viie siècle, une sorte de renaissance : le latin qu'on y parle est sans doute fort incorrect, mais l'information presque universelle de saint Isidore de Séville montre que les sources du savoir ne sont pas taries[1]. Même sous la domination vandale, en Afrique, les écoles demeurèrent ouvertes[2], et la reprise des provinces africaines par Justinien ne laissa point à la culture antique le temps de décliner sensiblement avant la conquête arabe.

Il en fut tout autrement dans la Gaule. Ses provinces avaient été occupées par les Francs, ou conquises par eux sur d'autres Barbares, avec la volonté, non d'y séjourner en passant, mais de s'y établir à demeure. Au lieu de se superposer à l'antique civilisation, ils s'y mêlèrent jusqu'à se fondre en elle. La décadence littéraire suivit la formation même de l'unité nationale. Les écoles épiscopales, les écoles monastiques, que l'on rencontre çà et là[3], empêchent le clergé de tomber dans une ignorance absolue, et entretiennent quelques foyers de lumière : mais l'ancien système de l'éducation romaine, si florissant naguère dans les Gaules, avait à peu près disparu. Nul

---

1. H. Leclercq, *L'Afrique chrétienne,* 1907, p. 507 et suiv.

2. Junilius Africanus, *De part. div. Leg.,* praef. (Migne, *P. L.,* t. LXVII, col. 15); *Vita S. Fulgentii,* 1, 5 (Migne, *P. L.,* t. LXV, col. 19). Cf. Martroye, *Genséric et la conquête vandale,* 1907, p. 290.

3. Voir l'énumération des plus célèbres dans Guizot, *Hist. de la civilisation en France,* t. II, 1829, p. 118, et dans Ozanam, *La civilisation chrétienne chez les Francs,* 1855, p. 457.

ne pensa et probablement nul n'eût réussi à le faire revivre. Quand Charlemagne, à la fin du viiie siècle, essaiera de souffler sur les cendres presque éteintes, pour en faire jaillir une flamme nouvelle, il ne tentera pas de ressusciter les universités si brillantes encore au ve siècle : il demandera secours à l'Église seule, et s'occupera moins à rétablir une culture générale qu'à former des hommes d'Église redevenus dignes de leur mission et capables de la remplir utilement.

II

Ses auxiliaires dans cette œuvre lui vinrent surtout de l'étranger. Le plus puissant et le plus actif est l'Anglais Alcuin, devenu, de 782 à 804, son véritable ministre de l'instruction publique. Il arrivait d'un pays dont l'état intellectuel était alors supérieur à celui de la Gaule, et même du reste du continent, parce que les invasions ne s'y étaient pas encore fait lourdement sentir[1]. Mais à peu près seule dominait en Angleterre la tradition chrétienne. L'ancienne Rome, qui fut plutôt campée qu'établie en Bretagne, n'y laissa pas dans les intelligences une impression profonde. Les lettres antiques n'y avaient pas été cultivées comme en Gaule. C'est par les missionnaires de saint Grégoire le Grand que Rome fit l'éducation intellectuelle des Anglo-Saxons. Ils y portèrent les traditions de la Rome chrétienne et non celles des

1. Guizot, *Hist. de la civilisation en France*, t. II, p. 348.

littératures classiques, pour lesquelles le grand pape a manifesté à plusieurs reprises sa défiance[1]. Les premiers établissements d'instruction que l'Angleterre ait connus sont les écoles épiscopales, et surtout les écoles des monastères, dont Benoît Biscop fit de vrais foyers d'étude[2]. C'est à l'école épiscopale d'York, fondée par l'archevêque Egbert, sur les instances du moine historien Bède, que fut élevé Alcuin.

La réforme poursuivie par Charlemagne, avec sa collaboration et ses conseils, a pour objet presque unique une renaissance de l'enseignement religieux. Elle aura pour effet le réveil des intelligences. Celui-ci se manifeste par le retour à la belle latinité, visible dans tant d'écrits en prose et en vers, et jusque dans la rédaction des diplômes officiels[3]. Il se manifeste par la conservation des chefs-d'œuvre de l'antiquité, que les moines, devenus attentifs aux choses de l'esprit et accoutumés à multiplier par la copie les livres sacrés, reproduiront avec un soin pieux. Mais on se tromperait sans doute beaucoup en pensant que Charlemagne et ses conseillers aient eu clairement en vue ce résultat d'ordre général. Les documents émanés d'eux les montrent combattant d'abord la barbarie

1. Saint Grégoire le Grand, *Ep.*, XI, 54; Jean Diacre, *Vita S. Grégorii*, III, 33.

2. Sur saint Benoît Biscop et son œuvre, voir Montalembert, *Les moines d'Occident*, t. IV, 1868, p. 457 et suiv.; Cabrol, *L'Angleterre chrétienne avant les Normands*, 1909, p. 140-143; Stubbs, dans *Dict. of christian Biography*, t. I, 1877, p. 308.

3. Sur la différence de style entre les diplômes de l'époque mérovingienne et ceux du temps de Louis le Débonnaire, c'est-à-dire du temps où les écoles fondées sous l'impulsion de Charlemagne auront produit leur effet, voir Kroell, *L'immunité franque*, p. 290-291.

qui s'était introduite dans le culte divin. Ils s'effor-
cent de former de bons clercs, capables de bien lire
et de bien chanter. Ils travaillent à rétablir dans sa
pureté le texte des saintes Écritures et des livres litur-
giques. Le reste viendra et sera la récompense de ce
zèle inspiré par un sentiment religieux sincère et
désintéressé : mais ce reste viendra par surcroît.

En 787, Charlemagne envoya à tous les évêques et
à tous les abbés une lettre circulaire. Elle montre
clairement l'objet de sa réforme :

« Nous avons, de concert avec nos fidèles conseillers, jugé qu'il serait utile que les évêchés et les monastères, dont la grâce du Christ nous a confié la
souveraineté, ne se contentent pas de veiller à ce que
l'on mène une vie régulière, conforme à la sainte religion. Il faut de plus que, selon les aptitudes de
chacun, ils confient la charge d'enseigner à ceux que
Dieu en a faits capables. De même que la loi doit
régler les actions, de même le soin d'enseigner et
d'apprendre doit régler et orner les paroles : afin que
ceux qui cherchent à plaire à Dieu en agissant bien
ne s'exposent pas à lui déplaire en parlant mal...
Quoiqu'il soit préférable de bien faire que de savoir,
cependant il est utile de savoir avant d'agir... Dans
les lettres que, pendant les dernières années, nous
avons reçues de quelques monastères, pour nous assurer que les frères nous donnaient le secours de leurs
pieuses oraisons, nous avons souvent rencontré de
bons sentiments exprimés dans un langage incorrect;
les pensées que dictait une sincère dévotion ne trou-

vaient pour s'exprimer que des paroles incultes et pleines de fautes... Aussi avons-nous craint que l'on ne soit pas capable de comprendre les saintes Écritures. Et nous savons tous que si dangereuses que soient les erreurs de mots, beaucoup plus dangereuses sont les erreurs de sens. Aussi vous exhortons-nous non seulement à ne pas négliger l'étude des lettres, mais encore à faire d'humbles et pieux efforts pour pénétrer les mystères des Écritures divines. Et comme dans leurs saintes pages on rencontre des métaphores, des tropes et d'autres figures de rhétorique, il n'est pas douteux que celui qui connaîtra le mieux la grammaire sera le plus capable de les comprendre. Que l'on choisisse donc pour cette œuvre des hommes qui aient la volonté, la capacité et le zèle d'enseigner les autres... Nous vo us exhortons à vous montrer de bons soldats de l'Église, non seulement en étant pieux, vertueux, en menant une vie excellente, mais encore en étant savants et en parlant correctement. Il ne suffit pas qu'à votre vue on soit édifié, il faut encore qu'en vous entendant on remercie avec joie le Dieu tout-puissant[1]. »

A la suite de cette ordonnance, Charlemagne en fit une autre « sur la correction des livres. » Il confia à l'un de ses plus savants conseillers, le Lombard Paul Diacre, l'examen « des livres de l'Ancien et du Nouveau Testament qui ont été altérés par l'impéritie des copistes. » Il voulut en même temps réformer

---

1. *Constitutio de scholis per singula episcopia et monasteria instituendis,* dans Baluze, *Capitularia,* t. I, p. 201.

les leçons incorrectes contenues dans les livres litur-
giques, particulièrement dans ceux qui servaient
aux offices nocturnes. Dans ce but, il ordonna à
Paul Diacre « de cueillir dans le vaste champ des
Pères de l'Église quelques fleurs et d'en tresser des
guirlandes. » De ce florilège on composa deux volumes, embrassant tout le cycle de l'année chrétienne et
contenant des leçons pour chaque fête. Charlemagne
déclare donner à ces volumes son approbation offi-
cielle, et en recommande l'usage à toutes les
Églises [1].

Un autre Capitulaire, de 789, réitère l'invitation
adressée aux évêques et aux abbés d'ouvrir des
écoles. Il trace même en quelques mots le pro-
gramme de celles-ci : « Qu'on y apprenne à lire
aux enfants. Que dans tous les évêchés et tous les
monastères on leur enseigne les psaumes, les notes,
le chant, le comput, la grammaire [2]. »

Les conciles suivirent l'impulsion ainsi donnée.
A Chalon-sur-Saône, en 813, l'année qui précéda la
mort de Charlemagne [3], à Attignies en 822 [4], à Rome
en 826 [5], à Paris en 829 [6], les évêques s'obligent à
ouvrir des écoles, ou demandent la fondation d'écoles

---

1. *Constitutio de emendatione librorum et officiorum ecclesiastico-
rum.* Ibid., p. 204.
2. « ... Et ut scholae legentium puerorum fiant. Psalmos, notas,
cantus, computum, grammaticam per singula monasteria vel episcopia discant... » Premier Capitulaire de 789, c. 70; Baluze, t. I,
p. 237; Boretius, p. 55.
3. Concile de Chalon-sur-Saône, 813, canon 3.
4. Concile d'Attignies, 822, canons 2, 3, 4.
5. Concile de Rome, 826, sous Étienne II, canon 34.
6. Concile de Paris, 829, canon 30.

à l'empereur, ou font appel aux grands et aux riches pour les aider à en établir. Louis le Débonnaire presse autant que son père ce mouvement. Dans un Capitulaire de 823, il rappelle aux évêques leurs engagements [1]. Trente-six ans plus tard, sous Charles le Chauve, le concile de Langres prie le souverain et recommande aux évêques d'établir des écoles publiques pour l'enseignement des saintes Écritures et des lettres humaines, partout où se rencontreront des personnes capables de professer : « Ainsi, dit le concile, avaient fait les princes dans les années précédentes, au grand avantage de l'Église, tandis que maintenant nous voyons avec douleur la vraie intelligence de l'Écriture déchoir de telle sorte, qu'à peine en trouve-t-on quelque vestige [2]. »

Ces ordonnances, ces canons renouvelés, montrent que le désir de Charlemagne n'avait point été partout réalisé. Il avait cependant rencontré chez quelques-uns une grande bonne volonté.

Le Bavarois Leidrade, que Charlemagne employa comme *missus dominicus,* et qui fut un des plus illustres archevêques de Lyon [3], rappelle, dans un mémoire adressé à l'empereur, ce qu'il a fait dans cette ville : « J'ai tâché d'avoir les clercs nécessaires

---

1. « Scholae sane ad filios et ministros Ecclesiae instruendos vel edocendos, sicut nobis praeterito tempore ad Attiniacum promisistis, et vobis injunximus, in congruis locis. ubi nedum perfectum est, ad multorum utilitatem et profectum a vobis ordinari non negligantur. » Capitulaire de 823, c. 5; Baluze, t. I, p. 634.

2. Concile de Langres, 859, canon 10.

3. Sur Leidrade, voir Alcuin, *Ep.* 2, 89, 103, 108 (Migne, *P. L.,* t. C, col. 141, 286, 317, 329).

pour célébrer l'office, et, grâce à Dieu, j'en ai une bonne partie. Pour m'y aider, vous m'avez fait rendre les revenus qui avaient appartenu autrefois à l'Église de Lyon : ainsi, l'ordre de la psalmodie y est rétabli, selon l'usage de votre palais. Car j'ai des écoles de chantres, dont la plupart sont assez instruits pour en instruire d'autres. J'ai encore des écoles de lecteurs, non seulement pour lire les leçons de l'office, mais encore pour méditer les livres divins. Il y en a qui entendent déjà en partie le sens spirituel des Évangiles ; la plupart savent celui des prophètes, des livres de Salomon, des psaumes, et même de Job. J'ai travaillé autant que j'ai pu pour faire écrire des livres pour cette Église [1]. »

L'évêque d'Orléans, Théodulfe, qui fut probablement d'origine italienne, et vécut comme Leidrade dans l'intimité d'Alcuin et de Charlemagne, édicta deux règlements ou Capitulaires pour l'administration de son diocèse. Dans le premier, il ordonne que des écoles seront établies dans les monastères qui en font partie, Sainte-Croix [2], Saint-Aignan, Saint-Liphard, Saint-Benoît [3]. Dans ces écoles seront élevés les enfants apparentés à des membres du clergé [4]. Mais, en plus, les prêtres des paroisses devront donner l'enseignement à tous les enfants qu'on leur enverra pour être instruits [5].

---

1. Leidrade, *Ep. ad Carolum* (Migne, *P. L.*, t. XCIX, col. 871).
2. Cathédrale d'Orléans.
3. Abbaye de Fleury, dont Théodulfe était titulaire.
4. Premier Capitulaire de Théodulfe, c. 19.
5. *Ibid.*, c. 20 (Migne, *P. L.*, t. CV).

La lettre de l'archevêque Leidrade éclaire, s'il en
était besoin, les textes législatifs et conciliaires que
nous avons cités : elle montre que l'enseignement public était, au ix⁰ siècle, presque uniquement appliqué
à la formation des clercs. Mais les dispositions des
Capitulaires de Théodulfe font voir aussi que cet
enseignement était, en quelque sorte, à deux degrés, l'un, dans certaines écoles monastiques, réservé
à une élite, l'autre offert à tous ceux qui venaient le
demander.

Un mot de l'enseignement supérieur distribué
dans les monastères. On en connaît de nombreux
exemples. Quand, en 796, Alcuin eut pris sa retraite
et se fut retiré dans son abbaye de Saint-Martin de
Tours, il y ouvrit une école où étaient enseignées
toutes les sciences connues de son temps, et particulièrement l'Écriture sainte, la grammaire, l'astronomie dont on était alors très curieux [1]. L'abbaye de
Fulda, sous la direction de Raban Maur, l'auteur du
De institutione clericorum, Hirsange, une filiale de
Fulda, sous la direction de l'abbé Guillaume,
Selingstadt, sous l'historien Eginhard, Ferrières,
sous Loup Servat, Saint-Alban, à Mayence, Saint-
Germain des Prés, Saint-Denis, Corbie, près d'A-
miens, Nouvelle-Corbie, en Saxe, Saint-Riquier,
qui possédait une bibliothèque de deux cent trente
et un volumes, Saint-Gall, qui en avait une de

---

1. Alcuin, *Ep.* 38. — Dans la correspondance d'Alcuin avec Charlemagne, il est fréquemment question de l'astronomie, dont le
prince se préoccupait fort : *Ep.* 64, 68, 69, 70, 71, 84.

quatre cents, Saint-Martin de Metz, Saint-Mihiel, gouvernée par Smaragdus, Saint-Bertin, qui paya à l'Angleterre la dette de la France en envoyant à son tour Grimbald y restaurer les lettres à la demande du roi Alfred[1], tous ces établissements monastiques sont des laboratoires de hautes études. Ce sont aussi des ateliers d'art, en un temps où l'écriture était de l'art[2] : d'innombrables manuscrits sortirent au ixe siècle du *scriptorium* de ces abbayes[3], et beaucoup de ceux qui sont venus jusqu'à nous sont admirables[4]. Mais ces écoles sont des écoles fermées, ou plutôt ouvertes à une élite seulement. Le Capitulaire sur la réforme monastique, promulgué par Louis le Débonnaire, après le concile tenu à Aix-la-Chapelle en 816 ou 817, déclare que seuls les oblats, c'est-à-dire les enfants offerts par leurs parents à un monastère, pourront les fréquenter[5].

Il s'agit ici de l'école intérieure, faisant partie des bâtiments claustraux, abritée par les murs du couvent : les hôtes de celui-ci ont seuls droit à y être reçus. Elle est distincte de l'école extérieure,

1. *Acta SS.*, juillet, t. II, p. 651.

2. Léopold Delisle, Le *Cabinet des manuscrits de la Bibliothèque nationale*, t. I, p. 1-2.

3. Voir Lecoy de la Marche, *L'art d'écrire et les calligraphes*, dans *Revue des Questions historiques*, juillet 1884, p. 177, 178, 189, 192, 204.

4. Le *scriptorium*, ou atelier d'écriture, était considéré comme un lieu sacré. Du Cange a conservé (*s. v.*) la formule de la bénédiction : « Daignez bénir, Seigneur, le *scriptorium* de vos serviteurs et tous ceux qui s'y trouvent, afin que tous les passages des Livres saints qu'ils pourront lire et écrire pénètrent dans leur intelligence et qu'ils mènent leur tâche à bonne fin. »

5. « Ut schola in monasterio non habeatur, nisi eorum qui oblati sunt. » Capitulaire d'Aix-la-Chapelle, c. 17; Baluze, t. I, p. 585.

ouverte hors de l'enceinte du monastère au reste de la population, et où les religieux font la classe. En 815, Walafrid Strabo entra dans l'école des externes de l'abbaye de Reichenau : elle comptait alors quatre cents élèves, tandis que la classe des internes en comptait cent[1]. Comme cette école d'externes annexée aux monastères, l'école établie à l'ombre de l'église paroissiale voit accourir la foule : c'est là que, conformément aux Capitulaires impériaux aussi bien qu'aux canons des conciles et au règlement de Théodulfe, les curés ont le devoir d'instruire les fils de leurs ouailles. Celle-ci est la vraie école populaire, où, sans prétention à une science plus étendue ou plus profonde, on forme les bons chantres, les bons lecteurs, et où l'on apprend à ceux qui seront plus tard les bons prêtres à pénétrer le sens des Écritures.

Malgré la belle devise qui se lisait sur une porte de l'abbaye de Salzbourg :

Discere si cupias, gratis quod quaeris habebis,

l'enseignement supérieur donné à l'intérieur des monastères n'était pas toujours gratuit. On dit que sous le gouvernement de Frédégis, successeur d'Alcuin, des honoraires très élevés étaient demandés aux étudiants de Saint-Martin de Tours; l'évêque de cette ville, Amalaric, ancien bibliothécaire du monastère, fit, en 840, une fondation pour y assurer

---

1. Hefele, *Hist. des conciles*, trad. Leclercq, t. IV, 1911, p. 27.

la gratuité des études, fondation sanctionnée par un acte de Charles le Chauve[1]. Au contraire, à l'école paroissiale, la gratuité était de droit. Donner l'enseignement était une des obligations du prêtre. « Tous les prêtres doivent avoir des écoles dans les villas et dans les bourgs, dit le Capitulaire de Théodulfe. Si quelqu'un de leurs fidèles veut leur confier ses petits enfants pour qu'ils leur apprennent les lettres, ils ne doivent pas refuser de les accueillir et de les instruire. Il est écrit : « Ceux qui enseignent aux autres la justice brilleront comme des étoiles dans l'éternité. » Quand ils les instruisent, ils ne doivent exiger aucune rétribution[2]. »

III

J'en ai assez dit pour faire comprendre qu'un tel enseignement, au moins dans son premier degré, s'adressait aux petits autant qu'aux grands, et plus encore peut-être aux petits qu'aux grands.

Il en était ainsi même à la cour. Si Charlemagne, sa famille, ses dignitaires s'étaient mis à l'école d'Alcuin, d'Angelbert et des autres lettrés qui se pressaient dans le palais, si une sorte d'académie, dont les membres avaient pris des surnoms empruntés

---

1. Martène, *Thesaurus anecdotorum*, t. I, 1717, ad ann. 843.

2. « Presbyteri per villas et vicos scholas habeant; et si quilibet fidelium suos parvulos ad discendas litteras eis commendare vult, eos suscipere ac docere non renuant. Attendente, illud quod scriptum est : « Qui ad justitiam erudiunt multos, fulgebunt quasi stellae in perpetuas aeternitates. » Cum ergo eos docent, nihil ab eis pretii pro ea re exigant. » Premier Capitulaire de Théodulfe, 20.

aux littératures classiques, s'y était formée autour du grand empereur, l'enseignement des enfants eux-mêmes y était l'objet de soins assidus. Une école du palais avait été fondée par Charlemagne et confiée par lui à la direction d'un moine venu d'Irlande[1]. Son but principal était la formation des clercs[2], soit appelés à servir dans la chapelle, soit destinés aux églises des villas impériales[3]. Il y avait beaucoup à faire ; car le moine de Saint-Gall, qui est bien renseigné sur ce qui se passait dans la chapelle, et qui donne sur le rôle qu'y tenait Charlemagne de curieux détails[4], dit que « plusieurs de ses chantres et de ses lecteurs ne comprenaient pas ce qu'ils lisaient[5] ». L'école était ouverte aux enfants de toute condition : ils appartenaient, dit le même chroniqueur, « aux plus nobles familles, aux familles de classe moyenne et aux familles les plus humbles[6]. » Parmi ses élèves on cite deux fils de meuniers[7] et un fils de serfs, Ebbon[8], dont la mère fut la nourrice de Louis le Débonnaire[9]. Comme on devait s'y attendre,

1. Moine de Saint-Gall, *De gestis Caroli Magni*, I, 1.
2. M. Vacandard a démontré, contre Ozanam (*La civilisation chrétienne chez les Francs*, p. 463), Fustel de Coulanges (*La monarchie franque*, p. 144), A. Wilde (*Revue des Questions historiques*, octobre 1903, p. 553), qu'il n'y a aucun rapport entre la *schola* du palais mérovingien et l'école du palais de Charlemagne, et que celle-ci n'est pas la continuation de celle-là. *Revue des Questions historiques*, avril 1897, p. 490 ; octobre 1904, p. 549 ; *Vie de saint Ouen*, 1902, p. 30.
3. Capitulaire *De villis*, 6.
4. *De gestis Caroli Magni*, I, 6.
5. *Ibid.*, 7.
6. *Ibid.*, 1.
7. *Ibid.*, 8.
8. « Ex originalium servorum stipe... turpissimus rusticus. » Thégan, *De gestis Ludovici Pii*, 44, 56.
9. Flodoard, *Hist. eccl. Rem.*, II, 19.

les écoliers de petite ou de basse naissance, mus par
l'ambition de sortir de leur état, faisaient pour la
plupart de rapides progrès : les écoliers de race
noble, qu'un tel aiguillon ne touchait pas, étaient
souvent paresseux et négligents [1].

S'il en était ainsi de l'école du palais, à plus forte
raison en devait-il être de même des écoles que les
évêques, les abbés ou les simples prêtres de paroisse
avaient ouvertes, et où toutes les classes de la population étaient appelées. Dès 789, on constate même
une tendance, de leur part, à y admettre de préférence les élèves de moindre origine. Un Capitulaire
de cette année en fait presque un reproche à ceux
qui les dirigent : « Qu'ils aient soin de n'y pas prendre seulement pour élèves des enfants de condition
servile, mais qu'ils y reçoivent aussi les fils de
parents libres [2]. »

Une des causes qui remplissaient ainsi de fils de
serfs les écoles épiscopales, paroissiales et monastiques, c'est le grand mouvement qui, au cours du
IXe siècle, poussait vers les ordres sacrés ou vers
la vie religieuse les gens d'humble naissance. Que

---

1. Moine de Saint-Gall, I, 3.

2. « ... Et non solum servilis conditionis infantes, sed etiam ingenuorum filios adgregent sibique socient. » Capitulaire de 789, c. 70;
Baluze, t. I, p. 237; Boretius, p. 55. — Cette recommandation semble
avoir été suivie à Fulda : « Exteriorem (scholam) in qua magnatum
nobiliumque liberi fingebantur » (*Ant. Fuld.*, c. IX, p. 36). Mignet
tire une conséquence exagérée de ce passage quand il dit (*Études
germaniques*, p. 154) que, dans leurs écoles extérieures, les moines
« admettaient surtout les fils des grands et des nobles. » Le Capitulaire de 789 indique clairement la tendance contraire; et comme
il est adressé à tous les chefs d'Eglises et de monastères, il suppose
bien que cette tendance était générale.

le désir de s'élever au-dessus de leur condition se
mêlât, pour quelques-uns d'eux, à l'attrait surnaturel
des vraies vocations, il me paraît difficile de le nier :
cela est de tous les temps. Mais, à cette époque de
foi vive, où le clergé occupait une si grande place,
où les institutions, comme les lois, étaient toutes
pénétrées de l'esprit ecclésiastique, cette tendance
n'a rien qui puisse étonner, et on la comprend surtout chez ceux que ni les jouissances de l'orgueil,
ni celles du luxe ou du bien-être, ne tenaient attachés à la vie du monde. Si chrétiens qu'ils fussent,
les pouvoirs publics ne la voyaient pas avec complai-
sance. Ils craignaient soit une désertion des campagnes, soit un ébranlement de l'autorité dominicale
ou seigneuriale. Sans prétendre arrêter le mouvement, ils s'efforçaient de le ralentir. Un Capitulaire
de Charlemagne prescrit de ne donner la tonsure à
des serfs ou le voile à des serves qu'avec modération, et à condition d'en laisser un nombre suffisant,
de peur que la culture des villas ne soit abandonnée[1].
De nombreuses lois rappellent l'interdiction d'ordonner les serfs qui n'auraient pas été régulièrement
affranchis[2]. L'auteur anonyme de la Vie de Louis

---

1. « De propriis servis vel ancillis, ut non supra modum in monasteria sumantur, ne desertentur villae. » Premier Capitulaire de
805, c. 11 ; Baluze, t. I, p. 423. Une autre version de cet article est
beaucoup plus explicite : « De servis propriis vel ancillis, ut non
amplius tondeantur vel velentur, nisi secundum mensuram, et ubi
satis fiat, et villae non sint desolatae. » *Ibid.*, p. 727, d'après le
recueil d'Andégise. Ce même texte a été publié par Muratori d'a-
près une loi lombarde de Charlemagne; *Diss. sopra le Antichita
italiane*, t. I, p. 134.

2. Baluze, t. I, p. 222, 267, 465, 517, 564; Boretius, p. 55, 75, 205.

le Débonnaire résume ainsi une ordonnance promulguée par lui à ce sujet : « Le pieux empereur, considérant que les ministres du Christ ne doivent pas être soumis à la servitude des hommes, et que l'avarice de beaucoup de gens pourrait être tentée d'abuser du ministère ecclésiastique pour un gain personnel, décida que tous les hommes de condition servile qui, par leur science et l'honnêteté de leurs mœurs, paraîtraient appelés au ministère de l'autel devront être, au préalable, affranchis par leurs maîtres soit laïques, soit ecclésiastiques, et pourront ensuite être revêtus des ordres sacrés [1]. »

L'intérêt des maîtres s'accordait le plus souvent avec le respect des vocations, pour les porter à donner facilement la liberté à ceux de leurs serfs qui manifestaient le désir d'entrer dans la cléricature.

— Il faut ajouter que le droit canon présumait le consentement du maître, quand l'ordination de l'esclave n'avait point excité sa protestation. C'est ce que l'évêque de Reims, Hincmar, répond à une grande dame réclamant tardivement contre l'ordination d'un diacre, qu'elle prétendait lui avoir appartenu. Voici comment Flodoard (*Hist. eccl. Rem.*, III, 27) résume sa lettre : « A Hermensinde, femme puissante et de grand nom, au sujet d'un diacre qu'elle avait fait arrêter et réduire en servitude ; il lui expose comment ce diacre avait d'abord été légitimement affranchi, comment, après son affranchissement, il l'a ordonné aussi légitimement ; il lui remontre que, quand même le diacre aurait été son serf et n'aurait pas ensuite acquis la liberté, par cela seul qu'il en a si longtemps jou depuis son ordination sans aucune réclamation de sa part, il ne pourrait plus, d'après les lois canoniques, être réduit en servitude. » Hincmar ajoute que si elle persiste dans sa prétention, « il sera obligé de la réprimer par les voies légales et canoniques. »

1. Anonyme, *Vita Ludovici Pii* : « Considerans etiam idem piissimus imperator non debere Christi ministros obnoxios esse humanae servituti, sed et multorum avaritiam abusi ministerio ecclesiastico ad proprium quaestum, statuit ut quicumque ex servili conditione, conciliante scientia et morum probitate, ad ministerium altaris asciscerentur, primum manumittantur a propriis dominis, vel privatis, vel ecclesiasticis, et tum demum gradibus altaris induantur. »

« Les évêques, les moines, les laïques mêmes y consentaient volontiers, dit Muratori, parce qu'ayant des églises ou des oratoires sous leur patronage, ils préféraient les confier à des personnes qui leur dussent affection et fidélité plutôt qu'à des étrangers[1]. » Le recrutement des curés était une question pressante pour les grands propriétaires. Dans presque toutes les villas il y avait une église (quelquefois plusieurs), comme il y en a une aujourd'hui dans tous nos villages. Cette église leur appartenait : ils étaient, par les lois, obligés de lui assurer le revenu d'un manse[2] : Charlemagne rappelle à plusieurs reprises le devoir qui leur incombait de l'entretenir, de la réparer ou de la reconstruire au besoin, et de pourvoir à son luminaire[3]. Mais ces soins matériels étaient plus faciles encore que de lui choisir un desservant[4]. Dans un grand domaine comme celui de Saint-Germain des Prés, où le Polyptyque de l'abbé Irminon décrit trente-cinq églises et deux chapelles, un tel choix était une affaire considérable. C'était d'habitude parmi les hommes du domaine que l'on recrutait le *presbyter* appelé à desservir chacune d'elles. Charlemagne en donnait l'exemple : il déclare, dans le Capitulaire *De villis*, que les curés des églises appartenant aux villas du fisc devront être

---

1. *Diss. sopra le Ant. ital.*, t. II, p. 133.
2. Capitulaire de 816, c. 10; Baluze, t. I, p. 565; Borelius, p. 175.
3. Capitulaires de 794, c. 24; de 805, c. 6; Capitulaires de Louis le Débonnaire, 819, c. 4; 823, c. 5; Baluze, t. I, p. 267, 421, 649, 634.
4. « Si quis in agro suo aut habet aut postulat habere dioecesim (paroisse), primum et terras ei deputet sufficienter et clericos. » Concile d'Orléans, 541, canon 33.

pris, quand cela sera possible, dans la population de la villa, sauf, en cas d'impossibilité, à y suppléer par un clerc de sa chapelle[1]. Il y a longtemps que ce conseil avait été donné par un concile espagnol : dès le milieu du viie siècle, le concile de Mérida voulait que l'on recherchât sur les terres de l'Église les serfs assez intelligents pour être préparés à la cléricature[2]. L'exemple de l'empereur, le conseil du concile, et surtout la nécessité des circonstances, amenèrent naturellement les grands propriétaires, les riches bénéficiers, les abbayes, à faire sur leurs terres et parmi leurs tenanciers le recrutement du clergé de leurs églises.

Tout en essayant, comme nous venons de le dire, de retarder ou de réglementer le mouvement qui poussait partout dans ce sens, tout en se plaignant, comme le fait Louis le Débonnaire, que « les serfs soient promus indiscrètement et pêle-mêle à tous les ordres ecclésiastiques[3], » les empereurs le rendaient eux-mêmes nécessaire par les entraves qu'ils mettaient en même temps à l'ordination des hommes libres. Ce que Constantin avait fait jadis dans un but fiscal, afin de ne pas diminuer le nombre des curiales, responsables de l'impôt[4], les princes ca-

---

1. « ..... Et non alii clerici habeant ipsas ecclesias (quae sunt in nostris fiscis), nisi nostri, aut de familia aut de capella nostra. » Capitulaire *De villis*, 6.

2. Concile de Mérida, 666, canon 12.

3. « De servorum vero ordinatione, qui passim ad gradus ecclesiasticos indiscrete promovebantur... » Capitulaire de 816 (ou 818) c. 6; Baluze, t. I, p. 564; Boretius, p. 275.

4. Lois de 320 et de 326; *Code Théodosien*, XVI, ii, 3, 6.

rolingiens le firent dans un intérêt militaire, afin de ne pas diminuer le nombre de leurs soldats. « Les hommes libres qui veulent se donner au service de Dieu, dit Charlemagne, ne doivent pas le faire avant d'avoir obtenu notre autorisation. Car nous avons appris que plusieurs d'entre eux le désirent non tant par dévotion que pour échapper à l'armée ou à quelque autre fonction de l'État, ou encore que d'autres ont été circonvenus par les conseils intéressés de ceux qui voudraient s'assurer la possession de leurs biens : c'est à cause de cela que nous portons cette défense[1]. » Ainsi, soit pour se conserver des guerriers ou des fonctionnaires, soit pour protéger de riches laïques contre la captation de quelques membres intéressés du clergé, désireux d'attirer vers leurs Églises ou leurs monastères les biens en même temps que la personne, l'empereur s'efforce de mettre obstacle à la vocation cléricale ou monastique des hommes libres. Mais la porte ainsi à demi fermée d'un côté s'ouvrait nécessairement plus large de l'autre, et par celui-ci passait en foule l'humble population des demi-libres et des serfs.

---

1. « De liberis hominibus qui ad servitium Dei se tradere volunt, ut prius hoc non faciant quam a nobis licentiam postulent. Hoc ideo quia audivimus aliquos ex illis non tam causa devotionis quam exercitum seu aliquam functionem regalem fugiendo, quosdam vero cupiditatis causa ab his qui res illorum concupiscunt circumventos audivimus, et hoc ideo fieri prohibemus. » **Deuxième Capitulaire de 805; Baluze, t. I, p. 427; Borétius, p. 125.**

IV

Il nous reste à voir l'effet social de cette entrée en masse de la classe servile dans l'état ecclésiastique.

Comme toute chose, elle eut des inconvénients. Il en pouvait résulter, en certains lieux, et selon les circonstances, un abaissement du caractère sacerdotal. Le serf devenu prêtre conservait quelque trace de son ancienne condition. « Le roi a fait de toi un libre, mais il ne peut avoir fait de toi un noble, car cela est impossible pour un affranchi[1], » écrit un aristocrate du ixe siècle à un ancien serf devenu prêtre, et même évêque. On trouve au Polyptyque d'Irminon un *presbyter homo Sancti Germani*[2] ; toute sujétion n'était

---

1. « Fecit te liberum, non nobilem, quod impossibile est post libertatem. » Thégan, *De vita Ludovici Pii*, 43.

2. *Polyptyque*, xxiv, 30. — Dans une notice des possessions de l'Église de Salzbourg, rédigée sous l'évêque Arnon, en 798, on voit parmi les donations faites à l'Église : « Reginbertum servum necnon presbyterum cum omni domo sua vel possessione sua, cum omnia quicquid in ipso loco habuit. » Cité par Guérard, *Polyptyque d'Irminon*, t. I, Éclaircissement lv, p. 971. On voit ici un serf prêtre et propriétaire. Évidemment ses services seuls, ou plutôt leur valeur en argent, sont ici donnés. C'est peut-être le cas de citer une piquante réflexion de M. Paul Viollet : « Pour nous qui embrassons difficilement ces ensembles et qui ne pouvons que péniblement et imparfaitement les faire revivre sous nos yeux, nous risquons sans cesse de nous attacher à un détail qui nous choque, sans apercevoir les lignes générales du monument auquel il se rattache. Nous verrons, par exemple, avec horreur, au moyen âge, des serfs donnés ou vendus; et nous ne nous apercevrons peut-être pas qu'à la même époque, des hommes libres et même des gentilshommes sont donnés, échangés, vendus, en des termes identiques. Ces transferts concernent la plupart du temps les services attachés à la terre et à la famille qui habite cette terre plutôt que l'homme lui-même, puisqu'on cède des bourgeois et des chevaliers. » *Précis de l'histoire du droit français*, t. I, p. 322. Dans la notice de l'Église de Salzbourg (Guérard, *l. c.*), est encore indiquée une donation faite par un

pas effacée pour celui-ci. Même le wergeld du prêtre né dans la servitude est encore inférieur dans certains pays au wergeld du prêtre de naissance libre[1]. Enfin, un précepte de Louis le Débonnaire (plus ou moins conforme au droit canonique) dit que le serf affranchi en vue de l'ordination sacerdotale retombera dans son ancienne servitude s'il vient à manquer aux devoirs de son nouvel état[2].

La tentation d'abuser de cette situation inférieure, de ce reste de sujétion, pouvait être grande pour certains maîtres. On vit même des maîtres ecclésiastiques y céder. Il arriva que des **prélats tirèrent presque exclusivement leurs clercs d'entre les serfs de l'Église**, afin de pouvoir impunément les priver de leurs pensions, ou les traiter avec injustice, en les tenant sous la continuelle menace d'un retour à la servitude. Cet abus est réprimé par l'un des règlements synodaux édictés en 816 ou 817 à Aix-la-Chapelle : il ordonne d'admettre indifféremment dans

prêtre ; celui-ci a soin de marquer sa qualité de libre : « Boso liber, qui et presbyter, et Johannes, frater ejus, tradiderunt, etc. »

1. Il en est ainsi dans la loi des Lombards, revisée par Charlemagne. Après avoir indiqué, pour le meurtre d'un prêtre de naissance libre, une *tripla compositio*, la loi ajoute : « Si autem servus presbyter natus fuerit, *secundum illius nativitatem* per triplam compositionem solvatur. » *Capitula excerpta ex lege Langobardorum*, 2; Baluze, t. I, p. 349; Boretius, p. 210. Le meurtrier doit le triple de la composition qu'il aurait à payer pour un *servus* non prêtre. Mais il faut remarquer que dans plusieurs autres documents législatifs, Charlemagne, en indiquant la peine encourue par le meurtrier d'un prêtre, ne fait aucune distinction; par exemple dans sa revision de la Loi salique, LVIII, 3.

2. « ..... Ea tamen conditione, ut noverit se is qui libertate donatur in pristinam servitutis conditionem relapsurum, si sacri ordinis quam susceperit praevaricator fuerit comprobatus. » *Ep. var.*, 8; *Mon. Germ. hist., Ep.*, t. V.

le clergé les nobles et les hommes de basse naissance qui en auront été jugés dignes [1].

A plus forte raison les grands propriétaires laïques étaient-ils tentés de placer, dans les paroisses qui leur appartenaient, des prêtres qui fussent à leur discrétion. Ils venaient trouver leur évêque et lui tenaient ce langage : « J'ai un petit clerc, que j'ai élevé pour moi parmi mes esclaves personnels ou parmi les serfs de mes bénéfices ou que j'ai obtenu de telle ou telle personne, et qui provient de telle ou telle campagne : je veux que vous me l'ordonniez prêtre. » Ce discours est pris sur le vif : c'est un des plus grands évêques du ixe siècle qui le rapporte [2]. Et si le propriétaire avait obtenu de son évêque l'ordination sollicitée pour son serf, voici quelquefois ce qui arrivait. C'est un autre prélat du même temps, lui aussi l'un des plus illustres, qui nous le dit : « Ces pauvres prêtres, qui n'ont ni les richesses séculières ni le prestige de la naissance, sont pour quelques laïques l'objet d'un tel mépris, qu'ils font d'eux leurs administrateurs et leurs intendants, se font servir par eux comme s'ils étaient encore laïques, et ne daignent même pas les faire asseoir à leur table : ils leur donnent le titre de prêtres, mais ne leur mon-

---

1. *De institutione canonicorum*, 119.

2. « Unde et contumeliose eos nominantes, quando volunt illos ordinari presbyteros, rogant nos aut jubent, dicentes : « Habeo unum clericionem, quem mihi nutrivi de servis meis propriis aut beneficialibus sive pagensibus, aut obtinui ab illo vel illo homine, sive de illo vel illo pago, volo ut ordines eum mihi presbyterum. » Agobard, *Ad Bernardum episcopum de privilegio et jure sacerdotii*, 11 (Migne, *P. L.*, t. CIV, col. 139).

trent aucun des égards que ce titre mérite, et prétendent avoir pour intercesseurs auprès de Dieu des hommes auxquels ils ne manifestent que du dédain [1]. »

Mais si le souvenir de la servitude ancienne pesait trop souvent ainsi sur les affranchis admis à faire partie du clergé, il s'effaçait vite pour ceux que le talent, la sainteté, des chances heureuses ou la faveur du prince avaient introduits dans ses rangs supérieurs. Sous Charlemagne, on semble avoir veillé à ce que de petites gens n'y arrivassent pas trop aisément. Parlant des fils de meunier qui avaient étudié à l'école du palais, le moine de Saint-Gall dit qu'ils ne furent pas jugés dignes d'être évêques ou abbés, mais qu'il devinrent l'un et l'autre prieurs d'un monastère [2]. Dès le règne suivant, toute barrière de ce genre est tombée. Un homme de grand mérite, comme cet autre élève de l'école du palais, le serf Ebbon, « fils de gardeurs de chèvres [3], » mais « très intelligent et très lettré [4], » pou-

---

1. « Sunt etiam quidam sacerdotes divitiis et honoribus mundi carentes, qui adeo contemptui a quibusdam laicis habentur, ut eos non solum administratores et procuratores rerum suarum faciant, sed etiam sibi more laicorum servire compellant, eosque convivas mensae suae habere dedignentur; qui videlicet habere sacerdotes nomine tenus videri gestiunt, re autem ipsa propter quam habendi sunt nolunt, talesque intercessores apud Deum habere volunt, quales esse prorsus despiciunt. » Jonas, *De institutione laicali*, II, 20 (Migne, *P. L.*, t. VI). Sur les services exigés de ce « domesticus sacerdos, » comme l'appelle encore Agobard, voir les détails donnés par ce dernier, *l. c.*

2. *De gestis Caroli Magni*, 1, 8.

3. « Patres tui fuerunt pastores caprarum... » Thégan, *De gestis Ludovici Pii*, 44.

4. « Vir industrius et liberalibus disciplinis eruditus. » Flodoard, *Hist. eccl. Rem.*, II, 19.

vait prétendre aux premières places dans l'Église. Ebbon devint archevêque de Reims sous Louis le Débonnaire, dont il avait été le condisciple [1]. Le même règne vit beaucoup d'hommes de semblable origine parvenir à de hautes prélatures. « Par une détestable coutume, écrit l'historien Thégan, des esclaves du dernier rang sont devenus de grands pontifes, et l'empereur ne l'a pas empêché [2] ! »

Dans les pénibles dissensions qui attristèrent le règne du fils de Charlemagne, Thégan est l'organe du parti aristocratique : il montre pour l'empereur une grande et parfois touchante partialité : il s'indigne contre le rôle de l'épiscopat, qui se fit juge du souverain, et l'humilia devant ses propres enfants. Son langage est plein de passion, d'une passion qui lui donne parfois une véritable éloquence. Mais il est aussi pour nous rempli d'enseignements.

On voit clairement, par ce qu'en rapporte avec indignation Thégan, le résultat social produit par ces élévations soudaines d'hommes sortis de la classe servile. D'abord, leur exemple était pour tous un avertissement : il montrait que les serfs eux-mêmes n'étaient pas emprisonnés dans leur condition, et qu'aucune ambition ne leur était désormais interdite. Mais, de plus, chacun de ceux qui sortaient ainsi du rang traînait à sa suite une foule de parents ou d'amis. Par le népotisme tant de fois

---

1. « Conslastichus. » *Ibid.*
2. « Jamdudum illa pessima consuetudo erat, ut ex vilissimis servis summi pontifices fierent. » Thégan, *De gestis Ludovici Pii*, 20.

reproché aux gens d'Église, et qui eut quelquefois
cependant des conséquences heureuses, ils s'efforçaient de faire partager leur fortune à tous ceux
qui leur tenaient par les liens du sang, et, après
avoir franchi eux-mêmes, parfois un peu brusquement, l'étape, de la faire franchir de même à leurs
parents. Thégan déclare que les prélats subitement
émergés de la servitude changent aussitôt de caractère et de mœurs. « Ceux qui auparavant étaient
doux, disciplinés, deviennent, dès qu'ils sont montés sur le faîte, irascibles, querelleurs, médisants,
obstinés, injurieux, ils accablent de menaces tous
ceux qui leur sont soumis, et croient se faire ainsi
craindre et louer tout ensemble[1]. » Ce sont les vices
habituellement imputés aux parvenus : mais ce
reproche est tellement un lieu commun, qu'on ne
saurait l'accepter à la lettre : quelques-uns peut-
être l'ont mérité et ont ressenti le vertige des hau-
teurs trop vite atteintes : il est probable que d'autres, mieux trempés, de plus de sang-froid et de
plus de vertu, y ont échappé. Mais Thégan fait
encore aux prélats un autre reproche : c'est, nous l'a-
vons dit, de travailler à l'élévation de leur famille.

Ce qu'il écrit sur ce sujet est curieux. « Ils s'ef-
forcent d'arracher leur ignoble parenté au joug de
la servitude qui lui convenait, et de lui assurer la

---

1. « Postquam tales culmen accipiunt, nunquam sicut antea tam
mansueti et sic domestici, ut non statim incipiant esse iracundi,
rixosi, maliloqui, obstinati, injuriosi, et minas omnibus subjectis
promittentes et per hujusmodi negotia cupiunt ab hominibus timeri
et laudari. » *Ibid.*

liberté. Ils font faire aux uns des études libérales ; ils donnent aux autres des femmes nobles pour épouses, et marient leurs parentes à des nobles. Personne ne peut vivre en paix avec eux, si ce n'est ceux qui ont contracté de telles alliances. Les autres passent leurs jours dans la plus grande tristesse, dans les gémissements et les pleurs. Mais leurs proches, dès qu'ils savent quelque chose, se moquent des plus nobles vieillards, deviennent hautains, capricieux, méprisants. Il ne reste presque rien de bon à ceux qui ont ainsi rejeté toute pudeur... Aussitôt que les parents de ces hommes ont acquis quelques connaissances, on les traîne vers les ordres sacrés, au grand péril de ceux qui les confèrent et de ceux qui les reçoivent. Et bien que quelques-uns d'entre eux soient vraiment savants, cependant leur scélératesse surpasse leur science : il arrive souvent que le pasteur d'une église n'ose point appliquer à d'autres la justice des canons, à cause de ses proches, et ainsi le ministère ecclésiastique devient un objet de mépris[1]. »

Ce que nous retenons de cette diatribe, trop générale pour être juste, et qui doit appeler beaucoup

---

1. « Turpissimam cognationem eorum a jugo debitæ servitutis nituntur eripere, et libertatem imponere. Tunc aliquos eorum liberalibus studiis instruunt, alios nobilibus feminis conjungunt, et propinquas eorum nobilium filios cogunt accipere.... Propinqui vero eorum postquam aliquid intelligunt, quod maximum periculum est dantibus et accipientibus, ad sacrum ordinem pertrahuntur. Et licet aliqui sint periti, tamen superat eorum doctrinam criminum multitudo... Et illud ministerium plerumque a nonnullis valde despicitur, propter quod a talibus exhibetur ». *Ibid.*

d'atténuations, c'est le grand nombre de familles serviles qui, à la suite de l'élévation d'un de leurs membres, promu à une haute dignité de l'Église, s'élevèrent au-dessus de leur condition primitive, acquirent la liberté, contractèrent même de grandes alliances et donnèrent de nouveaux membres au clergé. De telles ascensions ne purent se faire sans causer bien des froissements. Dans une société très hiérarchisée, comme était celle du ix⁰ siècle, on ne pouvait sortir du cadre sans y produire une sorte de brisement. Mais on en sortait, et c'était un grand progrès.

Toute la passion de Thégan se condense dans une dernière invective. Il vient de rappeler les souvenirs du concile de Compiègne, où, en 833, fut déposé Louis le Débonnaire. « Tous les évêques, dit-il, se montrèrent ses ennemis ; les plus acharnés furent ceux que d'une condition servile il avait admis aux honneurs ou qu'il avait tirés du milieu des Barbares pour leur confier le pouvoir épiscopal. Ils choisirent pour chef un homme impudique et cruel, appelé Ebbon, évêque de Reims, descendant d'une famille d'esclaves... Alors fut accomplie cette parole du prophète Jérémie : « Des esclaves nous ont dominés. » Oh ! quelle récompense lui as-tu donc réservée ? Il t'avait fait libre, ne pouvant te faire noble, ce qui est impossible d'un affranchi. Il t'avait revêtu de la pourpre et du manteau ; tu l'as, en retour, couvert d'un cilice ! Il t'avait, quoique indigne, promu à la dignité de pontife : tu as voulu, par une sentence mensongère, le précipiter du trône de ses pères ! Cruel, n'as-tu donc pas compris le précepte du Seigneur : « L'esclave ne doit pas s'élever au-dessus de son maître?... » Au moins, ceux qui insultaient Job étaient des princes, au dire du livre de Tobie. Mais ceux qui ont affligé l'empereur étaient ses esclaves et les esclaves de ses pères [1] ! »

Il serait inutile de reviser ici le procès d'Ebbon, sur lequel les contemporains ont fait peser la responsabilité de l'assemblée de Compiègne, et qui, déposé à son tour, mourut dans la disgrâce. Peut-être tout ne fut-il pas bas et ingrat dans les motifs qui inspirèrent les évêques, et, en humiliant si profondément l'empereur, crurent-ils de bonne foi travailler au relèvement de l'autorité impériale [2]. Cela importe peu à la question qui nous occupe. Ce qui importe davantage est ceci : un fils de serf, devenu évêque, fut appelé à présider une assemblée qui comprenait, non pas seulement comme le dit Thégan, avec l'inexactitude et le dédain d'un Saint-Simon du ixe siècle, des évêques de basse naissance ou d'origine barbare, mais les personnages les plus

---

1. « Omnes enim episcopi molesti fuerunt ei, et maxime hi quos ex servili conditione honoratos habebat, cum his qui ex barbaris nationibus ad hoc fastigium perducti sunt. Elegerunt tunc unum impudicum et crudelissimum, qui dicebatur Hebo, Remensis episcopus, qui erat ex originalium servorum stipe... Fecit te liberum, non nobilem, quod impossibile est post libertatem. Vestivit te purpura et pallio, et tu eum induisti cilicio... Qui istum vero affligebant, legales servi ejus erant ac patrum suorum. » *Ibid.*, 43, 44.

2. Voir dans ce sens Kleinclausz, *L'Empire carolingien, ses origines et ses transformations*, p. 317-319.

considérables de l'Empire, et parmi eux des parti-
sans d'une politique peut-être chimérique, mais très
noble, comme Agobard et Wala. La différence des
conditions ou des origines était effacée, et il semble
que personne, à ce moment, ne l'ait aperçue.

CHAPITRE V

Ce mouvement vers l'égalité n'avait rien qui pût
effrayer les grands esprits du temps. Quand on par-
court les écrits de ceux qui furent, sous les règnes
de Charlemagne et de ses successeurs, les maîtres
de la pensée chrétienne, on y remarque un sentiment
profond de l'égalité de tous les hommes devant
Dieu. Plusieurs fois ils ont à traiter, sinon de la
question de l'esclavage, du moins des devoirs des
maîtres envers les esclaves et les serfs : toujours ils
le font avec le sentiment de prudence, d'égards aux
situations acquises, de respect de la légalité, dont
furent animés avant eux les Pères de l'Eglise quand
ils eurent à toucher à ces sujets brûlants : mais
toujours aussi ils le font avec une sympathie visible
pour des hommes encore engagés dans les liens de
la servitude ; avec sévérité pour les maîtres qui
abusent de leur pouvoir ; en amis des uns et des
autres, mais qu'une tendresse plus compatissante
incline visiblement vers les premiers. Ils s'inspirent,

en général, des idées plusieurs fois exprimées au sujet de l'esclavage par saint Grégoire le Grand : ses écrits et ceux de saint Augustin paraissent toujours présents à leur pensée quand ils traitent de cette question. Mais on sent, en les lisant, que la question a mûri, et que le difficile et angoissant problème posé depuis des siècles à la conscience chrétienne est plus près de sa solution.

I

Il y a cependant, entre quelques-uns d'entre eux, des différences assez sensibles.

Alcuin et son disciple Raban Maur, qui fut abbé de Fulda et archevêque de Mayence, reconnaissent sans hésiter la légitimité de la servitude. Ils lui voient deux causes : l'iniquité et l'adversité ; l'iniquité, qui se personnifie dans Cham, justement puni de son péché ; l'adversité, qui se personnifie en Joseph, vendu par ses frères. Acceptant l'ancienne étymologie, si contestable, *servus* vient pour eux de *servatus*, et la servitude découle du droit primitif acquis par le vainqueur sur le vaincu qu'il a épargné. *Mancipium* est également pour eux l'équivalent de *manu captus* [1]. Le péché, le malheur, la captivité, voilà ce qu'ils aperçoivent à l'origine de l'esclavage, par une sorte d'explication mystique et historique tout ensemble. Raban Maur va même plus loin : par une

---

1. Alcuin, *Interr. et Resp. in Librum Geneseos*, Interr. 273 (Migne, *P. L.*, t. C.) ; Raban Maur, *In Genesim*, IV, 1-9 (*P. L.*, t. CVII).

obscure réminiscence de la théorie aristotélicienne, il déclare qu'il est de l'ordre naturel que le plus raisonnable domine sur celui qui l'est moins : *clara justitia est, ut qui excellunt ratione excellent dominatione* [1]. Mais il est obligé d'admettre que cet ordre est, en fait, fréquemment interverti, et que souvent ce sont les justes qui sont commandés par les pécheurs : malheur passager, dit-il, que compensera pour eux un jour l'éternelle félicité [2].

En somme, Raban, comme à un moindre degré Alcuin, s'efforce de s'expliquer à lui-même et de justifier à ses propres yeux la servitude, et n'y parvient qu'en accumulant des raisons peu cohérentes et même contradictoires. Encore n'ose-t-il pas aller jusqu'au bout de sa pensée et demeurer logique avec lui-même : car, ayant à résoudre un cas de conscience assez singulier, il ne peut s'empêcher d'aboutir à une solution libérale.

Un prêtre de ses amis lui avait demandé s'il était licite de dire la messe pour le repos de l'âme d'un esclave mort en s'enfuyant de la maison de son maître. « Vous me demandez, répondit-il, si l'on peut chanter une messe et dire des psaumes pour l'esclave qui, ayant fui de chez son maître, a péri dans cette fuite même. Nous ne voyons pas que cela soit défendu par les Livres saints : nous savons seulement que les Apôtres ont commandé avec beaucoup de force aux esclaves d'être soumis en toute révérence

1. Raban Maur, *l. c.*
2. *Ibid.*

aux maîtres, non seulement bons et modérés, mais encore méchants, et de leur obéir en toutes choses. Nous savons encore que le concile de Gangres a écrit : « Si quelqu'un, sous prétexte de religion, enseigne à l'esclave à mépriser son maître, et à lui refuser l'obéissance, la bienveillance et l'honneur, qu'il soit anathème [1]. » Si celui qui a enseigné à l'esclave à mépriser son maître et à lui refuser l'obéissance mérite l'anathème, combien plus l'esclave qui ne veut plus servir ce maître ! Il faut cependant distinguer entre celui qui le fait par orgueil et celui qui a pris la fuite par nécessité, contraint par la cruauté du maître. Agar aussi s'est enfuie, à cause des mauvais traitements de Sara, mais, sur les conseils de l'Ange, elle est revenue vers sa maîtresse. De même Onésime, l'esclave de Philémon, se sauva de chez son maître, mais, ayant été converti et baptisé par l'apôtre Paul, il lui fut renvoyé par celui-ci. Toutes les fois donc que de fidèles interprètes du Christ rencontreront un esclave fugitif, ils devront lui conseiller de revenir chez son maître et de lui rendre son obéissance, de peur d'encourir l'anathème. Cependant, s'il meurt dans sa fuite, il faut prier pour lui, à moins qu'il ne soit coupable de quelque crime plus grand, qui ferait perdre à la prière son efficacité [2]. »

1. Canon 3 du concile tenu à Gangres, en Asie Mineure, à une date incertaine du milieu du quatrième siècle.

2. « ... Attamen si in ipsa fuga obierit, orandum est pro eo, nisi forte aliquo crimine majore implicetur, aut in perfidiam devolvatur, unde fructuosa pro eo non possit esse oratio. » Raban Maur, *Ep.* 30 (dans *Mon. Germ. hist., Ep.*, t. V).

Cela revient à dire, après beaucoup de circonlocutions, que la fuite d'un esclave est un péché véniel, et à reconnaître timidement qu'un esclave a le droit, sans mettre en péril le salut de son âme, de se soustraire à la servitude.

II

Beaucoup moins subtils et moins méticuleux, beaucoup plus larges et plus humains se montrent Jonas, évêque d'Orléans [1], et Agobard, archevêque de Lyon [2]. Leur accord est d'autant plus intéressant à constater, que ces deux hommes considérables ne s'entendaient pas en politique, et que dans les troubles qui agitèrent le règne de Louis le Débonnaire ils furent chacun d'un parti opposé.

Le premier a résumé, dans un traité en deux livres, les devoirs des laïques. Parmi les plus importants de ces devoirs sont ceux qu'ils ont envers leurs esclaves ou leurs serfs. Ici, plus rien des théories d'Aristote. Jonas déclare, au contraire, qu'entre maîtres et serviteurs il n'existe aucune inégalité de nature. C'est donc en égaux que ceux-ci ont droit d'être traités. « Les hommes qui tiennent la première place ne doivent pas penser que ceux qui leur sont soumis diffèrent d'eux par la nature comme ils en diffèrent par le rang. Par une dispensation de la Providence divine, tel homme est inférieur à tel

1. Mort en 843.
2. Mort en 840.

autre, non en vertu de sa nature, mais à cause de sa situation dans le monde, et doit, par conséquent, être protégé et gouverné comme un plus faible le serait par un plus fort : mais il doit toujours être reconnu comme étant, par nature, un égal. Les choses se trouvant ainsi, il arrive cependant que beaucoup, enflés par la possession de biens périssables, et qui bientôt auront disparu, refusent de reconnaître pour égaux ceux auxquels ils commandent ou ceux qu'ils surpassent par la puissance, les honneurs et les richesses; ou, si en paroles ils les reconnaissent comme égaux, par le cœur ils ne les aiment pas comme des égaux. L'orgueil est la source de ce vice. Comment maître et esclave, riche et pauvre, ne seraient-ils pas égaux par nature, quand ils ont dans le ciel un même Dieu, qui ne fait aucune différence entre les personnes [1] ? » Jonas cite ici un passage des *Morales* de saint Grégoire le Grand et un passage d'un sermon attribué à saint Augustin, puis il conclut : « Que les puissants et les riches, instruits par ces paroles, reconnaissent que leurs esclaves, et les pauvres, sont par nature leurs égaux. Si donc les esclaves sont par nature les égaux des maîtres, que ceux-ci ne s'imaginent pas avoir le droit de céder à tous les mouvements de la colère, et de punir les fautes de leurs esclaves par de cruelles flagellations ou même par l'amputation d'un membre : ils n'ont pas le droit de commettre de tels excès, car ils ont un même Dieu dans le ciel. Dans ceux qui, en ce monde, leur paraissent faibles, d'extérieur abject, inférieurs à eux par l'apparence corporelle et la fortune, qu'ils reconnaissent des hommes que la nature a faits leurs pairs et leurs égaux [1]. »

L'archevêque de Lyon, Agobard, est un des plus grands esprits de ce temps. Quand les pratiques superstitieuses de l'ordalie et du combat judiciaire étaient encore autorisées par les lois et par les mœurs, il s'est élevé contre elles, et a consacré deux ouvrages à montrer ce qu'elles ont d'antichrétien et de criminel [2]. Effrayé de la grande influence que la faiblesse de Louis le Débonnaire avait laissé prendre aux Juifs, et de l'infatigable propagande de ceux-ci, il n'hésita pas à se déclarer leur adversaire : non qu'il demande contre eux aucune persécution [3], mais en s'efforçant de remettre en vigueur les ordonnances des conciles, qui leur interdisaient de posséder des esclaves chrétiens [4]. Il y aurait une bien intéressante étude à faire sur Agobard et la question juive au

---

1. « ... Si igitur servi dominis natura æquales sunt, utique quia sunt, non se putent impune domini laturos, dum turbida et indignatione et concitanti animi furore adversus errata servorum inflammati, circa eos aut in sævissimis verberibus cædendo, aut in membrorum amputatione debilitando, nimii existunt, quoniam unum Deum habent in cœlis. Eos vero qui in hoc sæculo infirmos abjectosque cultu et cute et opibus se impares conspiciunt, natura pares et æquales sibi esse prorsus agnoscant. » Jonas, *De institutione laicali*, II, 22 (Migne, *P. L.*, t. CVI).

2. *Adversus legem Gundobardi et impia certamina*, contre le duel judiciaire, et *De divinis sententiis*, contre les ordalies (Migne, *P. L.*, t. CIV).

3. « Cæterum, quia inter nos vivunt, et maligni eis esse non debemus, nec vitæ aut sanitati vel divitiis eorum contrarii. » *De insolentia Judaeorum*, 4.

4. Quatrième concile d'Orléans (544), premier concile de Mâcon (581), troisième concile de Tolède (589), premier concile de Reims (625), quatrième concile de Tolède (636), dixième concile de Tolède (656), douzième concile de Tolède (681).

ixe siècle. C'est surtout à propos du baptême des esclaves des Juifs qu'il est appelé à exposer ses idées sur l'esclavage.

Comme il était interdit aux Juifs, par la législation civile et religieuse, d'avoir des esclaves chrétiens, ils s'efforçaient de se procurer des esclaves païens, ce que l'étendue de leurs relations commerciales leur rendait facile. Mais, transplantés en pays chrétien, beaucoup de ceux-ci demandaient à recevoir le baptême. « Ils apprennent notre langue, dit Agobard, ils entendent parler de la foi, voient la célébration de nos fêtes, sont touchés, viennent à l'église, demandent à recevoir le baptême : devons-nous les repousser? » Les Juifs contestaient à l'évêque le droit de baptiser un esclave sans le consentement de son maître. La question, en droit, était complexe. L'esclave, en effet, une fois touché par l'eau du baptême, échappait au maître juif. En vain Agobard offrait-il à celui-ci de racheter l'esclave baptisé, en remboursant le prix qu'il avait coûté. Le Juif, qui s'était proposé le plus souvent de faire une spéculation et de le revendre plus cher, refusait l'offre de l'évêque. Les Juifs de Lyon étaient bien en cour. Ils avaient l'appui plus ou moins désintéressé de certains magistrats. Des femmes de la famille impériale, peut-être l'impératrice, la fameuse Judith, étaient en correspondance avec eux. Ils comptaient même sur la protection de l'empereur, qui en effet écrivit pour eux à Agobard, et envoya en leur faveur une lettre au gouverneur de Lyon. Leur crédit était devenu tel, qu'ils parvinrent à faire supprimer dans cette ville les marchés du samedi, comme violant le repos du sabbat. Agobard écrivit de divers côtés : à ses amis du palais, Adalhart, Wala, Helisachar [1] ; à l'évêque de Narbonne, Nebridius [2] ; à Louis le Débonnaire lui-même [3]. Il lutta avec une énergie intraitable pour l'âme des esclaves. Il revendiqua la pleine liberté de leur conscience, et proclama avec plus de hauteur encore que Jonas leur droit à être considérés par tous comme des égaux. L'homme extérieur est serf, l'homme intérieur est libre, et l'appel de Dieu, entendu au fond du cœur, fait taire toute voix de maître.

« Pour ceux qui examinent pieusement les choses, il est évident que le Dieu tout-puissant, créateur et modérateur de tous, qui a formé le premier homme du limon de la terre, et d'une des côtes du premier homme une aide semblable à lui, et qui a tiré tout le genre humain d'une même source et d'une même racine, a fait d'une condition semblable tous ceux qui le composent. Et quoique à la suite du péché, par un très juste et mystérieux jugement, les uns soient élevés aux places d'honneur, les autres abaissés sous le joug de la servitude, cependant il a commandé aux esclaves d'obéir extérieurement à leurs maîtres,

---

1. *Consultatio et supplicatio de baptismo judaicorum mancipiorum.* — *Contra praeceptum impium de baptismo judaicorum mancipiorum.*

2. *De cavendo convictu et societate Judaeorum.*

3. *De insolentia Judaeorum.* A ces divers écrits il faut ajouter le mémoire *De judaicis superstitionibus*, adressé au même empereur par Agobard et deux autres évêques.

de telle sorte que l'homme intérieur, créé à son image, ne soit soumis à aucun homme, pas même aux anges, à aucune créature en un mot, mais à lui seul... Quand donc ceux-ci viennent, parce qu'ils ont reconnu le Créateur dans cette partie intérieure de l'homme qui est affranchie de toute servitude, et demandent à être régénérés par le baptême, pour quelle raison empêcherait-on des esclaves de le recevoir sans la permission de leurs maîtres, et ne les admettrait-on à servir Dieu qu'après qu'ils en auront obtenu la permission des hommes[1]? »

Dans une autre lettre, Agobard s'exprime sur le même sujet avec plus de force encore :

« Je raisonne ainsi : tout homme est la créature de Dieu, et dans chaque homme, même s'il est esclave, la plus grande partie a pour maître Dieu, qui l'a fait parvenir à la lumière de ce monde, lui a conservé la vie, l'a maintenu en santé, bien plus que celui qui, pour vingt ou trente sous une fois donnés, en possède les services corporels. Personne ne peut douter que tout esclave, s'il doit faire travailler ses membres pour son maître charnel, doit le

---

1. « ... Licet peccatis exigentibus justissimo et occultissimo ejus judicio, alii diversis honoribus sublimati, alii servitutis jugo depressi, ita tamen a servis corporale ministerium dominis exhiberi ordinaverit, ut interiorem hominem ad imaginem suam conditum nulli hominum, nulli angelorum, nulli omnine creaturae, sed sibi soli voluerit esse subjectum... Cum ergo hi qui ad baptismum veniunt per agnitionem Creatoris in interiore homine, qui ab omni servitutis conditione liber est, renoventur, quae ratio esse potest, ut id servi absque permissione dominorum suorum consequi prohibeantur, nec servire eis Deo liceat, nisi licentiam ab hominibus impetraverint? » *Contra praeceptum impium de baptismo judaicorum mancipiorum.*

culte de son âme au seul Créateur. Aussi les saints missionnaires, compagnons des apôtres, ont-ils baptisé tous ceux qui venaient à eux, les réunissant en un seul corps, leur enseignant qu'ils sont des frères et les enfants de Dieu, et leur apprenant à demeurer chacun dans l'état où il a été appelé, non par goût, mais par nécessité. Mais ceux qui peuvent devenir libres doivent le chercher de préférence. Aussi est-il évident que si des païens s'enfuient vers le Christ, et qu'au lieu de les accueillir nous les repoussons, par égard pour leurs maîtres charnels, nous commettons un acte impie et cruel, puisque nul n'est le maître de l'âme humaine, si ce n'est celui qui l'a créée [1]. »

On remarquera avec quelle fermeté Agobard tranche ici une question d'exégèse qui a été et qui est encore posée. Le célèbre verset 21, chapitre VII, de la première épître de saint Paul aux Corinthiens est de forme ambiguë, et peut se traduire de deux

---

[1]. « ... De qua re ego quidem talem teneo rationem : omnem profecto hominem creaturam Dei esse, et in unoquoque homine, quamvis servo, majorem potestatem habere dominum Deum, qui in utero creavit, ad lucem hujus vitae produxit, concessam vitam custodivit, sanitatem servavit, quam illum qui viginti aut triginta solidis datis fruitur corporis ejus servitio. Nec est qui dubitet quod unusquisque servus, membrorum corporis opera carnali Domino debens, mentis religionem soli debeat Creatori. Propter quod omnes sancti praedicatores socii apostolorum... omnes baptizaverunt, omnes in uno corpore redigerunt, omnes fratres et filios Dei esse docuerunt, ita tamen ut unusquisque in quo vocatus est, in hoc permaneret, non studio, sed necessitate. Sed et qui possent liberi fieri, magis uterentur. In promptu est etiam ratione colligere si qui ethnicorun ad Christum fugiunt, et non recolligimus sed repudiamus propter carnales dominos, esse impium et crudele cum humanae animae nullus esse possit dominus nisi conditor. » *Consultatio et supplicatio de baptismo judaicorum mancipiorum.*

façons. Pour les uns, il veut dire : « Si tu peux devenir libre, profite plutôt de ta servitude. » Pour les autres, il signifie : « Si tu peux devenir libre, saisis-en l'occasion avec empressement. » Le texte grec, comme la version latine, se prêtent aux deux sens. Les anciens Pères ont hésité : saint Jean Chrysostome l'entend dans le premier, saint Ambroise dans le second. Les commentateurs modernes sont également partagés [1]. Agobard, lui, n'éprouve aucune hésitation. Toutes les fois que des esclaves ou des serfs peuvent acquérir la liberté naturelle, ils ont le devoir de le faire : *sed et si qui possent liberi fieri, magis uterentur*. Agobard est de ceux dont le cœur est oppressé par l'idée de servitude, et qui, non contents de proclamer bien haut l'intangible liberté de l'âme, voudraient voir toute espèce de servitude disparaître.

III

Cette disparition avait été hardiment demandée, dès la fin du viiie siècle ou le commencement du ixe; mais le cri poussé alors n'avait point eu d'écho. L'auteur de la généreuse parole était Smaragdus, abbé de Saint-Mihiel. Dans un livre adressé soit à Charlemagne, soit plus probablement à son fils Louis le Débonnaire, Smaragdus trace les devoirs du prince, la « voie royale » qu'il est appelé à parcourir. Il pose le principe admis de tous les penseurs chrétiens :

1. Voir mon livre sur *les Esclaves chrétiens*, p. 200, note 2.

« Nous avons été créés de condition égale, et c'est le péché qui nous a soumis les uns aux autres [1]. » Mais, plus hardi que ses prédécesseurs, et même que ceux qui viendront après lui, du principe il tire bravement les conséquences. L'esclavage doit disparaître. D'abord, dans sa source : « Défendez donc, ô roi très clément, que dans votre royaume personne ne soit réduit en captivité [2]. » Smaragdus va jusqu'à trouver dans Moïse et dans les prophètes ce que personne, semble-t-il, n'avait encore vu avant lui, et ce qui paraîtra peut-être une exégèse un peu aventureuse : l'interdiction même de l'esclavage. « Montrez que vous êtes le fils très fidèle de ce Père céleste que vous priez chaque jour avec tous vos frères, en lui disant : « Notre Père qui êtes aux cieux. » Aimez ce qu'il aime et défendez ce qu'il défend. Il a lui-même ordonné, par la bouche de Moïse, que celui-là fût mis à mort, qui pour de l'argent aurait vendu son frère, fils d'Israël. Il nous enseigne par la bouche du prophète Amos qu'il ne pardonne pas à la ville de Tyr d'avoir réduit ses frères en captivité [3]. » En vertu de ces oracels, non seulement le prince a le devoir d'interdire l'esclavage, mais encore chaque propriétaire d'esclaves a le devoir de rendre libres ceux qu'il possède. « L'homme doit obéir à Dieu, et, autant qu'il le peut, observer ses préceptes. Parmi les préceptes

---

1. « Conditione enim aequabiliter creati sumus, sed aliis alii culpa subacti. » *Via regia*, 30 (Migne, *P. L.*, t. CII).

2. « Prohibe ergo, clementissime rex, ne in regno tuo captivitas fiat. » *Ibid.*

3. *Ibid.*

salutaires, entre toutes les bonnes œuvres, voilà ce qu'ordonne son infinie miséricorde : que chacun renvoie libres ses esclaves, car ce n'est pas la nature, c'est le péché qui les a assujettis[1]. » Mais il faut que quelqu'un donne l'exemple, et celui qui doit donner l'exemple, c'est le roi. « Honorez donc, ô très juste et très pieux roi, honorez Dieu pour tous, car il est écrit : « Au nom de tous, il m'a rendu honneur. » Honorez-le donc, soit dans les esclaves qui vous sont soumis, soit dans les richesses qui vous ont été données : des premiers faites des hommes libres, des autres faites des aumônes, et ainsi vous obéirez en toutes choses aux préceptes divins[2]. »

La parole avait été dite trop tôt : rien ne montre que ni Charlemagne, ni Louis le Débonnaire y ait fait attention, bien que Smaragdus ait été un ami de l'un et de l'autre. Mais elle est un indice du travail qui se faisait dans les esprits. Pour qu'un homme aussi réfléchi que l'abbé de Saint-Mihiel eût lancé une telle idée, il fallait que son exécution ne parût plus impossible, et que ce qui naguère eût été un paradoxe, fût maintenant un idéal qui pouvait être proposé sans présomption et sans ridicule. C'est

---

1. « Vere obedire debet homo Deo et ejus praecepta in quantum ille possibilitatem dederit obedire. Et inter alia praecepta salutaria et opera recta, propter nimiam illius charitatem unusquisque liberos debet dimittere servos, considerans quia non illi eos natura subegit, sed culpa. » *Ibid.*

2. « Honorifica ergo, justissime ac piissime rex, pro omnibus Deum tuum, quia ut scriptum est : « Pro omnibus honorificavit te, » sive in servis tibi subactis, sine in divitiis tibi concessis, ex illis liberos faciendo, et ex istis eleemosynas tribuendo, praeceptis illius obedire ne cesses. » *Ibid.*

déjà beau d'avoir entrevu et d'avoir montré la solution[1]. Mais elle viendra de la force des circonstances plutôt que de la volonté des hommes. L'auteur du *De via regia* avait trop attendu de la générosité et du désintéressement de ses contemporains.

En eût-il eu le pouvoir, — ce qui est plus que douteux, — Louis le Débonnaire n'aurait pas été l'homme d'une si grande œuvre. Ce prince, d'un cœur excellent, mais d'un esprit faible et d'une volonté changeante, n'était pas capable d'un dessein suivi. Malgré de fermes et clairvoyants conseillers, il n'avait pas su conserver l'unité de l'Empire. L'époux et le père avaient annihilé le souverain. Même sur le terrain de l'esclavage, où Smaragdus l'appelait à livrer un vaillant combat, il donna la mesure de sa faiblesse. Ses misérables concessions aux Juifs sur le baptême de leurs esclaves, si énergiquement combattues par Agobard, montrent jusqu'à quel point elle pouvait descendre. Et cependant, telle est maintenant la force du sentiment chrétien, qu'au risque de se contredire Louis le Débonnaire rappelle solennellement, lui aussi, ces grands principes d'unité, d'égalité, de fraternité, que les docteurs de son temps avaient si bien posés, et insiste avec eux sur le droit des esclaves et des serfs à être traités en frères. On lit dans la

---

1. Guizot paraît avoir lu fort distraitement la *Via regia* de Smaragdus : « Les idées, dit-il, sont sages et douces, mais communes : un seul fait mérite d'être cité, c'est le caractère beaucoup plus moral que religieux de l'ouvrage. » *Hist. de la civilisation en France*, t. II, p. 406.

préface d'une collection de Capitulaires, éditée sous son règne :

« Puisqu'il y a dans l'Église des personnes de condition diverse, comme les nobles et les non nobles, les serfs, colons, tenanciers, et autres dénominations de ce genre, il convient que ceux qui leur sont préposés, clercs ou laïques, se montrent à leur égard cléments et miséricordieux, soit dans les travaux qu'ils en exigent, soit dans les redevances et les tributs qu'ils en reçoivent ; qu'ils sachent que ces hommes sont leurs frères, et ont avec eux un même Père, qui est Dieu, auquel ils disent : *Pater noster qui es in cœlis*, une même mère, la sainte Église, qui les a tous engendrés de son chaste sein par le baptême. Qu'on leur donne donc une discipline très douce et une utile direction : une discipline, de peur qu'en vivant dans le désordre ils n'offensent leur Créateur ; une direction, de peur qu'ils ne fléchissent dans les épreuves de la vie, faute de l'appui de leurs chefs [1]. »

Plusieurs choses sont à remarquer dans ces pa-

1. « Quia ergo constat in Ecclesia diversarum conditionum homines esse, ut sint nobiles et ignobiles, servi, coloni, inquilini et cetera hujusmodi nomina, oportet ut quicumque eis praelati sunt clerici vel laici, clementer ergo eis agant et misericorditer eos tractent, sive in exigendis ab eis operibus, sive in accipiendis tributis, et quibusdam debitis ; sciantque eos fratres suos esse unum patrem secum habere Deum, cui clamant : « Pater noster, qui es in cœlis, » unam matrem sanctam Ecclesiam, quae eos intemerato sacri fontis utero gignit. Disciplina igitur eis misericordissima et gubernatio opportuna adhibenda est ; disciplina, ne indisciplinate vivendo auctorem suum offendant ; gubernatio, ne in quotidianis vitae commeatibus praelatorum adminiculo destituti fatescant. *Capit. e conciliis excerpta*, 9, dans *Mon. Germ. hist., Leges*, t. I, n° 154.

roles. D'abord, l'énumération des assujettis et des
travailleurs, faite en des termes tels qu'ils semblent
tous se confondre, sans qu'aucun caractère bien marqué permette de les distinguer. On sent qu'un niveau
a passé sur la classe populaire, et qu'entre les serfs,
les colons et les tenanciers de tout vocable il n'y a
plus que des différences verbales : les non libres
théoriquement, comme les serfs, ne sont séparés que
par l'épaisseur d'un mot des libres légalement,
comme les colons et les autres paysans : *servi, coloni,
inquilini, et cetera hujusmodi nomina*. Mais on
remarquera surtout une conception tout à fait chrétienne de l'autorité. On y trouve conciliées la hiérarchie nécessaire et l'égalité de tous devant les hommes
et devant Dieu. L'autorité est définie non par ses
droits, mais par ses devoirs. Quand de telles idées,
après avoir été exprimées par ceux qui pensent, sont
acceptées par ceux qui gouvernent, elles paraissent
prêtes à passer tôt ou tard dans les faits. Visiblement elles sont mûres. S'il ne réalisa pas le rêve
de l'abbé de Saint-Mihiel, le ixe siècle fit faire à la
question de l'esclavage un grand pas.

IV

J'arrête ici cette étude des origines du servage.
La première moitié du ixe siècle me paraît avoir été
pour les serfs une sorte d'âge d'or. Sans doute leur
condition s'aggravera de nouveau dans la seconde
partie de ce siècle, au milieu des désordres de toute

sorte causés par les luttes intestines et par les invasions normandes, par la désorganisation de l'Empire carolingien et par la formation d'un ordre de choses nouveau. On put même croire que la nouvelle crise d'invasions, favorisée par la faiblesse et la désunion du pouvoir central, aurait pour le sort des paysans et même pour toutes les classes de la société un effet aussi désastreux que celui que produisirent, quatre siècles plus tôt, les premières invasions germaniques. Pour prendre un seul exemple, que l'on compare le tableau montré par le Polyptyque d'Irminon, où se reflètent si clairement les premières années du ix° siècle, avec celui que laisse voir la partie du cartulaire de l'abbaye de Saint-Bertin qui correspond au déclin du même siècle et aux sombres années du x°, on aura l'impression d'une sorte de nuit succédant à une radieuse aurore. Au point de vue moral comme au point de vue social, la décadence est partout sensible. La propriété monastique, qui nous parut un si efficace instrument de progrès, a cessé elle-même de jouer son rôle bienfaisant : ses détenteurs se sont laissé envahir par le relâchement, et ne donnent plus les grands exemples de labeur et de vertu que nous avons admirés. Mais le nuage passe vite. La réforme morale et la réforme sociale auront de nouveau leur heure. En attendant, la force des choses efface les dernières différences des conditions parmi les humbles.

D'abord, l'esclave disparaît. Dans une société dévastée et appauvrie, ce meuble de luxe des anciennes civilisations ne peut plus exister. Puis, le serf se rapproche de plus en plus du reste des paysans : au milieu du malheur commun, courbés sous la même sujétion, les libres et les non libres ne diffèrent que par des nuances presque effacées, que le rétablissement de l'ordre et le retour de la prospérité ne raviveront pas. Sous la royauté capétienne, le servage ne cesse de décliner. Dans la plupart des provinces, de bonne heure on ne le voit plus nommé par les actes de toute sorte relatifs à la vie rurale. Là même où il survit, ses effets s'atténuent, et le nom demeure beaucoup plus gros que la chose. Bientôt il ne subsistera plus, çà et là, en France qu'à l'état d'exception et comme une sorte d'anachronisme. Pendant que les contrées germaniques resteront longtemps encore des pays de servage, la France, malgré tout demeurée ou redevenue latine, sera de plus en plus une terre de liberté.

A travers les innombrables vicissitudes de l'histoire, l'impulsion donnée au ixᵉ siècle ne s'est pas arrêtée.

TABLE DES MATIÈRES

Pages.

AVANT-PROPOS. — Définition du servage. — Plan et limites de cette étude............................... 1

LIVRE Iᵉʳ. — **Époque des invasions.**

CHAPITRE Iᵉʳ. — ɪvᵉ et vᵉ siècles. — Distinction et coexistence de l'esclavage personnel et du servage.. 5

CHAPITRE II. — Époque des invasions. — Les conditions de l'esclave et du serf, distinctes dans le dernier état du droit romain, tendent de nouveau à se confondre. 28

CHAPITRE III. — Époque des invasions. — Situation privilégiée des serfs du fisc et de l'Église au temps des Mérovingiens................................ 71

CHAPITRE IV. — Époque des invasions. — Les affranchis ecclésiastiques au temps des Mérovingiens...... 109

LIVRE II. — **Époque carolingienne.**

CHAPITRE Iᵉʳ. — Époque carolingienne. — La législation des bénéfices. — La charte de 806. — Le Capitulaire *De villis*.............................. 155

CHAPITRE II. — Époque carolingienne. — Le Polyptyque d'Irminon................................ 195

CHAPITRE III. — Époque carolingienne. — Ce qui restait de l'esclavage personnel au IXᵉ siècle............ 236

CHAPITRE IV. — Époque carolingienne. — Les serfs à l'école et dans le clergé............................ 279

CHAPITRE V. — Époque carolingienne. — La pensée chrétienne sur l'esclavage et le servage. — Conclusion....................................... 311

TYPOGRAPHIE FIRMIN-DIDOT ET Cⁱᵉ. — MESNIL (EURE).